Jeffrey Brantley

Der Angst den Schrecken nehmen

Jeffrey Brantley

Der Angst den Schrecken nehmen

Achtsamkeit als Weg zur Befreiung von Ängsten

Vorwort von Jon Kabat-Zinn

Aus dem Englischen von Elisabeth Pitzenbauer,
erweitert und überarbeitet von Lothar Scholl-Röse

arbor
Arbor Verlag
Freiamt im Schwarzwald

Titel der amerikanischen Originalausgabe:
Calming your anxious mind
Originally published in the United States by New Harbinger Publications, Inc.

1. erweiterte und überarbeitete Neuauflage 2009

Titelfoto: © 2006, photocase.com
Gestaltung: Anke Brodersen, Cover: Dirk Henn & Anke Brodersen
Druck und Bindung: Westermann, Zwickau

Dieses Buch wurde auf 100% Altpapier gedruckt und ist alterungsbeständig.
Weitere Informationen über unser Umweltengagement
finden Sie unter www.arbor-verlag.de/umwelt.

www.arbor-verlag.de

ISBN 978-3-86781-019-7

Wichtiger Hinweis

Die Ratschläge zur Selbstbehandlung in diesem Buch sind von dem Autor und vom Verlag sorgfältig erwogen und geprüft. Dennoch kann eine Garantie nicht übernommen werden. Sie brauchen psychotherapeutische Hilfe, wenn Sie sich durch die Übungen von Emotionen und Erinnerungen überwältigt fühlen. Bei ernsthafteren und/oder länger anhaltenden Beschwerden sollten Sie auf jeden Fall einen Arzt oder einen Heilpraktiker Ihres Vertrauens zu Rate ziehen. Eine Haftung des Autors und des Verlages für Personen-, Sach- und Vermögensschäden ist ausgeschlossen.

Dieses Buch ist all denen gewidmet, deren Leben von Furcht, Angst oder Panik getrieben und durch diese eingeschränkt ist. Mögen Sie Frieden finden und dieser Frieden die ganze Welt durchdringen.

Inhalt

Vorwort

Es freut mich sehr, Ihnen dieses Buch vorstellen zu können.

Jeff Brantley ist ein eifriger Praktizierender der Achtsamkeitsmeditation und langjähriger Lehrer für Stressbewältigung durch Achtsamkeit (MBSR = mindfulness-based stress reduction). Er ist sehr erfahren in der klinischen Arbeit mit Menschen, die unter chronischem Stress, Schmerzen und Krankheit leiden, insbesondere unter chronischer Angst. Dieses Buch ist für all jene, die Angst im Leben haben, eine begrüßenswerte Einführung in die Achtsamkeitspraxis. Zu diesen Menschen zählt fast jeder von uns irgendwann einmal. Denn Angst nimmt in unserer Zeit überhand. Sie ist wie eine Art kosmischer Hintergrundstrahlung, welche ständig auf unsere individuelle und kollektive Psyche einwirkt und im Körper eine tiefe, zunehmende Anspannung aufbaut. Hinter den unbedeutendsten Dingen, die wir an der Arbeit, zu Hause und in unserem Innenleben tun wollen oder erst gar nicht versuchen, kann sich ein großes Potential von Angst verbergen. Angst kann die Struktur und Richtung unseres Lebens in für uns bewusster oder unbewusster Weise bestimmen, ganz gleich, ob wir eine diagnostizierte Angststörung haben oder nicht.

Denn unabhängig davon, wie wohlhabend oder gesund wir anderen oder auch uns selbst erscheinen mögen, sind wir als Menschen zumindest gelegentlich nicht immun gegen jenen Geisteszustand, den wir als Angst kennen, und gegen die kurz- und langfristigen Folgen, die die Angst auf den Körper haben kann, und darauf, wie wir uns verhalten und auf Belastungen und Herausforderungen reagieren. Meistens neigen wir dazu, vor der Angst wegzulaufen, anstatt sie zu untersuchen. Wir untersuchen sie gerade deshalb nicht, weil es uns so erschreckend erscheint, sie tatsächlich anzuschauen und uns einzugestehen, wie sehr unser Leben und unsere Entscheidungen von Angst gesteuert sein können; so erschreckend, wie unerfahren wir darin sind, dem inneren Wirken solch alles durchdringender und potentiell destruktiver Geisteszustände ins Auge zu sehen und uns davon zu befreien.

Aber es ist wichtig, hinzuschauen und es zuzulassen, die Angst im eigenen Körper zu spüren, so sonderbar es uns anfangs auch erscheinen mag. Es wird sich herausstellen, dass die Angst ein großartiger Lehrer sein kann. Und die Lektionen sind tief, die wir lernen können, wenn wir es schaffen, angesichts von Furcht, Beunruhigung und ständiger Besorgtheit achtsam, ruhig und geistig klar zu sein. Die angstvolle Voreingenommenheit des Geistes, seine ängstliche Produktivität, seine Qualen und Frustrationen scheinen manchmal endlos zu sein. Aber sie müssen, wie Dr. Brantley zeigt, letztlich nicht einschränkend oder ein Gefängnis sein. Und ihr Ausmaß in unserem Leben kann sich längerfristig beträchtlich verringern.

Dieses Buch und die darin vorgestellten Methoden können einen bemerkenswerten Weg zur Freiheit darstellen, heraus aus dem Gefängnis von chronischer Angst und Panik, ganz gleich, wie stark diese in Ihrem Leben auftreten. Die Achtsamkeitspraxis kann als ein Tor dienen, das Ihnen Zugang zu tiefen und äußerst gesunden Dimensionen Ihres Wesens verschafft, die Sie vielleicht zu lange ignoriert haben; Zugang zu dem, was Sie das Beste in sich selbst nennen können. Es wird sich zeigen, dass Sie nichts reparieren oder beseitigen müssen, um dergestalt mit sich selbst in Kontakt zu kommen. Wie Sie in diesem Buch lernen werden, ist alles, was von Ihnen verlangt wird, dass Sie auf Aspekte in Ihrem Leben und in Ihrer unmittelbaren Erfahrung zu achten beginnen, die Sie vorher vielleicht für selbstverständlich gehalten haben. Mehrere medizinische Studien, die wir mit Menschen mit Angst- und Panikstörungen durchgeführt haben, die zu einem Training in MBSR (Stressbewältigung durch Achtsamkeit) in unsere Praxis überwiesen worden waren, haben gezeigt, dass die Teilnehmer enorm von der systematischen Entwicklung von Aufmerksamkeit profitierten. Diese Aufmerksamkeit wird in diesem Buch von Dr. Brantley sehr gründlich und klar beschrieben.

Aus dem Blickwinkel von MBSR sind Sie, ganz gleich, was bis zum jetzigen Augenblick in Ihrem Leben passiert ist, ganz gleich, womit Sie konfrontiert sind, ganz gleich, was sich „falsch" anfühlt, in jedem Moment grundlegend „in Ordnung", wertvoll und in Sicherheit, selbst wenn Sie das nicht wissen oder fühlen. Dies ist so, auch wenn Ihnen die Außenwelt überwältigend verwirrend und bedrohlich erscheint und sich Ihr Innenleben aufgewühlt und instabil anfühlt. Aber Sie müssen natürlich für sich selbst untersuchen, ob das wirklich stimmt. Das große Abenteuer der Achtsamkeit besteht in der Entdeckung oder Wiedererlangung der Ihnen innewohnenden weiten, sicheren, bewussten Qualität Ihres Wesens, die viel tiefer ist als Ihre Gedanken und Gefühle, und darin, Ihre Lebensweise jeden Moment davon durchdringen und lenken zu lassen, besonders wenn Sie großen inneren oder äußeren Aufruhr erleben.

Diese Vorgehensweise beinhaltet das bewusste Entwickeln von größerer Vertrautheit mit der inneren Landschaft Ihres Lebens, d. h. mit Ihrem Geist, Ihrem Körper und dem Atem, der als praktische Verbindung in dem einzigen Moment dient, der Ihnen jemals zur Verfügung steht, nämlich im jetzigen.

Das ist es, was Ihnen die Achtsamkeit bietet. Es geht nicht darum, die Angst zu beseitigen, sondern vielmehr darum, durch Achtsamkeit ganz mit ihr vertraut zu werden. Indem Sie ihr Raum geben, entdecken Sie, dass Sie nicht die Angst sind, die Sie jeweils erleben. Diese Angst ist lediglich eine Konstellation von zutiefst gewohnheitsmäßigen Gedanken, Gefühlen und körperlichen Empfindungen, denen Sie eine Macht gewähren, die sie sonst nicht über Ihr Leben hätten. In Situationen, die Sie als belastend empfinden und die diese gewohnheitsmäßigen Reaktionsmuster auslösen, können Ihre Möglichkeiten, effektiv zu reagieren, massiv eingeschränkt sein. Sie werden aber entdecken, dass „Sie" auf geheimnisvolle Weise größer sind als diese bedingten Muster, die den Geist und den Körper überwältigen, und dass die Bewusstheit von Ihrer Angst, Furcht und Sorge überhaupt nicht ängstlich ist. Sie ist vielmehr bereits „in Ordnung". Zu lernen, Ihre eigene Bewusstheit „zu bewohnen" und sie zu vergrößern und zu stabilisieren, ist ein Weg, wie Sie sich selbst wiedergewinnen und Ihr Leben um ein bedeutsames Maß an Freiheit erweitern können.

Die große Malerin Georgia O´Keefe sagte einmal: „Ich habe jeden Augenblick meines Lebens schreckliche Angst gehabt, aber ich habe ihr nie gestattet, mich von irgendetwas abzuhalten, was ich tun wollte." Wenn wir bereit sind, unseren Geist, unseren eigenen geistigen Aufruhr, unsere eigenen Ängste, unser Zaudern, unsere Gedanken der Verzweiflung und unsere körperlichen Reaktionen auf diese Gedanken geduldig und liebevoll zu beobachten, werden wir erkennen, um wie viel größer wir sind als sie. Wir werden etwas von unserer eigenen wahren Natur entdecken.

Es mag eine Überraschung für Sie sein, selbst zu erleben, wie groß, schön und transparent Sie bereits sind. Dieses Buch ist eine Einladung, Achtsamkeit so zu praktizieren, als ob Ihr Leben davon abhinge, gleichgültig, ob Ihnen an dem Tag danach ist oder nicht,. und sich überraschen zu lassen.

Dr. phil. Jon Kabat-Zinn

Prof. med. em.
Medizinische Fakultät der Universität von Massachusetts
Zentrum für Achtsamkeit in Medizin,
Gesundheitswesen undGesellschaft

Einleitung zur überarbeiteten Ausgabe

Wer sind wir jenseits der Erregungen von Angst, Furcht und Panik?

Können wir lernen, uns zurückzubesinnen, unsere größere Ganzheit zu erinnern und Angst, Furcht und Panik zu begegnen – in einer Welt, die so oft aus den Fugen zu geraten scheint?

Kann die Wiederverbindung mit unserer Ganzheit einen sicheren Rahmen schaffen für einen klugen Umgang mit den gewaltigen Herausforderungen von Angst, Furcht und Panik?

Könnte diese Selbst-Besinnung uns selbst auf den Pfad der Heilung und Verwandlung führen sowie die anderen, die den gleichen Herausforderungen gegenüberstehen?

Könnte diese Heilung und Verwandlung darüber hinaus auch von Nutzen sein für die Welt, die so oft von Furcht und Angst getrieben wird?

Es passiert selten, dass man die Gelegenheit bekommt, zu einer abgeschlossenen Arbeit noch einmal etwas hinzuzufügen. Als ich aber gefragt wurde, ob ich zum Thema Achtsamkeit und Angst noch etwas Zusätzliches zu sagen und Interesse an einer erweiterten Version des Buches hätte, da bekam ich eben diese Gelegenheit!

Ich war sehr erstaunt über die positive Wirkung, die das Buch in den Jahren seit der Veröffentlichung hatte. Leser aus der ganzen Welt, Therapeuten und Klienten bedankten sich und betonten, wie sehr ihnen das Buch geholfen habe.

Was also kann zur neuen Auflage hinzugefügt werden?

In den letzten Jahren hatte ich nicht nur Gelegenheit, mit vielen Lesern zu sprechen, sondern auch den Ansatz, Achtsamkeit und Mitgefühl zur Bewältigung von Angst, Furcht und Panik einzusetzen und in vielen Kursen zu vermitteln. Wünsche nach mehr Information über Forschung und Meditation wurden an mich herangetragen und nach detaillierteren Anleitungen, um den schwierigen Kräften von Angst, Furcht und Panik mit Raum und Offenherzigkeit zu begegnen.

Natürlich gab es auch neue, sehr geistreiche und herausfordernde Fragen.

Viele stellten fest, dass die Übung der Achtsamkeit sie in Berührung brachte mit einer inneren Wirklichkeit, deren Erfahren ihr Leben positiv veränderte. Es scheint, dass die Übung der Achtsamkeit, verbunden mit Freundlichkeit und Mitgefühl, sie erneut mit einem Empfinden der Ganzheit verband, die sie zwar vergessen, aber eigentlich nie verlassen hatten.

Der Schwerpunkt dieser neuen Ausgabe liegt in Folgendem: Mehr Klarheit und Information über den Nutzen der Meditation im Zusammenhang mit Angst; einige neue und erweiterte Anleitungen, Achtsamkeit zu üben und im Raum und in der Stille zu ruhen; neue Fragen und Antworten sowie in mehreren Kapiteln einige weitere Geschichten und Gedichte, die auf die Ganzheit weisen.

Zwei neue Kapitel (13 und 15) sowie Informationen über die Forschung, mehr Fragen und zusätzliche Diskussionen ergänzen die Neuausgabe.

Auch hier möchte ich wieder meine tiefe Hoffnung ausdrücken, dass diese neue Ausgabe alle in ihrem Kampf gegen Furcht, Angst und Panik unterstützen möge, dass sie Frieden und Erleichterung erfahren und dies unsere Welt friedlicher gestalten möge.

Dank an alle, die über Achtsamkeit lesen und sie üben – und nun zurück zur ursprünglichen Einleitung …

Wenn Welten zusammentreffen und verschmelzen

Wir leben in einer wirklich interessanten Zeit. In diesem Buch werden Sie Ideen und Informationen aus zwei offensichtlich sehr verschiedenen Welten finden.

Aus der Welt der westlichen Medizin werden Sie etwas über die Verbindung zwischen Geist und Körper erfahren und über die wichtige Rolle von Gedanken und Gefühlen in Bezug auf Gesundheit und Krankheit. Außerdem werden Sie mehr erfahren über das Angstsystem des Körpers, wie es funktioniert oder nicht funktioniert, so dass es Angst und Panik hervorbringt.

Aus der Welt der Meditation und der Suche nach Sinn und Lebenszweck werden Sie etwas über die Praxis der Achtsamkeit erfahren. Sie werden entdecken, dass Sie das gleiche Potential zu Achtsamkeit und Frieden besitzen wie jeder andere und dass Sie einen ungeübten Geist mit seinen eigenen Blockaden haben, ebenfalls wie jeder andere.

In interessanter Weise stellt dieses Buch einen wichtigen Trend in der modernen Gesellschaft dar: Wir erleben gegenwärtig die Begegnung zwischen Traditionen und Gebieten des Wissens und der Information, die als vollkommen getrennt und voneinander verschieden betrachtet wurden. In diesem Buch werden Sie neben Hinweisen auf aktuelle medizinische Erkenntnisse auch Ratschläge und Hilfen von bekannten Meditationslehrern finden.

Diese Konvergenz der Welten wirft Fragen auf. Im Moment gibt es noch nicht viele Antworten darauf. Aber es ist eine Tatsache, dass die Behandlungen, die von der westlichen medizinischen Wissenschaft angeboten werden, nicht jedem helfen. Dies gilt besonders für Behandlungen von Angst- und Panikstörungen.

Als Folge davon haben sich viele Menschen, die im Gesundheitsbereich arbeiten, anderenorts nach Möglichkeiten umgesehen, Heilung und Gesundheit zu fördern. Dies hat viele dazu gebracht, das Potential der Meditation für Gesundheit und Heilung zu untersuchen. Als Ergebnis davon wird die Meditation im Rahmen der westlichen Gesundheitsfürsorge seit fünfundzwanzig Jahren viel mehr benutzt.

Für wen ist dieses Buch geschrieben?

Dieses Buch soll jedem helfen, der unter der Bürde von Furcht, Sorgen, Angst oder Panik leidet und gerne etwas tun möchte, um seine Situation zu verbessern.

Wenn bei Ihnen eine Angststörung diagnostiziert wurde und Sie dagegen behandelt werden oder wenn Sie keine Diagnose haben, aber trotzdem unter Furcht, Sorgen, Angst oder Panik leiden, dann ist die Vorgehensweise in diesem Buch auf Sie „zugeschnitten".

Praktiker im Gesundheitswesen, die Menschen zu helfen versuchen Furcht, Sorgen, Angst oder Panik zu überwinden, finden nützliche Informationen über Achtsamkeit und Meditation ebenso wie wertvolle Unterstützung für ihre eigene Meditationserfahrung.

Die Einladung, Herausforderung und Chance der Achtsamkeit

Die in diesem Buch angebotene Vorgehensweise beruht auf einer grundlegenden menschlichen Eigenschaft, die wir als Achtsamkeit kennen. Achtsamkeit kann als freundlich gesinnte, nichturteilende Bewusstheit im gegenwärtigen Augenblick verstanden werden. Um mit diesem Vorgehen Erfolg zu haben, müssen Sie verschiedene Meditationspraktiken erlernen und anwenden, die alle darauf abzielen, diese Achtsamkeit zu entwickeln.

Als ein Übungsprogramm für Achtsamkeit, welches auf den Umgang mit Furcht, Sorgen, Angst oder Panik ausgerichtet ist, ist dieses Buch eine Einladung, eine Chance und auch eine Herausforderung.

Es ist insofern eine Einladung, als die Praktiken, die Sie erlernen werden, ein freundlicher Aufruf dazu sind, innezuhalten und sich selbst und Ihrem Leben mehr Aufmerksamkeit zu schenken. Die Übungen laden Sie dazu ein, die Bewusstheit zuzulassen, die jeden Tag und jeden Moment auf natürliche

Weise aus dem Akt des Achtsamseins in die Gestaltung Ihres Lebens und in jede Beziehung zu anderen Menschen und zu Ihnen selbst einfließt.

Die Übung der Achtsamkeit ermöglicht es Ihnen, in eine neue, heilsamere Beziehung zu Ihrem Erleben zu treten – einschließlich der Furcht, der Sorgen, der Angst oder der Panik.

Wenn Sie Achtsamkeit üben, werden Sie reichlich Gelegenheit haben, den inneren Raum, die Ruhe und die Einfachheit zu entdecken, die unser natürliches Erbe als Menschen sind. Es ist ein Erbe, das wir nur allzu oft vergessen, aber dennoch sehnen wir uns zutiefst danach, da unser Leben mehr und mehr außer Kontrolle zu geraten scheint. Wenn Sie die Gelegenheit nutzen, die Fähigkeit zu erlernen und zu entwickeln, präsenter zu sein, können Sie in sich selbst den Raum und die Ruhe verwirklichen, die selbst die am stärksten angsterfüllten Momente des Herzens und des Geistes sicher in sich aufnehmen.

Aber seien Sie gewarnt! Es ist eine Herausforderung, das zu tun, was hier verlangt wird. Achtsamkeit ist nicht immer leicht zu entwickeln oder aufrechtzuerhalten. Es wird Momente geben, in denen Sie voller Zweifel sind und nicht mehr üben wollen. Es wird Zeiten geben, in denen Sie es nicht ausstehen können. Aber Sie müssen es gar nicht leiden können – tun Sie es einfach nur!

Es erfordert Anstrengung, Achtsamkeit zu entwickeln. Die Gewohnheiten der Unaufmerksamkeit und Ablenkung, die wir ein Leben lang entwickelt haben, zu ändern, ist harte Arbeit. Es ist des Weiteren schwere Arbeit, innezuhalten und den gegenwärtigen Augenblick in seiner ganzen Fülle wahrzunehmen. Und es kann sehr harte Arbeit bedeuten, sich zu öffnen, wenn man sich eigentlich verschließen möchte, oder zu lernen, für das präsent zu sein, was einem im Leben wehtut und was man nicht haben will, besonders wenn es von Furcht und großer Unruhe begleitet ist.

Güte und Mitgefühl

Achtsamkeit übt man, indem man absichtlich aufmerksam ist, ohne zu urteilen und in einer offenen zulassenden Haltung. Es bedeutet, sich der Erfahrung des gegenwärtigen Augenblicks zuzuwenden, anstatt sich abzuwenden. Zwei Eigenschaften, die diese Art des Umgangs mit Erlebnissen unterstützen, sind Güte und Mitgefühl.

Güte bedeutet hier Freundlichkeit oder ein offenes Herz. Sie befähigt Sie, Erfahrungen willkommen zu heißen.

Mitgefühl assoziiert man gewöhnlich mit den Gefühlen von Empathie und Betroffenheit über den Schmerz und das Leiden anderer. Zusammen mit dieser Wahrnehmung von Schmerz und Leid entsteht der Wunsch, dass sie aufhören mögen. Die Praxis von Mitgefühl bringt die Bereitschaft mit sich, präsent und in Kontakt mit der schmerzhaften Situation zu bleiben, und zwar in der Hoffnung, etwas Erleichterung bringen zu können.

In diesem Buch werden Sie eingeladen, sich selbst und dem Schmerz gegenüber, den Sie aufgrund von Angst, Furcht und Panik empfinden, gütig und mitfühlend zu sein. Sie werden eine besondere Meditation erlernen, mit der Sie diese Qualitäten in Ihrem Leben kultivieren können. Damit sich Ihre Achtsamkeitspraxis vertiefen kann, ist es sehr wichtig, dass Sie sich für diese Eigenschaften von Güte und Mitgefühl in Ihnen selbst öffnen und sie erforschen.

Achtsamkeit und Mitgefühl können Sie von Angst, Furcht und Panik befreien, wenn Sie lernen, mit einer Bewusstheit präsent zu sein, die dem Schmerz und dem Leid gegenüber weich und offen bleibt. Es ist ein wichtiger Teil Ihrer inneren Reise, in der Meditation zu lernen, voller Mitgefühl sich selbst gegenüber präsent zu bleiben und den Schmerz von Angst, Furcht und Panik zu ertragen. Wenn Sie durch Meditation lernen, angesichts von Schmerz und Furcht weich und offenen Herzens zu bleiben, werden Sie auch erfahren, was es bedeutet, nicht von ihnen beherrscht zu werden.

Selbsthilfe ist kein Ersatz für eine Behandlung

Wenn Sie sich selbst zu helfen lernen, werden Sie ein aktiver und erfolgreicher Partner bei Ihrer eigenen Behandlung und Gesundheitsfürsorge. Wenn Sie aufgrund einer Diagnose behandelt werden, kann Ihre eigene Aktivität einen entscheidenden Unterschied machen, wenn es um Fortschritte und Heilung bei Ihrer Krankheit geht. Die Fähigkeiten und die Methoden, sich selbst zu helfen, können im Umgang mit der Krankheit auch eine beachtliche positive Auswirkung auf Ihre Lebensqualität haben.

Das in diesem Buch angebotene Achtsamkeitstraining soll eine kraftvolle Unterstützung für die Selbsthilfe darstellen. Es ist aber in keiner Weise als Ersatz für medizinische und psychologische Behandlungen gedacht, die Sie schon bekommen.

Obwohl Meditation eine äußerst freundliche und sichere Methode ist, konsultieren Sie bitte dennoch Ihren Therapeuten oder Arzt, bevor Sie die Übungen in diesem Buch beginnen, wenn Sie sich zur Zeit wegen einer entsprechenden Störung in psychologischer oder psychiatrischer Behandlung befinden. Wenn Sie eine Krankengeschichte mit massiver Angst oder einem schwerwiegenden Trauma haben, müssen Sie die Meditation vielleicht in Kombination mit einer ärztlichen Behandlung anwenden.

Achtsamkeit: eine Lebensweise, keine Technik

Obwohl viele Menschen Achtsamkeit als Teil eines umfassenderen Behandlungsprogramms bei bestimmten medizinischen oder psychologischen Störungen erlernen, wäre es ein Fehler, Achtsamkeit lediglich für eine Behandlungstechnik zu halten. Wenn es auch überzeugende Beweise dafür gibt, dass die Praxis der Achtsamkeit die Behandlung unterstützen kann, so ist Achtsamkeit doch am stärksten und effektivsten, wenn sie als Lebensstil praktiziert wird.

Wenn man nicht für diese umfassendere Sicht von Achtsamkeit aufgeschlossen ist, ignoriert man die uralte Tradition von Achtsamkeit als eine Praxis, die von zahllosen Menschen an vielen

Orten, zu verschiedenen Zeiten geübt wurde. Die grundlegende Kraft der Achtsamkeit verringert sich oder geht verloren bei Menschen, die sie lediglich als Technik betrachten.

Achtsamkeit beruht auf einer täglichen Meditationspraxis. In diesem Buch werden Sie dazu ermutigt und angeleitet, Ihre eigene Meditationspraxis als ein Mittel zur Entwicklung von Achtsamkeit im Leben zu beginnen und beizubehalten. Wenn Sie daran interessiert sind, Achtsamkeit als Teil eines umfassenderen Herangehens an die Behandlung eines Angstproblems anzuwenden, wird Ihnen der Ansatz in diesem Buch sicher helfen. Sie können aber Ihr Leben noch mehr bereichern, wenn Sie Achtsamkeit als einen ganzheitlichen Ansatz zum Dasein betrachten.

Lernen durch Erfahrung

Sie müssen die Meditation wirklich üben, um Nutzen daraus zu ziehen. Es wird Ihnen nicht viel helfen, wenn Sie nur etwas über Achtsamkeit lesen. Einiges kann Ihnen sogar verrückt erscheinen, bis Sie es wirklich ausprobieren.

Beim Bodyscan z. B. werden Sie gebeten, durch Ihre Zehen ein- und auszuatmen. Klingt verrückt, nicht wahr? Diese Anleitung hat damit zu tun, dass Sie Ihren Atem und die Gefühle in Ihren Zehen wahrnehmen und Ihre Aufmerksamkeit ständig auf diese lenken. Zunächst mag auch dies verrückt klingen.

Bitte fällen Sie keine Urteile, bevor Sie die Meditationsübungen nicht tatsächlich durchführen. Um zu erkennen, was Achtsamkeit bedeutet und wie sie Ihr Leben und Ihre Beziehung zu Furcht, Angst und Panik verändern kann, müssen Sie sie wirklich durch Übung erleben.

Jeder von uns besitzt die Fähigkeit, ruhig und stabil zu sein. Wir sind in der Lage, selbst die intensivste Furcht und Angst auszuhalten. Diese Fähigkeit ist aber nichts, was man durch Nachdenken verstehen kann. Sie ist eine direkte Erfahrung, die immer verfügbar ist. Sie ist kein Ziel, sondern eine Seinsweise.

Sie erfordert, dass Sie in sich gehen und Aufmerksamkeit nutzen, um Ihre Fähigkeit zu Ruhe, Ausgeglichenheit und Bewusstheit zu entdecken. Auf diese Weise nach innen zu gehen *ist* meditieren. Dieses Buch beschreibt, wie man auf eine grundlegende, einfache Weise meditiert, und freundliche, nicht-urteilende Bewusstheit fördert.

Bei den Übungen in diesem Buch geht es darum, innezuhalten und sich umzusehen. Sie werden dazu eingeladen, zu sein und nicht zu tun. Dabei werden Sie entdecken, dass es möglich ist, bei allem, was Sie tun, präsenter zu sein.

Um das zu unterstützen, werden Sie lernen, wie man ruhige Aufmerksamkeit und ein entspanntes Gefühl im Körper erzeugt. Ruhige Aufmerksamkeit und ein entspannter Körper sind wichtige Elemente in der Meditation. Die Übungen in diesem Buch sind mit jeder Glaubensrichtung und jeder religiösen Praxis vereinbar. Es geht bei ihnen einfach nur darum, auf diese ruhige, entspannte Art präsent zu sein und sich dem zu öffnen, was da ist – in uns selbst und in unserem Leben.

Wenn Sie diese Herausforderung annehmen, regelmäßig Meditation praktizieren und genug Energie und Disziplin besitzen, um die Übungen zu einem Bestandteil Ihres Lebens zu machen, besteht die gute Chance, dass Sie einen Prozess tief greifender Veränderung und Transformation Ihres Lebens beginnen. Nehmen Sie sich so viel Zeit, wie Sie brauchen, um diese Übungen für sich zu entwickeln. Wichtig ist, dass Sie dabei bleiben.

Mit dieser Selbstverpflichtung zu Bewusstheit und zu größerer Aufmerksamkeit schließen Sie sich Menschen aus allen Schichten, Kulturen und Rassen an, welche den tiefgründigen Reichtum entdeckt haben, der verfügbar ist, wenn man achtsam oder dem Leben gegenüber wirklich präsent wird. Und Sie werden erkennen, was es bedeutet, Ihren eigenen angstvollen Geist zur Ruhe zu bringen.

Die Ziele dieses Buches

Dieses Buch möchte ein selbstbestimmtes Trainingsprogramm für Achtsamkeitsmeditation anbieten, das die Last von Furcht, Panik und Angst leichter machen soll. Es ist für Menschen gedacht, die eine Achtsamkeitspraxis beginnen oder ihre Praxis vertiefen möchten. Die hier gelehrten Meditationsübungen entsprechen jenen, die bei einem Stressbewältigungsprogramm durch Achtsamkeit gelehrt werden (MBSR). Sie sind leicht zu verstehen und zu erlernen.

Wenn Sie dieses Buch lesen und die Übungen erlernen, werden Sie insbesondere Folgendes gewinnen:

- Ein direktes, echtes Verständnis dessen, was es bedeutet, Achtsamkeit zu praktizieren. Mit diesem Verständnis gerüstet, werden Sie durch die Achtsamkeitspraxis effektiver mit Furcht, Panik und Angst in Ihrem Leben umgehen können.
- Ein echtes, direktes Verständnis von Achtsamkeit als eine Weise, zu leben und im Leben da zu sein, mit all dem Reichtum, den dies mit sich bringt. Über den erfolgreichen Umgang mit der Furcht hinaus werden Sie unerwartete Vorteile darin entdecken, dem Leben gegenüber präsenter zu sein.
- Ein Gefühl für Ihre eigene Ganzheit und Ihr Potential zu Heilung und Wandlung durch den Prozess, sich der Furcht, Besorgtheit und Angst zu stellen.

Wie benutzt man dieses Buch?

Dieses Buch bietet aktuelle Informationen und Literaturhinweise zu geistig-körperlicher Gesundheit, Achtsamkeit, Meditation und zum Umgang mit Furcht, Besorgtheit, Angst und Panik.

Ich beziehe zahlreiche Beispiele von Menschen mit ein, die mit Situationen von Furcht, Angst und Panik konfrontiert sind. Diese Beispiele stammen direkt aus meiner Arbeit mit Hunderten von Meditationsschülern. Ihre Namen und die persönlichen Details sind aus Gründen der Vertraulichkeit geändert.

Ein Großteil dieses Buches ist der Anleitung zur Achtsamkeit und deren Übung gewidmet. Kommentare und geführte Meditationen sind auf spezielle Achtsamkeitsübungen ausgerichtet. Die Kraft, zu gesunden und sich zu verändern, liegt in der Ausführung der Übungen.

Sie werden feststellen, dass die angeleiteten Meditationen sehr detailliert sind. Versuchen Sie doch einmal, zwischen den einzelnen Zeilen der Geschichten ein paar Mal sanft und natürlich durchzuatmen. Dies wird Ihnen helfen, die Übung besser zu machen.

Lesen kann ablenken. Es funktioniert vielleicht besser, wenn Sie sich die geführte Meditation von jemandem langsam vorlesen lassen. Sie können auch selbst eine Kassette oder CD herstellen, entweder selbst oder von einer anderen Person gesprochen. Üben Sie dann mit Ihrer Kassette oder CD.

Das Ziel ist es, schließlich ohne die vorgegebenen Meditationssätze meditieren zu lernen. Es sind nicht die einzig verwendbaren Worte für die einzelnen Achtsamkeitsübungen. Mit den angeleiteten Meditationen haben Sie eine Ausgangsbasis. Wenn sie geübter und zuversichtlicher sind, können Sie die vorgegebenen Sätze weglassen. Lernen Sie Ihrer eigenen Bewusstheit und Weisheit zu vertrauen.

Ich werde Ihnen viele Vorschläge machen, wie Sie sich diese Übungen zu eigen machen und sie in Ihr Leben integrieren können. Bitte verpflichten Sie sich selbst dazu, und bringen Sie die nötige Disziplin auf. Gehen Sie in Ihrem eigenen Tempo vor. Manchmal werden Sie vielleicht an einer bestimmten Übung ziemlich lange arbeiten, bevor Sie weitergehen. Das ist in Ordnung. Wenn Sie alle Übungen gemacht haben, werden Sie erkennen, wie sie zusammenwirken, aber jede funktioniert auch recht gut für sich alleine. Bitte geben Sie sich selbst – und jeder Übung – eine faire Chance, indem Sie zuverlässig und geduldig daran arbeiten.

Überzeugen Sie sich selbst

Sie müssen die Übungen machen, um Nutzen daraus zu ziehen! Die direkte Erfahrung durch Meditation ist entscheidend. Das, was Sie selbst erleben, macht den Unterschied.

Wenn Sie tatsächlich wählen müssen zwischen der Achtsamkeitspraxis und dem Lesen darüber, dann praktizieren Sie zuerst. Und bleiben Sie dabei! Wenn Sie praktizieren, werden Sie feststellen, dass das, was Sie lesen, viel mehr Sinn ergibt und dass Ihre Praxis tiefer gehen und Sie weiterführen wird.

Denken Sie niemals, dass Sie bereits „wissen", was da geschieht. Worte, Gedanken und die Illusion, zu „wissen", sind sehr trügerisch! Es ist besser, „unwissend" zu praktizieren. Glauben Sie nicht, dass Ihre Vorstellungen dem entsprächen, wie es wirklich ist. Die Landkarte ist nicht das Terrain.

Hören Sie nicht auf, wenn Sie die Übungen machen und einen gewissen Nutzen dabei spüren. Üben Sie weiter! Versuchen Sie nicht, etwas zurückzuholen oder noch einmal zu erleben. Bleiben Sie nur weiterhin aufmerksam. Sie haben schon alles, was Sie zum Erfolg brauchen. Sie beginnen eine Reise auf einem Weg des Erwachens. Auf dieser Reise müssen Sie eine gewisse Arbeit leisten, ausdauernd sein und immer wieder zurückkehren, selbst wenn Sie sich verloren oder entmutigt fühlen.

Wenn Sie auf diesem Pfad des Erwachens bleiben, wird sich Ihr Leben auf unerwartete und wunderbare Weise verändern. Das garantiere ich Ihnen!

1

Ein achtsames Herangehen an Furcht und Angst

Vom Gesichtspunkt der Achtsamkeit aus geschieht alles im gegenwärtigen Moment. Alles, was wir haben, ist der gegenwärtige Moment. Was wir „Vergangenheit" nennen, ist eine Erinnerung, die in Wirklichkeit im gegenwärtigen Augenblick aufkommt, und was wir „Zukunft" nennen, ist etwas, was wir uns jetzt – im gegenwärtigen Moment – vorstellen oder planen. Diese Ausrichtung auf den gegenwärtigen Moment ist entscheidend, um unsere Erfahrungen zu verstehen, einschließlich der von Furcht, Angst und Panik. Im gegenwärtigen Augenblick interagieren Geist und Körper in einer dynamischen Weise mit der Umgebung.

Wenn Sie selbst einen besseren Umgang mit Furcht, Angst und Panik erlernen möchten, dann muss die Lektion mit dem beginnen, was im gegenwärtigen Moment geschieht. Durch Meditation lernen Sie, Aufmerksamkeit im gegenwärtigen Moment aufzubringen und beizubehalten. Auf dieser Grundlage von Aufmerksamkeit bringt Bewusstheit oder Achtsamkeit Klarheit und Einsicht hervor. Aus der Einsicht entsteht wiederum konstruktives, mitfühlendes Handeln.

Das körperliche Erleben ist jeden Moment tief mit dem psychischen und emotionalen Erleben verbunden. Körperliche Wahrnehmungen können Gedanken auslösen (wenn Sie etwa Schmerzen im Knie als Arthritis erkennen und über die Geschichte Ihrer Arthritis und Ihrer Angst davor nachdenken), und Gedanken können körperliche Reaktionen stimulieren (wenn Sie sich zum Beispiel an einen Zornausbruch bei einer Begegnung erinnern und sich Ihr Nacken und Ihre Schultern dabei sofort verspannen).

Furcht, Angst und Panik treten ebenfalls als Erlebnisse auf, die in den gegenwärtigen Moment hinein- und wieder aus ihm heraustreten. Sie fordern ebenfalls physische, psychische und emotionale Aufmerksamkeit. Sie als Erlebnisse im gegenwärtigen Moment zu sehen mag radikal erscheinen. Sie haben Gedanken an Furcht, Angst oder Panik wahrscheinlich eher als Probleme betrachtet, mit denen Sie sich befassen mussten, oder als Umstände (oder sogar Krankheiten), die in Ihrem Leben nur allzu oft die Oberhand zu haben schienen.

Sie haben sich vielleicht schließlich sogar mit ihnen identifiziert. Würden Sie sich selbst als „besorgten" oder „ängstlichen Menschen" bezeichnen – in dem Maße, dass Furcht oder Angst Sie und Ihr Leben hauptsächlich bestimmen oder gar Sie selbst weitgehend sind? Solch eine einschränkende Definition dessen, was Sie sind, ist in der Tat vollkommen falsch, selbst wenn

- Ihre Angst manchmal so stark ist, dass Sie befürchten, verrückt zu werden;
- es scheint, als ob Sie immer Herzklopfen hätten;
- Sie aus Angst, sich zum Narren zu machen, Menschen und Orte meiden;
- Sie ein von Schuldgefühlen geplagter Perfektionist sind mit dem Gefühl, nie zu genügen.

In Wahrheit sind Sie viel mehr sind als jede momentane Erfahrung, selbst wenn diese Erfahrung eine intensive wie Furcht, Angst oder Panik ist.

Sie besitzen die Fähigkeit, dies zu erkennen und sich mit dem Ganzen zu verbinden, was Sie sind. Wenn Sie sich selbst die Kunst der Aufmerksamkeit und Bewusstheit oder Achtsamkeit aneignen, werden Sie zutiefst verstehen, was es bedeutet, präsent zu sein, und wie Sie frei sein können von den Einschränkungen und Verzerrungen durch Furcht, Angst und Panik.

Furcht, Panik und Angst verstehen

Furcht und Angst haben die unangenehmen Gefühle von Schrecken und böser Vorahnung gemeinsam, aber wenn die Quelle des Schreckens eine identifizierbare Bedrohung ist, wird das Gefühl *Furcht* genannt. Furcht kann als das Gefühl von Unruhe, Besorgnis, Schrecken oder sogar als Entsetzen definiert werden, das durch das Vorhandensein oder die Nähe einer Gefahr oder Bedrohung verursacht wird.

Sie sehen beispielsweise eine Schlange und fürchten sich. Oder Sie finden einen Knoten in der Brust und fürchten sich. Oder Sie hören im Autoradio, dass man in Ihrem Stadtteil einen Tornado gesichtet hat, und fürchten sich. Oder Sie kommen an den Rand einer hohen Klippe, stolpern in Richtung Abgrund und fürchten sich.

Wenn die Gefühle von Schrecken und Vorahnung nicht so klar mit einer identifizierten Gefahr oder Bedrohung verbunden sind, werden sie *Angst* genannt. Die Schwierigkeit oder Unmöglichkeit, genau zu identifizieren, wovor man Angst hat, ist ein Kennzeichen von Angst.

Das Wort „Angst" kommt vom lateinischen Wort *anxius*, welches einen Zustand von Unruhe und Besorgnis ausdrückt. Bei Angst werden diese Unruhe und Besorgnis im gegenwärtigen Moment tief in Geist und Körper empfunden. Das Angstgefühl ist mehr im Innern und scheint eine Reaktion auf etwas Bedrohliches, aber Unklares, Vages oder weit Entferntes zu sein. Man kann die Gefahr nicht identifizieren, empfindet aber dennoch Angst.

Sie erwachen beispielsweise wochenlang jeden Morgen mit einem Angstgefühl und wissen nicht warum. Oder Sie wissen zwar, dass es „irrational" ist, fürchten sich aber davor, den Aufzug in dem Gebäude, in dem Sie arbeiten, zu benutzen.Oder Sie haben solche Angst vor dem Fliegen, dass Sie Stellenangebote abgelehnt haben, die Flugreisen erfordert hätten. Sorgen sind der geistige Ausdruck von Angst. Sie können verstanden werden als die Kombination der physischen Erfahrung von Angst (Angst ohne identifizierte Gefahr) und der von der Angst angeregten Gedanken, Geschichten, Bilder und anderer kognitiver Aktivitäten.

Man kann z. B. keinen Urlaub planen, ohne an all die Dinge zu denken, die schief gehen könnten. Und man kann es auch nicht unterlassen, sich jedes Detail einer in zwei Wochen angesetzten Besprechung mit dem eigenen Chef vorweg zu überlegen. Man kann auch nicht damit aufhören, sich Sorgen darüber zu machen, wie gefährlich die elektrischen Leitungen im eigenen Haus sind, seit das Haus eines Nachbarn abgebrannt ist.

Wenn das Gefühl von Furcht intensiv überwältigend ist, es aber ohne offensichtlichen Grund auftritt, wird es Panik genannt. Panikattacken können aus dem Nichts kommen, ohne erkennbaren Grund. Menschen, die solch akute Angst und intensive Furcht erleben, glauben oft, sterben zu müssen. Panik ist so unangenehm, dass die Menschen ihretwegen gewöhnlich ihre Aktivitäten zu verändern und einzuschränken beginnen. Es ist wichtig, festzustellen, dass die Erfahrung der Angstreaktion – das, was man als Furcht oder Angst erlebt – im gegenwärtigen Moment überwältigend ist, gleichgültig, ob es sich um Furcht oder Angst handelt, ob die Gefahr wirklich vorhanden oder nur undeutlich, verschwommen ist.

Die Angstreaktion wird körperlich, geistig und im Verhalten ausgedrückt und erlebt. Bei der Angstreaktion macht man einige (oder mehrere) der folgenden Erfahrungen durch, wenn die körperlichen, kognitiven, emotionalen und verhaltensbezogenen Elemente in den gegenwärtigen Moment hinein- und wieder aus ihm heraustreten.

Körperliche Erfahrungen

Das Herz klopft und rast. Die Muskeln spannen sich immer mehr an. Man schwitzt, zittert oder bebt. Man hat Empfindungen von Brennen oder Taubheit. Man kann das Gefühl haben, zu ersticken, oder Schwierigkeiten, zu atmen. Man kann Unbehagen oder Schmerz in der Brust empfinden. Oft entstehen Gefühle von Ekel, Magenbeschwerden oder Übelkeit. Auch Kopf- und Rückenschmerzen sind verbreitet. Möglicherweise fühlt man sich schwindelig, instabil oder man fühlt sich einer Ohnmacht nahe.

Psychische und emotionale Erfahrungen

Die psychischen und emotionalen Erfahrungen sind ebenfalls intensiv und können ein Gefühl von Unwirklichkeit und Abgespaltenheit hervorrufen. Man hat Angst davor, die Kontrolle zu verlieren oder verrückt zu werden. Wenn die Angst sehr groß ist, fragt man sich vielleicht, ob man jetzt sterben wird. Die Fähigkeit, sich zu konzentrieren und klar zu denken, ist gestört. Der Geist ist verwirrt. Gedanken wiederholen sich. Ein bestimmter Gedanke oder eine bestimmte Vorstellung kann einen so ausschließlich beschäftigen, dass man völlig „feststeckt".

Es kommen Gefühle von Verzweiflung und Hoffnungslosigkeit auf. Man fühlt sich hilf- oder machtlos, irgendetwas gegen diese äußerst unangenehmen Gefühle und die Belastung zu unternehmen.

Erfahrungen im Verhalten

Angst kann sich im eigenen Verhalten manifestieren. Man meidet vielleicht Menschen oder Situationen. Möglicherweise entwickelt man ausgefeilte Rituale, die man durchführen muss, bevor man andere Tätigkeiten ausführen kann. Oder man ist gefesselt von Wiederholungszwängen wie Händewaschen oder Türenüberprüfen, die den Fluss des täglichen Lebens stören.

Wenn die Angstreaktion wiederholt auftritt und länger bestehen bleibt, wird sie chronisch genannt. Furcht oder Angst werden chronisch genannt, wenn sie im gegenwärtigen Moment häufig zu Gast sind. Chronische Furcht und chronische Angst können Beziehungen, die Arbeit, das gesellschaftliche Leben, die persönliche Gesundheit und das Innenleben beeinträchtigen.

Wenn man unter chronischer Furcht und Angst leidet, werden die Gefühle von Unruhe und Unwohlsein stärker. Man hat wenig Energie und ist leicht erschöpft. Schlafstörungen treten auf. Man ist vielleicht nicht in der Lage, zu denken oder sich zu konzentrieren. Man kann das Gefühl von Blackouts haben. Die Teilnahme an Gesprächen, sogar geselligen, kann schwierig werden.

Man kann sich reizbarer fühlen, andere anfahren, überkritisch werden oder sich von den Menschen zurückziehen. Der Konsum von Alkohol und Drogen (von verschriebenen oder von Freizeitdrogen) nimmt häufig zu.

Normale oder übermäßige Angst?

Jeder erlebt Angst. Die Erregung durch Angst kann in ihren milderen Formen aber hilfreich sein, denn sie erhöht die Aufmerksamkeit. Ein knapp vermiedener Zusammenstoß lenkt z. B. die Aufmerksamkeit für den Rest des Nachhauseweges auf den eigenen Wagen und den Verkehr zurück. Leichte Angst kann die Leistung und die Produktivität steigern, wie z. B. bei Sprechern, die sich dann mehr konzentrieren, oder bei Athleten, die unmittelbar vor dem Spiel alle anderen Zerstreuungen aufgeben.

Jeder macht sich Sorgen. Viele Menschen betrachten ein gewisses Maß an Sorgen als gut. In ihrer milderen Form können Sorgen vor Gefahren warnen oder einen auf nützliche Handlungen hinweisen.

Wenn die Angst aber stärker oder sehr groß ist, sind ihre Auswirkungen gewöhnlich nicht so positiv. Die Erfahrung stärkerer Grade von Angst kann sehr unangenehm sein. Dieses Angstniveau kann zu kognitiver Desorganisation führen und zu einigen der vorher beschriebenen körperlichen Symptome. Hohe Angstniveaus stören zweifellos das tägliche Leben und Funktionieren und erfordern Behandlung, wenn sie chronisch geworden sind.

Man kann diese verschiedenen Angstgrade haben, ohne dass es sich um eine Angststörung handelt. Bloße Reaktionen auf bestimmte Ereignisse im Leben können diese Gefühle hervorrufen.

Folgende Kriterien können Ihnen helfen, den Unterschied zwischen normaler und übermäßiger Angst zu verstehen. Es ist das Auftreten von übermäßiger oder krankhafter Angst, anhand dessen *Angststörungen* definiert werden.

- hat wenig erkennbare Ursachen und ist ohne ersichtlichen Grund vorhanden;
- besitzt einen störenden Grad an Intensität, der weit über die alltägliche Angst hinausgeht;
- hält länger an als alltägliche Angst, manchmal wochen- und monatelang;
- hat einen sehr nachteiligen Einfluss auf das Leben. Das Leiden kann zu destruktiven Verhaltensweisen wie Rückzug, Vermeidung oder Missbrauch von Nahrung, Alkohol oder anderen Substanzen führen.

Angststörungen sind die häufigsten von allen psychiatrisch zu behandelnden Störungen. Sie stellen eine gewaltige Belastung der betroffenen Personen und ihrer Familien dar, ebenso der Gesellschaft aufgrund der verlorenen Arbeitsproduktivität und der hohen Inanspruchnahme der Gesundheitsfürsorge. 15,7 Millionen Amerikaner sind jedes Jahr von Angststörungen betroffen und weitere 30 Millionen zu irgendeinem Zeitpunkt in ihrem Leben (Lepine 2002).

Die *American Psychiatric Association* erkannte 1994 zehn verschiedene Angststörungen an sowie die „Angststörung, die nicht weiter spezifiziert ist". Aus der Perspektive der Achtsamkeit ist entscheidend, dass die charakteristischen Symptome bei diesen Störungen alle im gegenwärtigen Moment auftreten, nämlich als Kombination von körperlicher Erregung, sich aufdrängenden, störenden Gedanken und äußerst unangenehmen Empfindungen. Übermäßige Angst ist die Angstreaktion, die im gegenwärtigen Moment ohne ersichtlichen Grund oder aus einem Grund auftritt, der die Intensität der Angst nicht rechtfertigt.

Selbsthilfe ist eine sehr wichtige Komponente eines umfassenden Behandlungsplanes, aber kein Ersatz für eine notwendige Behandlung. Wenn Sie der Meinung sind, dass Sie eine diagnostizierbare Angststörung haben, sollten Sie unbedingt einen Spezialisten konsultieren.

Ursachen von Angst und Angststörungen

Unser Verständnis der Ursachen von normaler und krankhafter Angst hat in den letzten Jahren durch die Erforschung der physikalischen und neurochemischen Bahnen von Furcht und Angst enorm zugenommen. Es ist jedoch noch sehr viel mehr Forschung notwendig. Unser gegenwärtiges Verständnis ist bei Weitem noch nicht vollständig. Es spiegelt sich in der Vielfalt der Modelle wider, mit denen die normale Angst und ihre krankhaften Formen zu erklären versucht werden.

Das momentane Verständnis von Furcht und Angst sieht deren Ursachen in einem mächtigen Zusammenspiel von Biologie, gedanklich-gefühlsmäßigen Einflüssen und Stress.

Die Biologie

Jeder Mensch hat einen Körper. Der eigene Körper ist die biologische und neurologische Basis, von der aus unser Erleben und unsere Interaktion mit dem Leben in jedem Moment ausgehen. Auch bei der Angst spielt der Körper daher eine entscheidende Rolle. Wichtige Elemente sind dabei die Funktion des zentralen und des peripheren Nervensystems sowie die Organe und Systeme, die auf das Nervensystem reagieren und mit ihm kommunizieren.

Da der Körper von entscheidender Bedeutung für die Erfahrung ist, müsste der genetische Einfluss auf die Angst von Bedeutung sein. Obwohl es bis jetzt kaum Beweise hierfür gibt, hat es den Anschein, dass Angststörungen zu einem gewissen Grad ererbt sind. Dieses Erbe wird wahrscheinlich durch eine bei jedem Menschen unterschiedliche Sensibilität in Schlüsselbereichen des Gehirns vermittelt. Diese Bereiche variieren in ihren Reaktionen auf die verschiedenen im Gehirn und im Körper aktiven Stressmodulatoren und Neurotransmitter. Wir müssen jedoch noch viel mehr darüber herausfinden, wie diese Neigung zu Angst von Generation zu Generation weitergegeben wird und wie man sie am besten behandelt.

Man hat nur wenig Kontrolle darüber, wie der eigene Körper reagiert, aber er ist intelligent und kann trainiert werden. Es gibt mehr und mehr Beweise dafür, dass der Mensch lernen kann, beträchtlichen Einfluss auf die Reaktionen und die dauernden Aktivitäten des Körpers zu nehmen, indem er verschiedene Geist-Körper-Methoden erlernt und einsetzt. Die Meditations- und Entspannungsübungen, die Sie in diesem Buch erlernen werden, sind überzeugende Beispiele für die Verbindung zwischen Körper und Geist.

Gewisse medizinische Umstände, Medikamente und andere Substanzen können zu Angst- und Panikattacken beitragen oder sie verursachen. Ihre detaillierte Besprechung ginge aber über den Rahmen dieses Buches hinaus. Wenn Sie jedoch im Leben erheblich beeinträchtigt sind, konsultieren Sie einen Spezialisten, um feststellen zu lassen, ob Ihre Angst eine behandelbare medizinische Ursache hat. Überprüfen Sie Ihren Gebrauch von Medikamenten und anderen Substanzen, da die Liste von Angst auslösenden Wirkstoffen sehr lang ist und so verbreitete Stoffe, wie Koffein, Tabak und Aspirin mit einschließt.

Kognitiv-emotionale Einflüsse

Weitere zu Angst und Panik beitragende Faktoren scheinen die Auswirkung von Kindheitserfahrungen und die Auswirkung der familiären Umgebung auf die Selbstwahrnehmung eines Menschen zu sein sowie seine Beziehungen zu anderen und sein Umgang mit den Anforderungen und Belastungen des Lebens.

Beispielsweise hat man nachgewiesen, dass Faktoren wie das Erleben der Welt als bedrohlich oder unterstützend, die eigene Selbstsicherheit und das Vertrauen, mit Belastungen umgehen zu können, ebenso wie die Art und Weise, mit Gefühlen umzugehen und sie (sich selbst und anderen gegenüber) auszudrücken, alle einen großen Einfluss auf die Gesundheit und die Lebensbewältigung haben. Alle diese Einschätzungen wirken sich darauf aus, wie man Geschehnisse erlebt und mit ihnen umgeht.

Die eigene Erfahrung von Furcht und Angst wird direkt von den gegenwärtigen Gedanken, Wahrnehmungen und Gefühlen beeinflusst. Ebenso wie man lernen kann, mit körperlichen Reaktionen von Furcht und Angst im gegenwärtigen Moment zu arbeiten, kann man auch mit diesen machtvollen Einstellungen und Ansichten arbeiten. Es ist entscheidend zu erkennen, dass Sichtweisen und Reaktionsmuster festgestellt, verändert und durch angemessenere, gesündere Sichtweisen und Muster ersetzt werden können.

Stress

Der dritte Hauptfaktor, der zur Entwicklung von Angst und Angststörungen beiträgt, ist die kumulative oder langfristige Rolle von Stress. Es kann viele Ursachen für chronischen Stress geben, seine Auswirkungen sind aber offensichtlich. Chronischer Stress erhöht signifikant die Wahrscheinlichkeit von Krankheit und des Zusammenbruchs des Lebens in körperlicher, emotionaler, sozialer und sogar spiritueller Hinsicht.

Die Behandlung von Angststörungen

Die gebräuchlichsten Behandlungsformen von Angst in der Schulmedizin sind Medikamentenverordnung und spezielle Arten von Psychotherapie oder beides zusammen.

Zu den häufig verschriebenen Medikamenten gehören trizyklische Antidepressiva und Antidepressiva, die als selektive Serotoninaufnahmehemmer bekannt sind. In manchen Fällen werden stattdessen auch Monoaminoxidasehemmer verschrieben.

Die angewendeten Psychotherapien sind die klassische Verhaltenstherapie und die kognitive Verhaltenstherapie. In der klassischen Verhaltenstherapie werden Methoden wie Entspannungstraining und schrittweise Konfrontation mit dem, was einer Person Angst macht, als Mittel zur Angstbewältigung benutzt. Bei der kognitiven Verhaltenstherapie lernen die Patienten, Gedankenmuster, körperliche Gefühle und Situationen zu erkennen, die Angst auslösen, und dann in anderer Weise zu reagieren.

Dennoch helfen die derzeit verfügbaren Behandlungsformen nicht bei jedem Menschen mit einer Angststörung, obwohl man schon viele Jahre forscht und sich gemeinschaftlich bemüht, effektivere Behandlungsformen zu entwickeln. Deshalb suchen Psychologen, Therapeuten und Wissenschaftler weiter nach neuen Methoden. In den letzten Jahren haben Selbsthilfemethoden einschließlich der Meditation an Bedeutung gewonnen. Es wird zunehmend erkannt, dass jeder Mensch eine entscheidende Rolle spielt bei der eigenen Behandlung und Genesung.

Meditationsmethoden, die Achtsamkeit besonders betonen, werden jetzt häufiger im klinischen Umfeld benutzt. Die medizinische Literatur, die sich mit Angstbehandlungen befasst, beginnt diesen Trend widerzuspiegeln. Die Methode der *Stressbewältigung durch Achtsamkeit* gewinnt an Popularität, und es arbeiten immer mehr Spezialisten daran, diese Kombination von Achtsamkeit, Meditation und kognitiver Verhaltenstherapie zu erforschen und anzuwenden.

John Teasdale, Zindel Segal und Kollegen haben im Jahre 2000 Forschungsergebnisse veröffentlicht, die darauf hinweisen, dass ein achtsamkeitsbasierter kognitiver Therapieansatz Rückfälle in schwere Depressionen verhindern kann. 2002 veröffentliche Lizabeth Roemer eine umfassende Besprechung der kognitiven Behandlungsformen von Angst und erörterte die Rolle von Achtsamkeit bei der Behandlung. Sie kam zu dem Ergebnis, dass Achtsamkeit für Personen mit einer generalisierten Angststörung besonders hilfreich sein kann. Obwohl in beiden Artikeln davor gewarnt wird, voreilige Schlüsse zu ziehen, plädieren die Autoren dafür, diese Schnittstelle zwischen Achtsamkeit und therapeutischen Herangehensweisen zu erforschen.

Susan M. Orsillo und Roemer veröffentlichten 2005 ein Buch mit dem Titel „Akzeptanz und achtsamkeitsbasierte Verfahren bei Angststörungen“, das durch den Einsatz von Achtsamkeit interessante neue Behandlungsmöglichkeiten bei Angststörungen zeigt.

Denken Sie daran

Furcht, Angst und Panik können überwältigende Erfahrungen sein. Sie können auch als Erfahrungen verstanden werden, die in den gegenwärtigen Moment hinein- und wieder aus ihm heraustreten. Dies ist sowohl bei normaler als auch bei übermäßiger Angst so.

Man kann mit Furcht und Angst umzugehen lernen, indem man Entspannung und Aufmerksamkeit in das eigene Leben bringt und sich auf den gegenwärtigen Moment konzentriert. Da Furcht und Angst im gegenwärtigen Moment auftreten, ist es von entscheidender Bedeutung, dass man lernt, im gegenwärtigen Moment zu sein – und darin zu bleiben –, um mit ihnen zurechtzukommen. Es gibt mehr und mehr Beweise dafür, dass die Entwicklung einer täglichen Meditationspraxis, bei der die Achtsamkeit (freundliche, nicht-urteilende Bewusstheit) betont wird, etwas ist, womit man sich selbst helfen kann, mit Furcht, Angst und Panik zurechtzukommen.

2

Bewusst aufmerksam sein

Achtsamkeit zu praktizieren bedeutet, dass man lernt, sich mit nicht-urteilender, freundlicher Bewusstheit zu entspannen und präsent zu bleiben. Achtsamkeit entwickelt man, indem man auf freundliche und zulassende Weise – absichtlich und sorgfältig – auf den Inhalt dieses Augenblicks achtet. Sie wird durch tägliche Meditationspraxis entwickelt.

Um besser mit Furcht, Angst und Panik zurechtzukommen, ist es wichtig, dass Sie lernen, sich zu entspannen und diese Art der „bewussten Aufmerksamkeit" zu üben. Wenn Sie durch Meditation Ihre Fähigkeit, aufmerksam zu sein, weiterentwickeln, werden Sie entdecken, dass Sie entspannt *und* bewusst sein können. Sie werden beginnen, sich *zu* den Erfahrungen von Furcht, Angst und Panik zu verhalten anstatt *aus* ihnen heraus oder so, als ob Sie diese wären.

Wenn Sie beginnen, diese Erfahrungen immer mehr als Umstände im gegenwärtigen Moment zu sehen statt als Ihren Feind oder Ihr „Problem", werden diese Ihr Leben nicht länger beherrschen. Sie werden effektiver auf sie reagieren können. In diesem Buch werden folgende unterschiedliche Themen immer wieder auftauchen:

- Obwohl Sie vielleicht mit Furcht, Angst und Panik zu kämpfen haben, *besitzen Sie schon das, was Sie brauchen, um Ihr Leben zu verändern:* Achtsamkeit, Güte und Mitgefühl sind in Ihnen.
- *Die Basis für diese Veränderung ist achtsame Präsenz.* Dies ist nicht-urteilende, nach nichts strebende, akzeptierende Bewusst-

heit im gegenwärtigen Moment. Die Betonung bei der Praxis von Achtsamkeit liegt auf dem Sein und nicht auf dem Tun.

- *Ihre Erfahrung von Furcht, Angst oder Panik verwandelt sich, wenn Sie sie zum direkten Objekt Ihrer Achtsamkeit machen.* Bei einer auf Achtsamkeit beruhenden Herangehensweise lautet die Anweisung, sich Furcht, Angst oder Panik zuzuwenden, sobald diese aufkommen. Man schreckt nicht zurück, läuft nicht davon und versucht nicht, sie zu unterdrücken.
- *Dieses Herangehen an Furcht, Angst und Panik funktioniert am besten, wenn Sie Achtsamkeit zu Ihrem Lebensstil machen.* Achtsam an das Leben heranzugehen heißt, jeder Erfahrung, die aufkommt und durch den gegenwärtigen Lebensmoment zieht, aktiv zu begegnen und zu ihr eine Beziehung herzustellen. Achtsamkeit wird nicht so gut funktionieren, wenn Sie sie als eine Methode oder Technik betrachten und mit der Anwendung warten, bis Furcht, Angst oder Panik auftreten und Ihnen Probleme verursachen. Achtsamkeit wird zu einem Lebensstil, wenn Sie sie in einer täglichen Meditationspraxis fest verankern und diese Praxis auf Ihr Leben ausweiten.
- Spezielle Meditationsübungen, auch diejenigen in diesem Buch, sollen Ihnen dabei helfen, Achtsamkeit zu einem Lebensstil zu machen. *Der Fokus variiert bei den verschiedenen Übungen, aber alle zielen darauf ab, Ihnen zu helfen, für die Momente Ihres Lebens präsent zu sein,* unabhängig davon, was sich in diesen Momenten in Ihnen und um Sie herum abspielt.

Hilft es wirklich, Achtsamkeit zu praktizieren?

Der einzige Weg herauszufinden, ob Ihnen Achtsamkeit helfen wird, ist sie auszuprobieren.

Immer mehr ermutigende medizinische Forschungen deuten darauf hin, dass Menschen mit einer Vielfalt an Problemen, einschließlich Angst und Panik, beachtlichen Nutzen daraus ziehen können, wenn sie durch die beständige Praxis täglicher Meditation Achtsamkeit entwickeln.

Achtsamkeit selbst ist eine menschliche Grundeigenschaft. Sie ist die Fähigkeit zu bewusster Präsenz. Es ist die Bewusstheit, die freundlich, nicht-urteilend und zulassend ist.

Die Menschen haben diese Eigenschaft seit Jahrtausenden systematisch entwickelt. Historisch gesehen beabsichtigte man damit, die spirituelle Praxis zu verbessern, die Verwirklichung eines höheren Zieles zu unterstützen und dem Leben mehr Sinn zu verleihen.

Seit den sechziger Jahren, in denen ein umfassender sozialer Wandel das Interesse westlicher Menschen an Meditation, östlicher Spiritualität und veränderten Bewusstseinszuständen geweckt hat, besteht ein wachsendes Interesse an Meditation und Achtsamkeit in Bezug auf Gesundheit und Heilung.

Lyn Freeman (Freeman and Lawlis, 2001) macht in *Mosby's Complementary and Alternative Medicine (Mosbys „Komplementärer und alternativer Medizin")* darauf aufmerksam, dass die Meditation trotz jahrtausendelanger menschlicher Erfahrung erst seit 25 Jahren als medizinische Behandlungsmöglichkeit in den westlichen Kulturen erforscht wird. Laut Freeman und Lawlis hat sich diese Forschung auf vier separate Meditationsformen konzentriert: *die Transzendentale Meditation,* die von Herbert Benson entwickelte *Respiratory One Method* (eine Atemmeditation, bei der ein frei gewähltes Wort wie ein Mantra wiederholt wird, Anm. d. Übers.), die von Carrington und anderen entwickelte *Clinically Standardized Meditation* und die *Achtsamkeitsmeditation.*

Freeman bemerkt, dass sich die Achtsamkeitsmeditation maßgeblich von den anderen Dreien unterscheide, da diese im Wesentlichen *Konzentrationsmethoden* seien, bei denen der Meditierende angeleitet wird, die Achtsamkeit auf ein bestimmtes Objekt, wie beispielsweise einen Satz oder einen Klang, zu konzentrieren. Achtsamkeit ist eine *nicht-konzentrative* Technik, bei der der Mensch sein Bewusstsein ausweitet, so dass es „auf nicht-urteilende Weise die Beobachtung seiner mentalen Aktivitäten und Gedanken mit einschließt" (Freeman and Lawlis 2001).

Jon Kabat-Zinn leistete Pionierarbeit beim medizinischen Einsatz der Achtsamkeitsmeditation, als er 1979 an der medizinischen Fakultät der University of Massachusetts die Stressbewältigungsklinik gründete. Das bei diesem Programm genutzte Vorgehen ist als Achtsamkeitsbasierte Stressreduktion (MBSR) bekannt geworden. Bei der MBSR haben Kabat-Zinn und seine Kollegen eine Kombination aus Achtsamkeitsmeditationen und achtsamem Yoga verwendet, um Tausenden von Teilnehmern zu helfen, effektiver mit Stress, Schmerzen und Krankheit umzugehen.

Achtsamkeit und die medizinische Forschung

Seit 1979 sind in einer Reihe klinischer Studien die positiven Auswirkungen der Achtsamkeitspraxis auf die Gesundheit dokumentiert worden. Den Berichten zufolge ist Achtsamkeit mit Verbesserungen der Intensität von Angst und Panik sowie mit Verbesserungen von allgemeinen Stimmungsstörungen verbunden und als eine Praxis zur Selbsthilfe bei einer Vielzahl anderer Zustände nützlich.

Kabat-Zinn und Kollegen veröffentlichten 1992 Ergebnisse aus der Stressbewältigungsklinik, die eine maßgebliche Verringerung der Angst- und Paniksymptome bei Patienten mit einer generalisierten Angststörung und Panikstörungen mit Agoraphobie (Angst vor Orten und Situationen, von denen man schwer fliehen kann) dokumentierten.

1995 veröffentlichten J. Miller und Kollegen die Ergebnisse eines Folgeberichtes über die Gruppe, die 1992 von Kabat-Zinn untersucht worden war. Sie stellten fest, dass die Mehrzahl der Teilnehmer immer noch meditierte und das maßgeblich verbesserte Niveau von verringerter Angst aufrechterhalten konnte.

Speca und Kollegen berichteten 2000 von bedeutsamen Auswirkungen der Achtsamkeitsmeditation bei einer Gruppe von Krebspatienten. Meditation verringerte Stimmungsstörungen ganz allgemein und besonders Depressionen, Angst, Wut und Verwirrung.

1998 berichteten Shapiro und Schwartz von Erkenntnissen über eine Gruppe von Medizinstudenten und Studenten vor dem Medizinstudium, welche Stressbewältigung durch Achtsamkeit praktizierten. Sie stellten eine maßgebliche Verringerung von allgemeinen psychischen Problemen fest, einschließlich Angst und Depressionen. Sie berichteten auch von größerer Einfühlsamkeit und von besseren Ergebnissen bei einer Reihe von spirituellen Erfahrungen.

John Teasdale, Zindel Segal und Kollegen berichteten 2000 von einem Versuch an einer Reihe von Zentren in Kanada und Großbritannien. Sie untersuchten die Anwendung von Achtsamkeit bei der kognitiven Therapie, um bei Personen mit schweren depressiven Erkrankungen Rückfälle zu verhindern. Bei Menschen mit drei oder mehr Perioden schwerer Depressionen stellten sie fest, dass Achtsamkeitsübungen kombiniert mit kognitiven Therapieprinzipien das Risiko eines Rückfalls beträchtlich herabsetzten.

Linehan (1993) beschrieb die Anwendung von Achtsamkeitstechniken als einen Weg, Akzeptanz in veränderungsorientierte Psychotherapien zu integrieren. Bei ihrer Arbeit konzentrierte sie sich auf Menschen mit Borderline-Störungen. Die von ihr entwickelte dialektische Verhaltenstherapie wird weithin angewendet.

Andere Berichte treten ein für die Anwendung der Achtsamkeitsmeditation bei chronischem Schmerz (Kabat-Zinn et al. 1986), bei Fibromyalgie (Kaplan, Goldenberg und Galvin-Nadeau 1993), bei Psoriasis (Kabat-Zinn et al. 1998), für Innenstadt-Bewohner (Roth 1997), bei Fresssucht (Kristeller und Hallett 1999) und zur Stressbewältigung (Astin 1997).

Es ist noch nicht genau erforscht, wie die Praxis von Achtsamkeit bei diesen verschiedenen Erkrankungen genau hilft. Dass sie aber hilft, ist inzwischen offensichtlich.

Was gibt es Neues?

Seit der ersten Auflage dieses Buches gab es viele interessante und wichtige Entwicklungen und Erkenntnisse im Bereich der medizinischen Forschung und der Behandlung von Angst- und Panikstörungen. Es geht zwar über den Rahmen dieser erweiterten Auflage hinaus, im Einzelnen darauf einzugehen, einige Besonderheiten sollen aber hier erwähnt werden.

Nicht-strebende und nicht-urteilende Achtsamkeit – helfen sie tatsächlich?

Steven C. Hayes ist der bedeutendste Vertreter eines Ansatzes zur Behandlung seelischer Störungen (einschließlich Angst und Depression), der Achtsamkeit und Akzeptanz als Ausgangspunkte nimmt, um sich auf die schmerzliche Erfahrung selbst zu beziehen (Hayes, Strosahl und Wilson 1999; Hayes und Smith2005). Er nennt diesen Ansatz „Akzeptanz- und Commitment-Therapie". Hayes bemerkt, dass Achtsamkeit dazu befähigt, „den Schmerz direkt zu betrachten, statt die Welt aus dem Blickwinkel des Schmerzes zu sehen."

Das Interesse an dieser Methode wächst, ebenso wie die begleitende Forschung, die ihren Wert bestätigt.

Ist Achtsamkeit wirklich hilfreich bei Angststörungen?

Bemerkenswert ist das Buch von Susan M. Orsillo und Lizabeth Roemer „Acceptance and Mindfulness-Based Approaches to Anxiety" (2005) [Akzeptanz und achtsamkeitsbasierte Verfahren bei Angststörungen]. Es ist die erste Arbeit dieser Art, die versucht, klinische Praktiker und Wissenschaftler zusammenzubringen, und neue Wege der Integration von Achtsamkeit und akzeptanzbasierten Verhaltenstherapien bei Angststörungen aufzuzeigen. Das Buch stellt relevante theoretische Modelle und Forschungsergebnisse vor und geht im Detail auf die Anwendung von Achtsamkeit und akzeptanzbasierten Verfahren für spezifische Gruppen ein: Personen mit Panikstörungen, sozialer Phobie, generalisierter Angststörung, posttraumatischer Belastungsstörung (PTBS) und Zwangsstörungen.

Kann Meditation Veränderungen in Ihrem Gehirn und Ihrem Körper bewirken?

Eine letzte Studie, die wegen ihrer Neuerungen und faszinierenden Erkenntnisse besondere Aufmerksamkeit verdient, wurde im Februar 2003 von Richard Davidson, Jon Kabat-Zinn und Kollegen in der Fachzeitschrift „Psychosomatic Medicine" veröffentlicht.

In dieser Studie wurden die Gehirnaktivitäten und die Reaktion des Immunsystems auf Grippe-Impfungen bei 25 Probanden gemessen, die über einen Zeitraum von 8 Wochen Achtsamkeitsmeditation geübt hatten. Eine Kontrollgruppe (16 VPN) hatte keine Meditationsanweisungen erhalten und auch nicht praktiziert. Es zeigte sich, das die meditierende Gruppe deutlich erhöhte elektrische Aktivitäten in der vorderen linken Hirnregion aufwies. Erhöhte Aktivität in dieser Hirnregion weist auf einen positiven emotionalen Zustand mit verminderter Angst hin.

Außerdem zeigten sich in der meditierenden Gruppe stärkere Reaktionen des Immunsystems auf Grippe-Impfungen als in der Kontrollgruppe. Dies ist offensichtlich die erste Studie, die die Wechselwirkung zwischen Veränderungen der Hirnaktivität, verminderter Angst und Veränderungen der Immunfunktion einerseits und der Übung der Achtsamkeitsmeditation andererseits untersucht hat.

Denken Sie daran

In diesem Buch werden wir uns mit dem Grundverständnis von Angstsystemen und mit der Bedeutung von Gedanken und Einstellungen für die Gesundheit befassen. Die Medizin ist noch zu keinem endgültigen Schluss darüber gekommen, wie Angst und Panik zustande kommen und wie man sie am besten behandelt.

Wenn man lernt, präsent zu sein und mit dem eigenen Körper, dem eigenen Geist und dem, was im gegenwärtigen Moment geschieht, verbunden zu bleiben, ist die Chance, die eigene Erfahrung von Furcht, Angst und Panik zu verstehen, am größten. Aus diesem Verständnis heraus wird man das Effektivste in Richtung Heilung unternehmen können.

Es gibt vielversprechende neue Forschungsberichte, die den Einsatz der Achtsamkeitsmeditation bei einer Vielzahl von behandlungsbedürftigen Zuständen, einschließlich Angst und Panik, rechtfertigen.

3

Der Körper und sein Angstsystem

Sie wissen, wie es sich anfühlt, Angst zu haben. Angst ist eines der elementarsten menschlichen Gefühle. Ein entscheidender Punkt ist, dass man Angst wirklich *fühlen* kann: das pochende Herz, die sich anspannenden Muskeln, die erhöhte Alarmbereitschaft und die schwitzenden Handflächen; tiefer innen im Körper, in den Muskelschichten und den Eingeweiden, sind es Empfindungen, Bewegungen, ein Sich-Zusammenziehen und Sich-Verhärten.

Vielleicht haben Sie bemerkt, dass die mit Furcht verbundenen Gefühle in Ihrem Körper Gefühlen sehr ähnlich sind, die Sie vielleicht mit Angst, Sorgen oder Panik assoziiert haben. Aufgrund dessen, was wir über die Verbindung zwischen Geist und Körper wissen, ist das nicht verwunderlich.

In den neunziger Jahren hat man intensiv die Anatomie, die Neurochemie und das elektromagnetische Funktionieren des Gehirns erforscht. Jetzt wissen wir viel mehr darüber, wie das Gehirn sowohl unter normalen Bedingungen als auch unter anormalen funktioniert. Diese Entdeckungen sind relevant für Sie, wenn Sie Achtsamkeit praktizieren und im eigenen Leben mit Furcht und Angst konfrontiert sind.

Die Forschung zeigt, wie tief Körper und Geist miteinander verbunden sind. Das sich herauskristallisierende Bild ist komplex und faszinierend zugleich. Als Mensch befindet man sich in einer dynamischen, sich ständig verändernden und interaktiven Beziehung zwischen dem eigenen Geist und Körper und der Umgebung.

Diese Beziehung erfordert, dass man funktionierende Systeme besitzt, um über die Sinne Informationen aufnehmen zu können. Es müssen dann noch weitere Systeme agieren, um neue Informationen zu prüfen, zu vergleichen und zu verarbeiten. Schließlich braucht man noch Systeme, die die Informationen für den zukünftigen Gebrauch speichern, verwalten und wieder abrufen können.

Ihr Gehirn und Ihr Nervensystem kommunizieren miteinander und mit dem Rest Ihres Körpers, um ständig den Kontakt mit Ihrer Umgebung zu überprüfen und aufrechtzuerhalten, um Ihre Reaktionen auf die Umgebung hervorzubringen, zu messen und zu lenken, und um Moment für Moment die in Ihrer „inneren Umgebung" vorherrschenden Bedingungen aufrechtzuerhalten.

Eine Schlüsselrolle in dieser interaktiven Beziehung spielt die Ihnen angeborene *Flucht- oder Kampfreaktion*, die in Notsituationen aktiviert wird. Sie besitzen ebenfalls die angeborene Fähigkeit, sich zu beruhigen: die sogenannte *Entspannungsreaktion.* Jede dieser Reaktionen ist in uns Menschen angelegt. Sie funktionieren so, dass sie zwar in Ihrem Körper, jedoch außerhalb Ihrer bewussten Erfahrung ablaufen, aber – und das ist ganz wichtig – sie können auch durch Ihr bewusstes Erleben verändert werden.

Richard Davidson von der Universität von Wisconsin in Madison ist Mitbegründer der *affektiven Neurowissenschaft,* einem Zweig der Psychologie, in dem das am Erleben von Emotionen beteiligte Netzwerk des Gehirns studiert wird.

Daniel Goldman zitiert Dr. Davidson in „Destruktive Emotionen" (2003): „Eine der aufregendsten Entdeckungen der Neurowissenschaft in den letzten fünf Jahren ist die, dass sich die Hirnregionen,. die Stirnlappen, die Amygdala und der Hippokampus auf Erfahrungen reagierend verändern. Sie sind die Teile, die von der emotionalen Umgebung, in der wir großgezogen werden, und von sich wiederholenden Erfahrungen dramatisch beeinflusst werden." Mit anderen Worten: Ihre Gehirnfunktionen können sich tatsächlich als Reaktion auf Erlebnisse verändern. Und was Sie im Zusammenhang mit dieser Erfahrung tun – z. B. das Meditieren lernen – besitzt die Kraft, eine Veränderung Ihrer Gehirnfunktionen herbeizuführen.

Furcht ist die Reaktion, die man angesichts einer äußerlichen Bedrohung oder Gefahr im Körper verspürt, und Angst ist die Reaktion, die man im Körper verspürt, wenn die Gefahr oder die Bedrohung von innen kommt und eher vage ist. Bei beiden arbeitet das Angstsystem des Körpers.

Was genau passiert in Gehirn und Körper, wenn man die Kampf- oder Fluchtreaktion bzw. die Furchtreaktion erlebt?

Kampf oder Flucht

Die Kampf- oder Fluchtreaktion ist das, was man in Geist und Körper erlebt und Furcht nennt. Diese Reaktion wird manchmal auch *Stressreaktion* genannt. Frühe Stressforscher wie Walter B. Cannon und Hans Selye haben die Erregung und die physischen Veränderungen, welche Tiere angesichts von Gefahr oder *Stressfaktoren* erleben, erkannt und beschrieben (Freeman and Lawlis 2001). Sie beobachteten, dass die Erhöhung des Blutdrucks, der Frequenz des Herzschlages, des Muskeltonus und der Alarmbereitschaft – in Verbindung mit der Ausschüttung starker Hormone im Körper – das Tier darauf vorbereiteten, sich zu verteidigen oder zu fliehen. In den zwanziger Jahren prägte Cannon den Ausdruck *Kampf-oder-Flucht,* Selye machte den Begriff *Stress* in den fünfziger Jahren populär.

Selye definierte Stress als eine Reaktion auf eine besondere Belastung oder Anforderung. Er sah den Stress als die Gesamtreaktion von Geist und Körper auf jedwede Belastung oder Anforderung, denen das Tier (oder der Mensch) ausgesetzt war.

Zusammenfassend kann man sagen, dass das, was wir Furcht, Angst oder Panik nennen, die gefühlte oder gespürte Komponente eines geistig-körperlichen Erlebens ist, welches von einem Angstsystem, mit dem wir Menschen ausgestattet sind, aktiviert und gesteuert wird.

Zu den Verbindungen des Angstsystems gehören mehrere Zentren im Gehirn und mehrere Systeme im übrigen Körper. Die Botschaften werden über Nervenbahnen und über das zirkulierende

Blut weitergeleitet und von einer Reihe von Stresshormonen, Proteinen und anderen neuroendokrinen Substanzen reguliert.

Als Ergebnis davon werden dramatische physische, kognitive und emotionale Elemente durch den Alarm des Angstsystems aktiviert. Diese Gesamterfahrung soll uns darauf vorbereiten, uns entweder zu verteidigen oder vor der Gefahr zu fliehen. Diese ganzheitliche geistig-körperliche Reaktion wird auch *Stress* genannt, wenn sie als Reaktion auf eine Gefahr oder eine Belastung gesehen wird.

Wenn jemand sagt, er fühle sich gestresst, sind das die verschiedenen im Geist und im Körper auftretenden Empfindungen der Erregung und der Vorbereitung auf Kampf oder Flucht. Der Grund, weshalb die Gefühle so intensiv und unangenehm sind, besteht gewöhnlich darin, dass sie sich im Lauf der Zeit als länger anhaltender oder chronischer Stress aufgebaut haben oder in einer plötzlichen, intensiven und akut belastenden Situation besonders massiv auftreten.

Die dramatischen physischen Veränderungen werden von verschiedenen starken chemischen Botenstoffen (Stresshormonen) im Körper ausgelöst. Die bekanntesten sind das *Adrenalin* und das *Kortisol*. Adrenalin spielt eine wichtige Rolle bei der Aktivierung des Körpers zum Kampf oder zur Flucht. Das Herzrasen, die schnelle, flache Atmung, das übermäßige Schwitzen und das Beben und Zittern gehen alle auf die Wirkung des Adrenalins zurück.

Zu den bekannten Auswirkungen von Kortisol gehören die Freisetzung von *Glukose* (gespeichertem Zucker), um sofort Energie zur Verfügung zu stellen, die Erhöhung der Körperempfindlichkeit gegenüber anderen Stress-Hormonen und die Hemmung von Immun- und Entzündungsreaktionen.

Bei der *akuten* oder unmittelbaren Stressreaktion werden Adrenalin, Kortisol und alle anderen Stresshormone ausgeschüttet und wirken auf ihre Zielorgane und -gewebe ein. Wenn die Bedrohung nachlässt, lässt auch die Reaktion nach und der Körper kehrt zu einem ausgeglicheneren Zustand zurück.

Wie das Angstsystem funktioniert

Laut der aktuellen Forschung liegt der Schlüssel zum Verständnis des Angstsystems in der *Amygdala,* einem kleinen, mandelförmigen Gebilde tief im Innern des Gehirns. Dieses Gebilde hat starke Verbindungen zu vielen Hirn- und Körperregionen. Es ist das Gehirnareal, das am stärksten mit der Angst zusammenhängt.

Joseph LeDoux nennt die Amygdala (1996) „die Nabe im Rad der Angst". Um das zu verstehen, stellen Sie sich bitte Folgendes vor:

Im Zentrum eines Rades ist die Amygdala. Um sie herum und durch die Speichen des Rades mit ihr verbunden sind informationsverarbeitende Systeme von Gehirn und Körper. Diese Systeme sammeln, senden und empfangen ständig Informationen von der Amygdala. Zu diesen Informationen gehören:

- direkte Sinneseindrücke (was durch Augen, Ohren, Nase, Zunge und den Rest des Körpers hereinkommt).
- Sinneseindrücke, die von „höheren Zentren" im Gehirn verarbeitet wurden. Wenn beispielsweise die Hirnrinde entscheidet, dass das Gebilde auf dem Boden vor Ihnen ein Stock ist und keine Schlange, sendet es Signale an die Amygdala, damit sie die Furchtreaktion abschaltet.
- Sinneseindrücke, die nichts mit den Sinnen zu tun haben, sondern mit Erinnerungen und bestimmten Zusammenhängen verbunden sind. So kann z. B. einfach ein bestimmter Gedanke oder eine bestimmte Erinnerung ein Gefühl von Furcht oder Sorge auslösen.
- Sinneseindrücke, die den Alarm der Amygdala verhindern oder aufheben können. Man nimmt an, dass diese Blockadereaktion ihr Zentrum in einem Areal vorne im Gehirn hat, welches der Präfrontalkortex genannt wird.

Es gibt für die Sinneseindrücke einen sehr schnellen, direkten Verbindungsweg von jedem einzelnen der Sinne zur Amygdala. Die

Information ist nicht „sauber“ oder präzise, aber weil sie so schnell kommt, kann der Körper sofort auf Gefahr reagieren.

Wenn ein Hund Sie aus dem Nichts anfällt, ein Feueralarm in Ihrer Nähe losgeht, ein Lastwagen das Stoppschild um- und Sie beinahe überfährt, können solche intensiven Bilder und Geräusche die Amygdala aktivieren. Die Nachricht nimmt diesen ersten, direkten Weg. Die Amygdala alarmiert den Rest des Angstsystems. Sie aktiviert den Hypothalamus (ein Regulationszentrum im Gehirn), der Signale an das autonome Nervensystem abfeuert (einen Teil des Nervensystems, das ohne unsere bewusste Kontrolle funktioniert). Dieses sendet wiederum die Signale zur Freigabe der chemischen Botenstoffe aus, welche die Organe und Gewebe veranlassen, die Kampf- oder Fluchtreaktion auszulösen.

Es gibt auch einen zweiten, langsameren Verbindungsweg, den die eingehende Botschaft gleichzeitig neben der ersten, direkten Verbindung nimmt. Bei normaler (nicht von Stress beeinflusster) Hirnfunktion verarbeiten auch verschiedene höhere Hirnzentren die eintreffenden sensorischen Daten. Sie überprüfen die Informationen, vergleichen sie mit ähnlichen im Gedächtnis gespeicherten Informationen oder Erfahrungen und interpretieren die Situation als sicher oder gefährlich. Wenn die eintreffenden Informationen als sicher beurteilt werden, können diese Zentren den von der Amygdala aktivierten Notalarm aufheben oder hemmen.

Die schnelle Verbindung bringt neue sensorische Informationen zur Amygdala und löst die Notreaktion aus. Die langsamere Verbindung verarbeitet die gleichen Informationen und kann dann mit der Amygdala kommunizieren, um die Notreaktion entweder abzustellen oder aufrechtzuerhalten. Das bedeutet, dass die höheren Zentren die Nachricht richtig verarbeiten müssen, um die Notreaktion abzustellen. Die Hauptaufgabe der höheren Zentren ist es, zu verhindern, dass sich eine unangebrachte Notreaktion fortsetzt.

Wenn diese hemmende Funktion der höheren Zentren – besonders des Präfrontalkortex – nicht richtig funktioniert oder wenn die höheren Zentren die Sinneseindrücke irrtümlicherweise als gefährlich interpretieren, dann schrillt der Alarm lauter. Viele

Forscher glauben, dass diese fehlerhafte Funktion oder das Blockadeversagen im Angstsystem zur Entwicklung von Angststörungen beiträgt. Wie Edmund J. Bourne (2000) feststellt, „kommen Panikattacken mit größerer Wahrscheinlichkeit vor, wenn dieses ganze Angstsystem übermäßig sensibilisiert ist, vielleicht weil es vorher zu häufig oder zu intensiv aktiviert worden ist oder beides zusammen". Bourne vermutet weiter, dass „Veränderungen in diesem System als Auswirkung von akutem Stress auftreten können oder als langfristige Folge von multiplen Belastungen über einen langen Zeitraum hinweg".

Es ist klar, was das bedeutet. Wenn Angst von Fehlfunktionen des Angstsystems herrührt, dann hängt der erfolgreiche Umgang mit der Angst davon ab, dass man alles Menschenmögliche tut, um das Angstsystem in die Lage zu versetzen, richtig zu funktionieren. Zu lernen, sich durch Meditation zu entspannen und im gegenwärtigen Moment bewusst zu sein, ist eine wichtige Möglichkeit, das gesunde Funktionieren des Angstsystems des eigenen Körpers zu unterstützen.

Der intelligente Körper

Ihr Körper vergisst seine Erfahrungen mit der Angst nicht. Er ist ziemlich intelligent. Ihr Körper besitzt die Fähigkeit, zu lernen und sich zu erinnern, so dass er, wenn in Zukunft eine ähnliche Situation auftritt, automatisch auf die gelernten Haltungen, Bewegungen und Reaktionen zurückkommen kann.

Diese Intelligenz des Körpers wird offensichtlich, wenn man an solch gewöhnliche Aktivitäten wie das Gehen, das Zähneputzen oder das Stricken denkt. Irgendwann einmal (vielleicht vor Jahren) haben Sie diese Aktivität noch nicht ausgeführt. Dann haben Sie damit begonnen. Anfangs ist sie Ihnen nicht leicht gefallen, aber allmählich hat Ihr Körper gelernt, wie er sich bewegen muss, und es wurde „natürlich" für ihn.

Der Körper lernt aus jeder Erfahrung und erinnert sich daran. Wenn Sie sich z. B. in einer dramatischen, sehr belastenden emotionalen Situation befinden und die Kampf- oder Fluchtreaktion ausgelöst wird, reicht die bloße Erinnerung daran zu einem späteren Zeitpunkt aus, um eine ähnliche physische Erfahrung in Ihrem Körper auszulösen. Ihr Körper speichert die Erinnerung an die Situation, und bei der Erinnerung aktiviert er die Muskeln zu den spezifischen Spannungsmustern, die sie in der Situation gelernt hatten.

Dem heutigen Verständnis entsprechend ist eine Erinnerung ein Ergebnis davon, dass mehrere verschiedene Systeme im Gehirn und im Körper aktiv sind. Es gibt in der Tat verschiedene Arten von Erinnerungen. Erinnerungen an *Gefühle und Ängste* werden über ein anderes System gespeichert und wieder abgerufen als *bewusste* oder *semantische* Erinnerungen.

LeDoux behauptet, dass „beim Amygdala-System der erneute Abruf zu körperlichen Reaktionen führt, die auf Gefahr vorbereiten.“. Wenn der Körper durch sein Angstsystem erregt wird, merkt er sich diese Erregung.

Wir müssen noch viel herausfinden über die Angst-Konditionierung, das Körpergedächtnis und deren Bezug zur Angst. Wir wissen aber, dass es wichtig ist, Körperbewusstsein zu entwickeln, Gedanken- und Erinnerungsmuster zu erkennen und geduldig zu sein bei der Arbeit mit den tief konditionierten Gewohnheiten – sowohl der physischen als auch der kognitiven Angstreaktion.

Angst und chronischer Stress

Das Angstsystem ist also angeboren. Das Gehirn kann den von der Amygdala ausgelösten Notalarm entweder aufheben oder aufrechterhalten. Die Aufhebung hängt von der Verarbeitung in höheren Gehirnzentren ab. Die daraus resultierende Flucht- oder Kampfreaktion ist sehr heftig und involviert mehrere körperliche Systeme. Und der Körper kann sich an seine Erfahrungen erinnern.

All dies wurde in uns Menschen angelegt, damit wir *unmittelbar* drohende Gefahr überleben können. Die Kampf- oder Fluchtreaktion ist sinnvoll und funktioniert ziemlich gut bei unmittelbarer

Gefahr. Aber was ist, wenn das System, das als eine kurzfristige Reaktion auf einen gelegentlichen Notfall angelegt ist, zu einer langfristigen Lebensweise wird?

Chronischer Stress ist die hartnäckig wiederholte Aktivierung des Angstsystems über längere Zeiträume hinweg. Zusammenfassend kann man sagen, dass die Kampf- oder Fluchtreaktion den Körper aktiviert und ihn zu kraftvollen körperlichen Aktionen bereit macht. Aber bei den Belastungen, denen die meisten von uns ausgesetzt sind – etwa den alltäglichen Anforderungen bei der Arbeit und in der Familie –, bringen diese körperlichen Aktionen wenig Erleichterung und lösen keine Probleme. Es hilft im wahrsten Sinne des Wortes nicht, zu kämpfen oder wegzurennen.

Medizinische Forschungen haben einige interessante und wichtige Auswirkungen einer langfristigen Erregung des Angstsystems gezeigt. Shelley E. Taylor, anerkannte Psychologin auf dem Gebiet der Stressforschung, hat sich intensiv mit den gesundheitlichen Auswirkungen und den unterschiedlichen Reaktionen von Männern und Frauen auf Stress beschäftigt. In ihrem Buch *Der Fürsorgeinstinkt* (2002) hebt sie die gesundheitlichen Auswirkungen von Stress hervor:

- Wiederholte Kampf- oder Fluchtreaktionen, die den Puls und den Blutdruck erhöhen, tragen zur Entwicklung von hohem Blutdruck und von Herzkrankheiten bei.
- Die wiederholte Aktivierung von Stresshormonen, besonders von *Glucocorticoiden*, kann zu Immunschwächen führen, Depressionen verursachen oder verschlimmern sowie das Gedächtnis und andere Denkprozesse stören.
- Wenn chronischer Stress zu einem chronisch erhöhten *Glucocorticoidspiegel* führt, kann die Insulinproduktion beeinträchtigt werden und sich dadurch das Diabetesrisiko erhöhen.
- Das Krebsrisiko steigt mit chronischem Stress, weil das Immunsystem – das normalerweise Zellen im frühesten Stadium krebsartigen Wachstums einfängt – weniger effektiv arbeitet.

Chronischer Stress kann auch ein Hauptfaktor bei der Entwicklung von Angststörungen sein. Bourne (2000) behauptet, dass man eher eine Verhaltungsstörung wie Stimmungsschwankungen, eine generalisierte Angststörung oder eine Panikstörung entwickeln werde, wenn die neuroendokrinen und die Neurotransmitter-Systeme des Gehirns die schwächsten Stellen seien.

Chronischer Stress bedeutet chronische Übererregung des Körpers durch sein Angstsystem. Der Preis hierfür ist hoch, sowohl körperlich als auch emotional. Zum Glück gibt es auch eine gute Nachricht: Wir besitzen auch eine angeborene Ausgleichsreaktion zu Kampf und Flucht. Es gibt verschiedene Möglichkeiten, sie zu aktivieren, und die Meditation ist eine davon.

Die Entspannungsreaktion

Bei der Entspannungsreaktion ist die Geist-Körper-Verbindung wieder aktiv. Nur dient sie dieses Mal dazu, die für Kampf oder Flucht charakteristische Aktivierung umzukehren. Kurz gesagt verlangsamen sich der Puls und die Atmung, der Blutdruck sinkt, die Muskeln werden weicher und entspannen sich. Man fühlt sich zunehmend körperlich und geistig entspannt und ruhig.

Wenn die Krise oder der Notfall vorüber ist, stellt der Körper das Gleichgewicht wieder her durch die Aktion desjenigen Teils des Nervensystems, der die Ruhe, die Entspannung und die Funktionen des Körpers wie die Verdauung und den Ruhepuls steuert.

Herbert Benson von der Harvard Medical School ist ein Pionier auf dem Gebiet der Körper-Geist-Medizin. In den späten sechziger Jahren begann er Menschen zu studieren, die Transzendentale Meditation praktizierten. Bei dieser Praxis saßen die Meditierenden still da und wiederholten eine Zeit lang einen Satz. Immer wenn ihre Aufmerksamkeit abschweifte, sollten sie zur Wiederholung dieses Satzes zurückkehren. Benson und seine Kollegen maßen die Körperfunktionen der Leute, während sie meditierten und während sie mit alltäglichen Gedanken beschäftigt waren.

Die bemerkenswerten Ergebnisse dieser Studie fasste Benson (1993) so zusammen: Die Atemfrequenz, der Sauerstoffverbrauch und der Blutlaktatspiegel (ein chemischer Stoff, den man bei einem hohen Spiegel mit Angst und bei einem niedrigen mit Ruhe assoziiert) nahmen allesamt signifikant ab, wenn die Leute meditierten. Auch die Frequenz von Gehirnwellen, die man mit Ruhe und Entspannung assoziiert (Alpha-, Theta- und Delta-Wellen), nahm zu, wohingegen die Beta-Wellen (die mit normalen Wachaktivitäten assoziiert werden) abnahmen.

Benson hatte etwas gemessen und benannt, was Meditierende schon seit Jahrtausenden kennen. Menschen besitzen die Fähigkeit, sich in außergewöhnliche Zustände von Ruhe und Entspannung zu versetzen, indem sie ihre Aufmerksamkeit und ihre Bewusstheit steuern.

Benson nannte das die *Entspannungsreaktion.* Seitdem hat man viel herausgefunden über die Fähigkeit des Körpers, ruhig zu werden und sich zu entspannen, und über die Kraft des Geistes, diesen Zustand zu aktivieren.

In *Don't Panic* stellt R. Reid Wilson (1986) fest, dass viele zu Panik neigende Menschen fürchten, die Kontrolle zu verlieren, wenn sie sich entspannen oder „loslassen". Wilson zieht aus diesem Grund den Begriff *Beruhigungsreaktion* dem Begriff Entspannungsreaktion vor.

Wie immer man die Fähigkeit auch nennt, geistig und körperlich ruhig zu werden und sich zu entspannen, sie ist eine wichtige Verbündete. Wenn man lernt, den eigenen Geist und Körper zu beruhigen und zu entspannen, kann man damit die Unregelmäßigkeiten aufgrund von Überreizung durch chronischen Stress ausgleichen. Das wird einem in vielerlei Hinsicht von Nutzen sein.

Aus dem Blickwinkel der Achtsamkeit ist Entspannung nicht das Ziel. Ruhige, entspannte Aufmerksamkeit ist jedoch entscheidend, um geistesgegenwärtig zu bleiben und achtsam zu sein. Wenn Sie lernen, Geist und Körper durch konzentrierte Aufmerksamkeit zu beruhigen und zu entspannen, schaffen Sie dadurch eine solide Basis für die Geistesgegenwart, die Sie brauchen werden, um mit Furcht, Angst und Panik zurechtzukommen.

Denken Sie daran

Die Angstreaktion ist extrem stark. Sie tritt fast abrupt ein. Dennoch besitzt jeder von uns die Fähigkeit, seine Reaktionen zu verändern. Wenn Sie zu meditieren lernen, kann Ihnen das die Kraft geben, die Sie brauchen, um bewusst zu agieren, statt zu reagieren, wenn Angst auftritt.

4

Angst und die Kraft des Geistes

Im frühen 17. Jahrhundert verkündete der französische Philosoph René Descartes auf dem Höhepunkt der Renaissance: „Ich denke, also bin ich." Er lebte zu einer Zeit des intellektuellen Erwachens und der Liebe zur Vernunft und zum Wissen. Descartes stellte die Aktivität des Denkens, insbesondere das Hinterfragen, in den Mittelpunkt und gründete darauf seinen Identitätsbegriff.

Heute, im 21. Jahrhundert, wäre es aus der Perspektive der Körper-Geist-Medizin richtiger zu sagen: „Ich bin, was ich denke" oder „ich bin nicht meine Gedanken" oder sogar „ich bin mehr als meine Gedanken". Diese Aussagen spiegeln unser neues Verständnis von der Verbindung des Geistes (der inneren Welt der Bewusstheit, welche Gedanken, Gefühle, Erinnerungen und mehr beinhaltet) mit der Gesamtgesundheit durch die Zusammenhänge zwischen Gehirn, Körper und Handlungen vollständiger wider. Das, was im allgemeinen Sprachgebrauch und in der Volksweisheit über den mächtigen Einfluss des Geistes (und des Herzens) auf den Körper und die Gesundheit schon lange festgestellt worden ist, wird jetzt durch die medizinische Forschung bestätigt. Was man denkt und fühlt, wie man mit sich selbst spricht und wie man das sieht, was einem widerfährt und was um einen herum geschieht, all das hat einen starken Einfluss auf die eigene Gesundheit und das Wohlbefinden.

Die Macht der Gedanken

Zu Angst und Panik kommt es oft eher durch Angst erzeugende Gedanken oder Einstellungen als durch körperliche Bedrohungen oder Gefahren. Die eigene geistige Einstellung oder Meinung ist entscheidend für die Wahrnehmung von Gefahr.

R.Reid Wilson stellte in seinem Buch *Don't Panic (Geraten Sie nicht in Panik)* heraus, dass „Menschen, Orte und Ereignisse erst dann Panik auslösen, nachdem wir Ihnen ihre Bedeutung zugeschrieben haben. Ein Geschäft ist nur ein Geschäft, eine Rede ist nur eine Rede, eine Autofahrt ist nur eine Autofahrt, bis das Gehirn sie als ‚gefährlich' oder ‚bedrohlich' interpretiert. Um Panik zu überwinden, muss man *bei der Interpretation* intervenieren."

Wir wissen, dass Körper und Geist nicht getrennt sind. Zu den Verbindungen gehören das Gehirn und das Nervensystem, das endokrine System und das Immunsystem. Es besteht zwar noch sehr wenig Einigkeit oder Wissen darüber, wie wichtige Komponenten des Geistes wie etwa das Bewusstsein tatsächlich im Gehirn und im Nervensystem zustande kommen, aber man hat schon viel über die Verbindungen und die Kommunikation zwischen dem Gehirn und dem Körper herausgefunden.

Das Gehirn empfängt über die Sinnesorgane und den Körper Informationen vom Körper und von der Umgebung. Die höheren Gehirnzentren verarbeiten die große Menge an eingehenden Informationen, speichern sie als Erinnerungen und erstellen anhand dieser verarbeiteten Informationen Anweisungen für den Körper und seine verschiedenen Systeme.

Zum Angstsystem des Körpers gehören spezialisierte Hirnregionen, die sensorische Informationen verarbeiten und Sinnzusammenhänge beisteuern, ehe sie Botschaften an den Körper zurücksenden, die die Kampf- oder Fluchtreaktion näher festlegen.

Andere Gehirnregionen und -systeme stellen bekannte wichtige Funktionen wie Sprache, Kurz- und Langzeitgedächtnis, Aufmerksamkeit, Erregung, Bewusstheit, Wahrnehmung, Emotionen, Kontrolle über Bewegungen und Handlungen und das Sozialverhalten zur Verfügung.

Die physische und chemische Grundlage für dieses Zusammenspiel von Gehirn und Körper ist erstaunlich. Laut einiger Schätzungen gibt es im menschlichen Nervensystem bis zu zehn Milliarden Neuronen, die auf enorm komplexe Art miteinander vernetzt sind. Es ist diese erstaunliche Vielfältigkeit in der Aktivität der Informationssysteme, die in jedem Moment bei jedem von uns beiträgt zu einem Ich-Gefühl und einem Bewusstsein vom Körper und von der Welt außerhalb des Körpers.

Gedanken besitzen also Macht. Und sie besitzen – durch die Verbindungen zwischen Gehirn und Körper – die Möglichkeit, ihre Macht auszuüben!

Und das, was wir das *Selbst* nennen, einschließlich unseres Geistes, entsteht in Wirklichkeit Moment für Moment neu (dies wird aber von der Wissenschaft noch nicht ganz verstanden) durch die gemeinsame Aktivität von Körper und Geist, welche mit der sich ständig verändernden Umgebung interagieren. Die auftretenden Gedanken, die Emotionen – wie Furcht und Angst –, die jeden Moment einfärben, und die tieferen Einstellungen und Ansichten, die jeder Mensch hat, üben einen unmittelbaren, starken Einfluss aus auf das tatsächliche Erleben in jedem Augenblick. Das ist so, weil Gedanken, Emotionen und Ansichten den Systemen, *während diese all* die eingehenden und hinausgehenden Informationen *verarbeiten*, ein direktes, ständiges Feedback liefern.

Aus der Perspektive des Umgangs mit Furcht und Angst ist das sowohl eine gute als auch eine schlechte Nachricht. Die schlechte Nachricht ist die, dass ängstliche, sorgenvolle Gedanken hauptsächlich über Verbindungen mit der Amygdala dem Angstsystem des Körpers weiter Brennstoff liefern und es antreiben können. Der Input in die Amygdala beinhaltet sensorische und abgeänderte sensorische Daten sowie Daten von anderen nicht-sensorischen höheren Zentren (dazu gehören das Denken und das Gedächtnis).

Dieser höhere Input soll eine Außerkraftsetzung der Alarmbotschaften der Amygdala an den Rest des Körpers ermöglichen, sobald die höheren Zentren genug Zeit gehabt haben, die Situation zu überprüfen. Wenn die höhere Eingabe (in Form von Denken) die Anweisungen der Amygdala nicht aufhebt, sondern sie stattdessen stimuliert, kommt es zu noch mehr Aktivität im Angstsystem. Mit anderen Worten: Wenn die höheren Zentren im Gehirn entscheiden, dass die Situation gefährlich ist, bestätigen sie die ursprüngliche Gefahrenmeldung der Amygdala, anstatt die beruhigende Nachricht zu schicken, dass alles sicher ist. Das ist ein Vorteil für uns, wenn die Situation wirklich gefährlich ist. Wenn aber unsere höheren Gehirnzentren beunruhigende Gedanken über etwas Bedrohliches, aber Vages hervorbringen, solange wir uns also in keiner echten Gefahr befinden, hält unsere Angstreaktion ohne direkten Grund an.

Die gute Nachricht ist die, dass die höheren Zentren Macht über das Angstsystem ausüben und es ausschalten *können.*

Es ist leicht zu erkennen, weshalb es für den erfolgreichen Umgang mit Furcht und Angst sehr wichtig ist, dass Sie sich Ihrer Gedanken bewusst werden und lernen, sie zu belassen, anstatt sich mit ihnen zu identifizieren. Zu lernen, die eigenen Gedanken und Sichtweisen zu erkennen, und diejenigen zu verändern, die das Angstsystem anregen, ist ein unglaublich mächtiges Werkzeug.

Können Sie also das Funktionieren Ihres Gehirns verändern? Können Sie die „hardware-mäßig" angelegte Reaktion durch Meditieren verändern? Es gibt immer mehr Beweise dafür, dass das Gehirn viel formbarer oder *plastischer* ist, als man bisher angenommen hat. Die Antwort ist also ja: Durch Meditation können Sie die Arbeitsweise Ihres Gehirns beeinflussen.

In einem Artikel des *Wall Street Journal* vom Januar 2003 berichtete die Kolumnistin Sharon Begley über Forschungen von Richard Davidson, die kurz darauf in der Fachzeitschrift *Psychosomatic Medicine* erscheinen sollten. Dr. Davidson und sein Team hatten die Gehirnfunktionen von Angestellten einer Firma untersucht. Jon Kabat-Zinn hatte diese über einen Zeitraum von acht Wochen hinweg Achtsamkeitsmeditation gelehrt. Ihre Gehirnfunktionen wurden mit MRT-Untersuchungen und EEGs jeweils gemessen: bevor sie die Meditation erlernten, 8 Wochen danach und noch einmal 16 Wochen später.

Die Unterschiede waren deutlich. Die Ergebnisse zeigten, dass sich die Aktivität im Frontalkortex verändert hatte. Aktivitätsmuster, die mit Gefühlen wie Freude und Glück und einem niedrigen Angstniveau einhergingen, nahmen zu.

Auch wenn dies lediglich auf einer Studie beruht, so verleiht sie doch der These mehr Gewicht, dass die Verbindungen zwischen den Denk- und den Gefühlsarealen des Gehirns plastischer sind, als man bisher annahm. Das lässt vermuten, dass man wirklich lernen kann, Stimmungen und Gedanken zu kontrollieren, die störenden davon aufzugeben, und dass man folglich weniger Angst und mehr Energie und Freude empfinden kann.

Der Einfluss von Gedanken und Gefühlen auf die Gesundheit

Denken Sie einen Augenblick über Ihre eigenen alltäglichen Erfahrungen nach. Haben Sie beobachtet, wie Gedanken zu körperlichen Reaktionen führen können? Treten irgendwelche besonderen Geschichten oder Gedankenmuster bei Ihnen immer wieder auf? Haben Sie erkannt, wie sich diese mit Gefühlen von Furcht, Ängstlichkeit oder Sorgen verbinden? Haben Sie je bemerkt, wie Ihr Körper von diesen Gedankenmustern und Geschichten zum Handeln veranlasst wird?

Allgemein verbreitete Ausdrücke zeigen, dass viele Menschen solche Verbindungen zwischen Geist und Körper beobachtet haben:

Er platzte vor Wut.
Sie starb an einem gebrochenen Herzen.
Die Sorge machte ihn krank.
Sie war zu Tode erschrocken.

Das sind nur ein paar bekannte Beispiele dafür, wie wir in der Alltagssprache den mächtigen Einfluss von Gedanken und Gefühlen auf die Gesundheit würdigen. Forscher auf dem Gebiet der Medizin haben in den letzten Jahren interessante Entdeckungen über die Verbindung zwischen Gedanken, Gefühlen und der Gesundheit gemacht.

Wut und Feindseligkeit

Redford Williams vom Duke University Medical Center ist ein Pionier auf dem Gebiet der Verhaltensmedizin. Seine Arbeit hat zu einem viel klareren Verständnis der Verbindung zwischen Feindseligkeit und Krankheit geführt, insbesondere der Auswirkungen von Feindseligkeit auf das menschliche Herz.

In den sechziger Jahren identifizierten die Kardiologen Meyer Friedman und Ray Rosenman Verhaltensmerkmale, die bei den meisten ihrer Herzpatienten vorhanden zu sein schienen: ständige Eile, massives Konkurrenzverhalten und eine unspezifische Feindseligkeit. Friedman und Rosenman nannten Menschen mit diesen speziellen Charakteristika *Typ A* (Haften et al. 1996).

Williams und Kollegen richteten 1993 ihre Aufmerksamkeit auf den Faktor Feindseligkeit bei Menschen vom Typ A. Bei einer Studie stellten sie fest, dass mehr als 70 Prozent der Patienten mit einer hohen Feindseligkeitspunktezahl (die mit einem psychologischen Test gemessen wurde) auch massive Blockaden in ihren Koronararterien hatten. Im Gegensatz dazu hatten weniger als 50 Prozent der Personen mit einer niedrigen Feindseligkeitspunktezahl signifikante Blockaden.

Wir wissen jetzt, dass Feinseligkeit ein unabhängiger Risikofaktor für koronare Herzkrankheiten ist. Mit anderen Worten: Weniger Feindseligkeit und Wut in Ihrem Leben werden Ihre Neigung zu koronaren Herzkrankheiten verringern.

Die derzeitige Forschung auf dem Gebiet der Gesundheitspsychologie verbindet den ungeschickten Umgang mit Wut und Feindseligkeit auch mit einer Reihe von anderen gesundheitlichen Problemen. Hafen und Kollegen fassten diese Erkenntnisse über Wut und Krankheit 1996 in *Mind/Body Health* (Gesundheit von Geist und Körper) zusammen. Sie führen an, dass lang anhaltende oder chronische Wut sich fast auf jeden Körperteil auswirken kann. Insbesondere kann chronische Wut sich negativ auf den Blutdruck auswirken und zu Krankheiten der Koronararterien, migräneartigen Kopfschmerzen, Hautproblemen und sogar normalen Erkältungen führen.

Hier geht es um die alltägliche Wut. In *Anger Kills* (Wut tötet) weisen Redford und Virginia Williams (1993) auf die weitverbreitete, gewöhnliche Art dieser Wut hin: „Wir sprechen hier nicht von der Wut, die Menschen dazu treibt, ihre Mitmenschen zu erschießen, zu erstechen oder ihnen anderen Schaden zuzufügen. Wir meinen vielmehr die alltägliche Art von Wut, Ärger und Irritation, die im Geist und im Körper vieler vollkommen normaler Menschen kreisen."

Sorgen

Auch durch Sorgen können Gedanken und Gefühle die Gesundheit beeinträchtigen. Wir haben gesehen, dass Sorgen als Denkmuster verstanden werden können, die von Angstgefühlen verursacht werden. Oft spiegelt der Inhalt der Gedanken den Versuch eines Menschen wider, mit dem Unbehagen, einem Teil seines Angsterlebens, klarzukommen oder es loszuwerden.

Hafen und Kollegen berichteten 1996 einige interessante Erkenntnisse über Sorgen und Gesundheit:

- Ca. 2/3 aller Amerikaner bezeichnen sich selbst als Menschen, die sich Sorgen machen.
- Ungefähr die Hälfte dieser Personengruppe bezeichnet sich als Menschen, die sich in Maßen Sorgen machen. Sie sorgen sich zwischen 10 % und 50 % des Tages.
- Die übrigen besorgten Menschen berichten, dass sie sich mehr als acht Stunden pro Tag Sorgen machen.
- Man hat einen Bezug zwischen Sorgen und gesundheitlichen Problemen hergestellt. Zu letzteren gehören Herzrhythmusstörungen bei Patienten, die Herzinfarkte hatten, erhöhter Blutdruck und Asthma sowohl bei Erwachsenen als auch bei Kindern.
- Ungewissheit als ein Aspekt von Sorgen ist besonders schädlich. Wenn Menschen mit Situationen von großer Unsicherheit konfrontiert sind, wenn sie nicht wissen, was als Nächstes passieren wird oder wie sie sich verhalten sollen, können sie destruktive Gefühle von Hilflosigkeit und Frustration er-

leben. Unsicherheit verursacht eine ständige ‚Halberregung', und der Mensch kann sich nicht entspannen. Der Preis für diese ständige Anspannung und diesen andauernden Stress ist hoch.

Die Lösung besteht darin, im gegenwärtigen Moment zu bleiben. In einem Artikel in der Zeitschrift *Prevention* zitiert Cathy Perlmutter (1993) Jennifer Abel mit der Feststellung, dass es im Umgang mit Sorgen wichtig sei, sich auf das zu konzentrieren, was gerade jetzt da ist. „Sorgen sind fast immer auf die Zukunft gerichtet", sagt Abel, „deshalb ist es besser für uns, wenn wir uns darauf konzentrieren können, was wir jetzt gerade tun – auf den Satz, den wir lesen, auf die Stimme der Person, die wir hören – anstatt darüber nachzudenken, was jemand als Nächstes sagen könnte."

Innere Haltungen und Glaubenssätze

Es hat sich gezeigt, dass Einstellungen sowie Selbst- und Weltbilder, von denen man zutiefst überzeugt ist, neben Wut und Sorgen ebenfalls massive Auswirkungen auf die Gesundheit haben.

Die Macht der Einstellung wurde von Wissenschaftlern intensiv erforscht. Besonders bedeutsam für Ihre Gesundheit sind Denkmuster, die Ihr Gefühl von persönlicher Macht und Kontrolle formen: Ihr Vertrauen in Ihre Fähigkeit, mit Problemen und Stress umgehen zu können, und Ihre Gefühle von Hoffnung und Optimismus bzw. Pessimismus in Bezug auf Situationen, mit denen Sie konfrontiert sind.

Innere Haltungen und Stress

Wie kommt es, dass manche Menschen wenig Probleme haben, mit Stress zurechtzukommen, während andere, die mit den gleichen belastenden Umständen konfrontiert sind, krank werden?

Suzanne Kobasa und ihre Kollegen (1987/1990) haben Stress und Stressreaktionen bei einer Reihe von unterschiedlichen Menschen untersucht: bei leitenden Angestellten in der Wirtschaft, bei

Rechtsanwälten und bei Frauen in einer ambulanten gynäkologischen Praxis. Die Probanden in jeder Gruppe waren in etwa den gleichen Belastungen ausgesetzt, erlebten aber unterschiedliche gesundheitliche Auswirkungen. Kobasa und ihre Kollegen studierten die unterschiedlichen Persönlichkeiten und die verschiedenen Strategien bei beiden Gruppen. In manchen Fällen zogen sich die Untersuchungen bis zu fünf Jahren hin. Die Forscher stellten starke Verbindungen zwischen körperlicher Gesundheit und bestimmten inneren Haltungen und Glaubenssätzen fest. *Sie fanden keine Beziehung zwischen belastenden Ereignissen im Leben und körperlichen Krankheiten.* Mit anderen Worten: Das, was die Menschen glaubten und dachten, schien den ganzen Unterschied auszumachen!

Kobasa prägte den Ausdruck *Stress-Widerstandsfähigkeit,* um die Eigenschaft der Menschen zu beschreiben, die den Stress mit wenigen oder unbedeutenden gesundheitlichen Problemen bewältigten. Die drei Elemente von Stress-Widerstandsfähigkeit, die sie entscheidend fand, sind *Engagement, Kontrolle und Herausforderung.*

Mit **Engagement** ist hier ein tiefes, dauerhaftes Interesse und eine Beteiligung an dem, was um einen herum geschieht, gemeint. Es schließt einen selbst mit ein sowie andere, die Arbeit und des Weiteren eine Reihe bedeutsamer innerer Werte. Mit anderen Worten: Es ist wichtig, sich verbunden zu fühlen.

Kontrolle bedeutet, zuversichtlich zu sein, dass man in der Lage sein wird, den Schmerz oder die Destruktivität einzelner belastender Situationen zu dämpfen. Es bedeutet nicht, andere Leute oder alle Aspekte einer Situation zu beherrschen. Kontrolle ist die Weigerung, zum Opfer zu werden. Es ist die Fähigkeit, sich auf das zu konzentrieren, was man kontrollieren kann, und sich nicht von dem ablenken zu lassen, was man nicht beeinflussen kann.
Herausforderung bedeutet, die belastende Situation als interessante Chance zu Wachstum und spannendem Erleben begrüßen zu können. Das erfordert, dass man auch die ständigen Veränderungen willkommen heißt und akzeptiert, anstatt sich von ihnen überwältigt zu fühlen.

Diese Untersuchungsergebnisse spiegeln ein weit verbreitetes, sich wiederholendes Thema in der Stressforschung wider: Der Stress selbst macht nicht krank. Entscheidend ist, wie man auf Stress reagiert. Die Auswirkung von Stress wird dadurch bestimmt, wie Situationen oder Geschehnisse gesehen und interpretiert werden.

Der Stil, sich Dinge zu erklären

Wie erklären Sie sich selbst, was es bedeutet, wenn Ihnen etwas Schlimmes widerfährt? Sehen Sie das Glas als halb leer oder halb voll? Jeder besitzt diese Tendenz, die unangenehmen oder „schlimmen" Ereignisse in seinem Leben erklären zu wollen. Die Grundlage für die Erklärungen jedes Menschen liegt in den Ansichten oder Vorstellungen, von denen er zutiefst überzeugt ist. Diese Vorstellungen formen den *Stil* eines Menschen, Dinge zu *erklären.*

Ein Pionier hinsichtlich des Verständnisses, wie sich der Interpretationsstil auswirkt, ist Martin E.P. Seligman von der University of Pennsylvania. Bei seinen Studien beobachtete Seligman, dass die Art und Weise, wie Menschen die ihnen widerfahrenden „schlimmen" Dinge erklärten, eine starke Auswirkung auf ihre Gesundheit und ihr Wohlbefinden hatte. Viele andere haben diese Arbeit ergänzt, darunter auch die Chirurgen Bernie Siegel an der Yale University, Charles Carver an der University of Miami und Michael F. Schleier an der Carnegie-Mellon University (Hafen et al. 1996). Die Untersuchungsergebnisse auf diesem Gebiet des Interpretationsstiles weisen darauf hin, dass wir in Wahrheit sind, was wir denken.

Pessimisten tendieren dazu, sich selbst und die meisten Situationen negativ zu sehen. Sie neigen dazu, sich selbst für alle „schlimmen" Ereignisse, die ihnen widerfahren, die Schuld zu geben und jede Situation zu dem Schlimmsten, was man sich vorstellen kann, aufzublasen oder *zu einer Katastrophe zu machen.*

Bei Pessimisten sind die gesundheitlichen Auswirkungen schlimmer und der Zusammenhang mit ihren Gedanken ist so stark, dass man über die pessimistische Haltung tatsächlich Voraussagen machen kann. Mit anderen Worten: Die Forscher konnten allein aufgrund der pessimistischen Sichtweise der Teilnehmer in Bezug auf Lebensereignisse vorhersagen, welche Teilnehmer an einer Studie negative gesundheitliche Auswirkungen erleben würden.

Optimisten neigen dazu, das Gute an einer Situation zu sehen, zu erwarten, dass sich die Dinge gut entwickeln, kontrollierbare Aspekte an einer Situation zu sehen und sich auf diese zu konzentrieren, nicht so leicht aufzugeben und es zu vermeiden, sich selbst die Schuld für das Geschehene zu geben.

In Studien hat sich wiederholt gezeigt, dass Menschen mit einer optimistischen Haltung im Gegensatz zu Pessimisten bessere Gesundheitswerte haben. Alles deutet sogar darauf hin, dass eine optimistische Einstellung tatsächlich davor schützen kann, krank zu werden.

Gedankenkraft ausüben

Die meisten dieser Forschungsergebnisse über innere Haltungen und die Gesundheit führen zu einem wichtigen Schluss: Die Einstellungen und Ansichten, die sich so stark auf die Gesundheit eines Menschen auswirken, sind erlernt und können verändert werden.

Wenn Sie die in Ihrem Innern wirkenden Einstellungen, Sichtweisen und Emotionen erkennen und verstehen, haben Sie die Möglichkeit, diese zu beurteilen und zu verändern. Je nach Person kann es unterschiedlich lange dauern, bis diese Veränderungen eintreten, aber die Botschaft ist klar: Sie können ein gesünderer Mensch werden, wenn Sie die Macht Ihrer eigenen Gedanken und Gefühle erkennen und zu steuern lernen.

Wie Ihnen Achtsamkeit helfen kann

Achtsamkeit ist eine Art der Bewusstheit, bei der man *nicht* denkt. Sie ist eine Bewusstheit, die Gedanken und Emotionen bei ihrem Auftauchen wahrnimmt und sich nicht mit ihnen identifiziert.

Achtsamkeit ist freundliche, nicht- urteilende, zulassende Bewusstheit im gegenwärtigen Moment.

Wir wissen, dass Gedanken bei Furcht, Angst und sogar bei Panik eine entscheidende Rolle spielen. Sehen Sie sich die folgenden auf Angst beruhenden Gedanken an:

- Was ist, wenn ich einen Unfall verursache, weil ich mit der Maschine nicht zurechtkomme?
- Wenn ich jetzt eine Panikattacke hätte, könnte ich mir nicht helfen.
- Ich bin ständig müde. Was ist, wenn ich Krebs habe und es schon zu spät ist?
- Ich kann morgen nicht zu dem Treffen gehen, weil zu viele Leute dort sein werden, die nur darauf warten, mich auslachen zu können.
- Ich bin nicht intelligent genug, um die Aufgabe auszuführen, die mir der Chef gerade gegeben hat.

All diese und ähnliche Gedanken können eine Angstreaktion auslösen. Darauf folgt die Stressreaktion. Wenn die Art der nachfolgenden Gedanken der tiefer liegenden Grundlage eines pessimistischen Interpretationsstiles, der Selbstkritik oder einem geringen Selbstvertrauen entspringt, bekommt das Angstsystem des Körpers sogar noch mehr Brennstoff geliefert. Subjektiv gesehen kann das ungefähr so gehen: Das Angstsystem des Körpers ist erregt. Die extreme Erregung wird als unangenehm empfunden. Körper und Geist arbeiten auf Hochtouren. Gedanken kommen auf. Sie können von sich aus besorgniserregend und angsteinflößend sein. Die Reaktion des Angstsystems verstärkt sich. Das Gefühl von einem Selbst, von Ich-mich-mein, kann sehr stark werden. Es kann sich wie ein schwerer Fels anfühlen. Manchmal fühlt sich das Ich-mich-mein so bedroht, dass eine überwältigende Panik alles zu sein scheint, was noch vorhanden ist. Die Vernichtung des Selbst, die Auslöschung von Ich-mich-mein, ist die zwanghafte Besorgnis des Moments.

An diesem Punkt ist die Praxis von Achtsamkeit besonders wichtig. Wenn man Achtsamkeit praktiziert, entscheidet man sich dafür, präsent zu bleiben und das eigene sich entfaltende innere Erleben zu untersuchen. Man lässt Aufmerksamkeit in die eigene innere Landschaft einströmen. Man wendet sich der Furcht und der Besorgnis, den Gedanken und Empfindungen mit freundlicher Aufmerksamkeit zu. Während man in dieser Weise aufmerksam ist, braucht man nichts in Ordnung zu bringen. Man muss nur dem, was man gerade empfindet, Augenblick um Augenblick mitfühlende Aufmerksamkeit schenken.

Man lässt seine Konzentration auf den Erlebnissen selbst ruhen und benutzt dabei einen Anker wie beispielsweise die Wahrnehmung der eigenen Atmung als Unterstützung dafür, präsent zu bleiben. Während man sich den körperlichen Empfindungen und den Gedanken gegenüber öffnet und sie beobachtet, dann die nächste Welle von Empfindungen und Gedanken usw., erkennt man all diese Erscheinungen einfach als unbeständige, vorübergehende Ereignisse an. Es entsteht ein Gefühl von Raum und Leichtigkeit, das die beunruhigenden Erfahrungen einhüllen kann. Man fühlt sich ruhiger, und die Aufmerksamkeit bekommt einen schärferen Fokus.

Indem man die Gedanken zulässt und sie einfach nur als eine weitere Erfahrung im gegenwärtigen Moment erkennt, kann man den Kreislauf des Sich-Identifizierens mit den Erlebnissen und des Reagierens auf sie anhalten. Jetzt ist es möglich, sich tiefer mit sich selbst und dem, was im eigenen Innern abläuft, zu verbinden. Aus der Perspektive des Zusammenspiels von Körper und Geist entsteht jetzt eine Pause in der Identifikation mit dem Angsterleben – sowohl mit seinen körperlichen als auch mit seinen gedanklichen Aspekten. Achtsame Aufmerksamkeit unterbricht den Gedankenkreislauf, der das Angstsystem anfeuert. Sie gibt auch der ausgleichenden Aktivität, der Entspannungsreaktion, die Gelegenheit, in Gang zu kommen. Und durch das Durchbrechen der Identifikation mit den furchterregenden Gedanken unterstützt die Achtsamkeit die natürliche Fähigkeit der höheren kortikalen Zentren, die Situation im richtigen Zusammenhang zu sehen und richtig zu interpretieren. Diese können ihre normale Aufgabe erfüllen und das Angstsystem durch Einwirkung auf die Amygdala abschalten.

Denken Sie daran

Gedanken sind mächtig. Sie können auf hilfreiche oder schädigende Weise mit dem Angstsystem des Körpers und dem Angsterleben zusammenwirken. Sie können lernen, die Macht der Gedanken und deren Auswirkungen auf Furcht und Angst zu kontrollieren, indem Sie lernen, präsenter und vorsätzlich aufmerksam zu sein, während Sie Gedanken, Gefühle und Körperwahrnehmungen erleben. Sie sind vielleicht nicht imstande, die eigenen Gedanken zu stoppen oder zu beherrschen. Aber Sie können lernen, sich nicht mit ihnen zu identifizieren und ihnen nicht automatisch zu glauben. Sie können lernen, Gedanken zu erkennen und zuzulassen. Wenn Sie sich Ihrer Gedanken in dieser Weise bewusst sind, nutzen Sie die Kraft der Achtsamkeit, um mit der Macht der Gedanken zurechtzukommen.

Dann ist es nicht mehr so wichtig, ob Sie die Gedanken stoppen können. Selbst wenn angsterfüllte Gedanken auftreten, verlieren sie die Macht, in Ihr Leben einzudringen und Sie zu beherrschen. Wenn Sie aufmerksam präsent sind, gewinnen Sie neue Macht über die Erlebnisse in Ihrem Geist und über Ihr Leben selbst.

5

Achtsamkeit und Meditation

Alles geschieht im gegenwärtigen Moment. Wir leben im gegenwärtigen Moment, im *Jetzt.* Alle Erlebnisse, ganz gleich, ob sie sich in Ihnen oder außerhalb von Ihnen abspielen, laufen in diesem Moment ab. Um reicher zu leben, um den Belastungen und Herausforderungen des Lebens (einschließlich Furcht, Panik und Angst) effektiver begegnen und das Wunder und die Magie des Lebens vollständiger erfassen zu können, ist es von grundlegender Bedeutung, dass wir lernen, eine Beziehung zum gegenwärtigen Moment herzustellen und darin zu verweilen.

Die Kunst der Aufmerksamkeit und der Präsenz zu erlernen, ist sowohl ein schwieriges als auch ein wunderbares Unterfangen. Die Gewohnheiten der Unaufmerksamkeit und der Geistesabwesenheit sind stark, aber es ist kostbar, das Leben in jedem Augenblick zu erfahren.

Der Wert der Achtsamkeit

In dem Bestseller *Tuesdays with Morrie (Dienstage mit Morrie)* aus dem Jahre 1997 gibt Mitch Albom eine Reihe von Gesprächen wieder, die er mit Morrie Schwartz, seinem Lieblingsprofessor am College, geführt hatte. Morrie litt unter amyotropher Lateralsklerose und lag im Sterben. Mitch besuchte Morrie jeden Dienstag. Eines Dienstags sprachen sie über den Tod. Mitch fragte Morrie, warum es so schwer sei, über das Sterben nachzudenken. Morrie antwortete:

„Die meisten von uns laufen herum, als ob sie schlafwandelten. Wir erleben die Welt gar nicht richtig, weil wir halb schlafen und Dinge tun, von denen wir automatisch annehmen, dass wir sie zu tun hätten."

„Und die Konfrontation mit dem Tod verändert all das?"

„Oh ja. Man streift all dieses Zeug ab und konzentriert sich auf das Wesentliche. Wenn einem bewusst wird, dass man sterben muss, sieht man alles ganz anders." Er seufzte: „Lerne zu sterben und du lernst zu leben."

Morrie fährt fort und erzählt Mitch, dass ein Schlüssel zum Sterben darin bestünde, zu akzeptieren, dass „man jederzeit sterben kann". Durch diese Wahrheit verstärkte sich Morries Wertschätzung des Lebens. Er sagt zu Mitch: „Weil ich weiß, dass meine Zeit fast vorüber ist, fühle ich mich zur Natur hingezogen, als ob ich sie das erste Mal sehen würde."

Morrie lässt uns auf seine weise Art teilhaben an einer tiefen Wertschätzung der Kostbarkeit der einzelnen Augenblicke des Lebens.

Aber was ist mit den Momenten voller Furcht und Schmerz? Sind auch sie kostbar? Was kann man dadurch gewinnen, dass man in diesen Momenten präsent ist?

In *The Places That Scare You* (*Geh an die Orte, die du fürchtest,* Arbor 2001) erzählt die Meditationslehrerin Pema Chödrön eine Geschichte aus ihrer Kindheit über die Konfrontation mit Schmerz. Pema war ungefähr sechs Jahre alt, als sie eine Straße entlangging und sich „einsam, ungeliebt und wütend fühlte und nach allem trat, was sie finden konnte". Eine alte Frau sah sie und lachte. Sie sagte zu Pema: „Kleines Mädchen, lass nicht zu, dass das Leben dein Herz hart macht." Pema verstand die Lektion. „Genau da bekam ich folgende essentielle Belehrung: Wir können uns von den Umständen in unserem Leben hart machen lassen, so dass wir immer ablehnender und ängstlicher werden, oder wir können ihnen gestatten, uns weicher und dem gegenüber, was uns Angst macht, gütiger und offener zu machen. Wir haben immer diese Wahl."

Als Mensch hat man schon, was man braucht, um die Kostbarkeit eines jeden Moments zu erleben. Man besitzt die notwendige Eigenschaft, sich dem gegenüber, was einem Angst macht, zu öffnen, anstatt sich zu verhärten und Ablehnung und Furcht zu entwickeln. Diese Fähigkeit ist Achtsamkeit. Achtsamkeit befähigt dazu, wirklich präsent zu sein.

Achtsamkeit muss man erleben

Jeder Begriff oder jede Vorstellung, die das Wort *Achtsamkeit* repräsentiert, beinhaltet nur ein begrenztes Verständnis. Wenn Sie verschiedene Bücher über Achtsamkeit lesen oder verschiedene Menschen darüber sprechen hören, werden Sie wahrscheinlich unterschiedliche Definitionen hören. Das Konzept wird kulturell unterschiedlich gebraucht. Ebenso werden verschiedene Wörter und Symbole dafür verwendet. Sie müssen sich deshalb von vornherein klar darüber sein, dass es für das Verständnis von Achtsamkeit nicht ausreicht, darüber zu sprechen, nachzudenken oder etwas zu lesen. Die Worte, die wir gebrauchen, um Vorstellungen von Achtsamkeit zu vermitteln, sind nur Symbole oder eine Art Landkarte. Die tatsächliche Erfahrung von Achtsamkeit liegt jenseits von Worten und Vorstellungen. Man kann sie nur durch die eigene direkte Übung machen. In der Wahrheit Ihrer eigenen direkten Praxiserfahrung liegt das tatsächliche Verständnis von Achtsamkeit.

Wir wollen jetzt einige Vorstellungen von Achtsamkeit erörtern, die andeuten, was bei der direkten Übung geschieht.

Was ist Achtsamkeit?

Das Wort *Achtsamkeit (mindfulness)* taucht heutzutage überall auf. Manche Menschen scheinen es mit dem Wort *Gedankenlosigkeit* (mindlessness) zu verwechseln, was in der Tat das Entgegengesetzte ist! Andere scheinen zu denken, achtsam sein bedeute, einen Geist zu haben, der voll von etwas ist, oder zu versuchen, den Geist mit etwas anzufüllen. All dieses Gerede kann etwas Verwirrendes aus dem machen, was in Wirklichkeit etwas Einfaches ist. Lassen Sie uns versuchen, zu einem präziseren und klareren Verständnis dessen zu gelangen, was Achtsamkeit ist, wo sie herkommt und was wir mit dem Begriff in diesem Buch meinen.

In der vierten Ausgabe von Webster's New World College Dictionary wird nicht *mindfulness* definiert, sondern *mindful.* Es wird definiert als „an etwas denken, bewusst, beachtend oder sorgsam“ und *mindless* als „seinen Verstand nicht einsetzen, geringe oder keine Intelligenz beweisen, geringen oder keinen Verstand beweisen, hirnlos oder gedankenlos“.

Die Sozialpsychologin Ellen Langer verwendete (1989) das Wort Achtsamkeit im Kontext ihrer bedeutenden Arbeit, bei der sie die Beziehung zwischen Geisteszuständen und Handlungen bei diversen gewöhnlichen menschlichen Aktivitäten untersuchte. Sie wies jedoch darauf hin, dass sie ihre Arbeit fast ganz aus der Perspektive der westlichen Wissenschaft ausgeführt hat.

Langer benutzt das Wort *Achtsamkeit* nicht im Zusammenhang mit der (ursprünglich östlichen) Meditationspraxis. Ihre Arbeit an dem Thema begann mit der Untersuchung von Gedankenlosigkeit oder der Art von automatischem, achtlosem Verhalten, das so viele Schwierigkeiten im täglichen Leben verursachen kann. Sie erklärt, wie fixe Ansichten und Einstellungen uns für die Dinge, die direkt vor unseren Augen liegen, blind machen können und inwiefern wir einen hohen Preis dafür bezahlen.

Diese Definitionen und Beispiele von Achtsamkeit beruhen auf der Perspektive der westlichen Kultur mit ihrer Betonung des Denkens, bestimmter Sichtweisen und der kognitiven Wahrnehmung. Sie sind wertvoll und besitzen gewisse beachtenswerte Ähnlichkeiten mit der Vorstellung von Achtsamkeit, wie sie in diesem Buch präsentiert wird. Dennoch besteht hier auch ein wichtiger Unterschied.

Achtsamkeit beruht auf Meditation

Der in diesem Buch vorgestellte Ansatz beruht auf einem Verständnis von Achtsamkeit, die man durch *Meditation* entwickelt. Dieser auf Meditation beruhende Ansatz gründet auf einer direkten Erfahrung von Aufmerksamkeit und Bewusstheit, die man auf Gedanken ebenso wie auf alle anderen Facetten des Erlebens in diesem Moment richtet. Das Verständnis und der Nutzen der Achtsamkeit ergeben sich direkt aus der Erfahrung der Person, die die Meditation praktiziert. Damit Ihnen diese Herangehensweise helfen kann, müssen Sie wirklich meditieren.

Und das ist gar nicht so schwierig, wie Sie vielleicht denken. Sie müssen sich dazu auch nicht für Jahre in die Berge zurückziehen oder in einer Höhle verschwinden.

Sie tragen bereits die Fähigkeit zu Aufmerksamkeit und freundlichem Gewahrsein in sich und müssen sie nicht irgendwo anders suchen. Und schließlich sollten Sie bedenken, dass es bei der Meditation grundsätzlich darum geht, dem Leben mit freundlicher, unvoreingenommener und nicht-urteilender Aufmerksamkeit zu begegnen. Dies können Sie schon für die Dauer einer einzigen Ein- und Ausatmung üben.

Aufgrund der tief verwurzelten Gewohnheiten der Zerstreuung und Unaufmerksamkeit, die unsere Verbindung zum gegenwärtigen Augenblick und zu uns selbst unterbrechen, brauchen wir wirkliche Hingabe und Anstrengung, um achtsam in unserem täglichen Leben sein zu können. Meditation ist sowohl eine Fertigkeit als auch eine Kunst. Eine Fertigkeit in dem Sinne, dass sie durch Übung verschiedener Methoden entsteht, Achtsamkeit und Aufmerksamkeit – besonders auch in schwierigen Situationen – zu errichten. Meditation ist ebenfalls eine Kunst, die durch Erfahrung vollendet wird. Sie benutzt Weisheit, um jede Situation klar zu sehen und aus den vielen Methoden die für Sie geeignetste auszuwählen, um der Situation zu begegnen.

Sie lehren sich selbst die Kunst der Aufmerksamkeit und Bewusstheit, indem Sie eine stabile, zuverlässige Praxis der Achtsamkeitsmeditation entwickeln und beibehalten.

Dieses Buch unterstützt Sie, Ihre Praxis zu beginnen und sie weiterzuführen, wenn die unvermeidlichen Hürden und Hindernisse auftreten. Aber Sie müssen die Praxis tatsächlich ausführen. Nur darüber zu lesen, ohne zu üben, wird nicht von großem Nutzen sein.

Meditation ist integrativ und für jeden zugänglich

Buddhisten praktizieren Meditation, insbesondere die Achtsamkeitsmeditation, seit mehr als 2500 Jahren und haben eine ganze Menge nützlicher Informationen darüber angesammelt, wie sie auszuführen ist. Auf dieser gesammelten Erfahrung und Weisheit beruhen die Informationen über Achtsamkeit, wie sie in diesem Buch gelehrt wird.

Obwohl diese Meditationsmethoden ihre Wurzeln in buddhistischen Traditionen haben, sind die eigentlichen Übungen sehr allgemein. Sie erfordern kein spezielles Glaubenssystem oder bestimmte spirituelle oder religiöse Ansichten. Achtsamkeit ist an keine spirituelle oder religiöse Form gebunden.

Jon Kabat-Zinn bietet in *Full Catastrophe Living (Total katastrophal leben,* 1990) folgende Definition von Achtsamkeit an: „Einfach ausgedrückt ist Achtsamkeit Bewusstheit von Moment zu Moment. Man entwickelt sie, indem man Dingen, an die man gewöhnlich keinen Gedanken verschwendet, absichtlich Aufmerksamkeit schenkt. Es ist eine systematische Herangehensweise, um auf der Grundlage unserer inneren Fähigkeit zu Entspannung, Aufmerksamkeit, Bewusstheit und Einsicht neue Arten der Steuerung und Weisheit in unserem Leben zu entwickeln."

Die Erfahrung ist Ihr bester Lehrer. Schenken Sie sich selbst diese Erfahrung von Achtsamkeit, indem Sie eine eigene Meditationspraxis entwickeln.

Durch Ihr Üben können Sie ein großes, stilles Zentrum der Bewusstheit entdecken, welches den ewig wechselnden Fluss des Lebens umfasst und enthält. Wenn Sie öfter Zugang zu dieser Stille haben, werden die Muster Ihrer Reaktivität und Identifikation schwächer werden, und Sie werden eine größere Harmonie mit Ihrem Leben finden – auch in den herausfordernden, schwierigen Zeiten.

Achtsamkeit näher betrachtet

Lassen Sie uns einen näheren Blick auf die verschiedenen Aspekte von Achtsamkeit werfen, um besser zu verstehen, wie auf Achtsamkeit gründende Meditation funktioniert.

Achtsamkeit als die Fähigkeit zu genauer Reflexion

Man kann Achtsamkeit als eine Fähigkeit zu genauer Reflexion betrachten, die alle Menschen besitzen. Leider erkennen viele Menschen nicht, dass sie diese Fähigkeit haben oder dass sie sie entwickeln können und sollten. Der Meditationslehrer Larry Rosenberg sagte über diese Sichtweise von Achtsamkeit Folgendes:

„Wir Menschen besitzen eine außergewöhnliche Fähigkeit, die wir manchmal für selbstverständlich halten, bis unsere Aufmerksamkeit darauf gestoßen wird: Anders als andere Wesen auf der Welt, die ihr Leben leben, besitzen wir die Fähigkeit, uns dieses Prozesses gleichzeitig bewusst zu sein. Die Achtsamkeit wird oft mit einem Spiegel verglichen. Sie reflektiert einfach nur das, was vorhanden ist. Sie ist kein Denkprozess. Sie ist *‚vor-begrifflich'*, sie kommt vor dem Denken. Man kann auf Gedanken achten. Es besteht ein Riesenunterschied zwischen dem Denken und dem Sich-dessen-bewusst-Sein, dass man denkt, während die Gedanken im Geist hintereinander herjagen und uns der Prozess zurückgespiegelt wird."

Achtsamkeit ist immer als ein Potential vorhanden, aber Sie nutzen es vielleicht nicht immer (oder nicht einmal oft). Genau aus dem Grund, dass Sie dieses Potential, bewusst zu sein, nicht erkennen und nutzen, versäumen Sie so viel von Ihrem Leben und sind so gefangen genommen von gewohnheitsmäßigem Wahrnehmen, Denken, Fühlen und Handeln.

Achtsamkeit als Eigenschaft

Achtsamkeit wird manchmal als Eigenschaft anstatt als Fähigkeit dargestellt.

Nicht-Urteilen und Offenheit

Als Eigenschaft werden der Achtsamkeit bestimmte Merkmale zugeschrieben, zu denen auch Nicht-Urteilen und Nicht-Eingreifen oder Zulassen gehören. Achtsamkeit wird außerdem als Nicht-Streben, Nicht-Ablehnen und Nicht-Leugnen beschrieben.

Achtsamkeit öffnet sich allem gegenüber, was kommt, und schließt es ein, so wie der Spiegel alles widerspiegelt, was vor ihm erscheint. Achtsamkeit ist nicht für oder gegen irgendetwas. Sie versucht nicht, auf irgendeine Weise etwas hinzuzufügen oder wegzunehmen, zu verbessern oder zu verändern.

Freundlichkeit und vertraute Nähe

Freundlichkeit und vertraute Nähe sind andere wichtige Charakteristika der Achtsamkeit, so wie sie durch Meditation praktiziert und entwickelt wird.

Rosenberg (1998) erinnert an den Zen-Lehrer Dogen aus dem dreizehnten Jahrhundert, der den erwachten Geist als den Geist beschrieb, der „mit allen Dingen vertraut ist". Diese Art der Vertrautheit bedeutet, nicht losgelöst oder getrennt von dem zu sein, was gerade jetzt, in diesem Moment passiert, sondern viel mehr wach zu sein, mitten im Leben offen für das unmittelbare Erleben. Wenn man Achtsamkeit praktiziert, ist man nicht distanziert, sondern wach und in Kontakt mit dem gegenwärtigen Erleben.

Freundlichkeit ist ebenfalls ein entscheidendes Charakteristikum von Achtsamkeit. Viele Meditationslehrer betonen, wie wichtig es ist, bei der Achtsamkeitspraxis allem gegenüber, was kommt, freundlich, offen und empfangend eingestellt zu sein.

Der empfangende, willkommen heißende Geist der Güte oder Freundlichkeit hilft Ihnen, dem Erleben von Moment zu Moment gegenüber offener zu sein. Er hilft Ihnen auch, die tief verwurzelten Gewohnheiten des Urteilens und der Abneigung zu überwinden, die gerade aufgrund von Bewusstheit oft stark agieren und Ihre vorsätzliche Präsenz und Aufmerksamkeit stören.

Der Meditationslehrer Thich Nhat Hanh fordert seine Schüler auf, beim Meditieren mehr zu lächeln. In seinem Buch *Being Peace (Frieden sein,* 1987) sagt Hanh, dass „das Leben sowohl schrecklich als auch wunderbar ist. Meditieren bedeutet, mit beiden Aspekten in Verbindung zu stehen. Bitte denken Sie nicht, dass wir feierlich sein müssten, um zu meditieren. Um gut zu meditieren, müssen wir in Wirklichkeit viel lächeln." Und er fährt fort: „Dies ist der einzige Augenblick, der wirklich ist. Jetzt hier zu sein und den gegenwärtigen Moment zu genießen, ist unsere wichtigste Aufgabe."

Ruhe und Stille

Durch die Übung der Achtsamkeit werden Sie ein inneres Gefühl der Stille wahrnehmen. Sie haben eine ganz neue Dimension betreten: die der großen Stille. Diese Erfahrung der Ruhe und Stille kann anfangs vielleicht unangenehm sein, aber sie ist es wert, erfahren zu werden und Sie wird Ihnen bestimmt nicht schaden!

Eckhart Tolle, der Autor von „Die Kraft der Gegenwart", „Stille spricht" und „Eine neue Erde", bemerkt: „Schönheit entsteht in der Stille Ihrer Gegenwart." Er spricht hier von der Majestät und Schönheit der Welt, aber auch vom Mysterium unseres tiefsten menschlichen Wesens: Zu beiden haben wir Zugang durch unsere Präsenz und die Stille.

Die Meditationslehrerin Christina Feldmann beschreibt in ihrem wundervollen Buch „Silence" die Stille nicht als das Gegenteil von Klang und Geräusch, sondern als eine Dimension des Bewusstseins, die Geräusche, Töne und Klänge enthält. Sie finden diese Sicht der Stille – als eine Dimension, die bewohnt werden soll – vielleicht seltsam und verwirrend.

Das ist in Ordnung, aber wenn Sie das Ganze genauer erkunden, werden Sie wahrscheinlich feststellen, dass diese Stille zunimmt, während Sie meditieren. Im Laufe der Zeit werden Sie erkennen, dass diese Stille ein Grund ist, aus dem die Erfahrungen auftauchen und in den sie wieder zurückkehren.

Es kann eine wertvolle Unterstützung für Ihre Meditationsübung sein, wenn Sie auf diese Qualitäten der Ruhe und Stille aufmerksam sind. Später in Kapitel 15 werden Sie weitere Erörterungen und praktische Anregungen finden, wie Sie am besten mit diesen Qualitäten der Ruhe und Stille arbeiten können.

Dem Schmerz mit Mitgefühl begegnen

Vertrautheit und eine integrative Haltung bedeuten, dass die Achtsamkeitspraxis Mut erfordert. Wenn das Bewusstsein dessen, was vorhanden ist, wächst, wächst auch das Bewusstsein von schmerzlichen Dingen. Es kann Mut und Durchhaltevermögen erfordern, sich einem Schmerz zu stellen. Da steht man vor der gleichen Wahl, wie Pema Chödrön sie beschrieb: Wird man hart und ablehnend oder weicher und offen? Mitgefühl ist die Bereitschaft, dem auftauchenden Schmerz gegenüber präsent und offen zu bleiben in der Hoffnung, dass Präsenz Erleichterung bringt.

Möglicherweise fühlen Sie sich erst einmal schlechter, ehe Sie sich besser fühlen

Weil die Achtsamkeitspraxis die Bewusstheit und Sensibilität *allem* gegenüber – einschließlich Schmerz und Furcht – erhöht, sollte man wissen, dass man sich anfangs vielleicht sogar schlechter fühlen wird. Dies ist jedoch nur ein Stadium im Heilungs- und Transformationsprozess. Wenn Ihre Meditationspraxis an Kraft gewinnt, werden Sie lernen, sich sogar dann zu entspannen und präsent zu bleiben, wenn sich Beunruhigung, Furcht und Panik durch den gegenwärtigen Moment ziehen. Das ist kein Akt der Willenskraft, sondern eine Fähigkeit, die man durch die Meditation entwickelt.

Ihren Kern offenherziger Bewusstheit finden

Eines der Resultate der Achtsamkeitspraxis ist im Laufe der Zeit die Entdeckung des Kerns von Ruhe und Harmonie in Ihrem Zentrum. Dieser Kern ist verlässlich, unerschütterlich und eine Quelle inneren Friedens. Wenn Sie sich in diesem Kern befinden und von diesem Ort aus zu Erlebnissen – selbst zu schmerzhaften – in Beziehung treten, sind Sie eher in der Lage, präsent zu bleiben.

Mit Achtsamkeit können sogar die störendsten Empfindungen, Gefühle, Gedanken und Erlebnisse – auch Angst, Beunruhigung, Panik und Sorgen – aus einer erweiterten Perspektive als vorübergehende Ereignisse im Geist gesehen werden, statt als „ich selbst" oder als unbedingt wahr. Wenn Sie einfach nur in dieser Weise präsent sind, unterstützen Sie Ihre eigene tiefe Heilung und werden Ihren eigenen inneren Raum des Friedens und des Gleichmuts entdecken und stetiger darin verweilen.

Meditationslehrer sprechen von der Achtsamkeit oft als *heartfulness* („Herzens"gegenwart), um die Eigenschaften von Nähe und Güte anzudeuten. Hier ist es hilfreich, die Beschränktheit des englischen Wortes *mindfulness* (Geistesgegenwart, Achtsamkeit) festzustellen, bei dem die Betonung auf dem Geist und den Gedanken liegt. Bedenken Sie, dass das chinesische Schriftzeichen für *Achtsamkeit* zwei Teile hat: Der obere Teil bedeutet jetzt und der untere entweder *Geist* oder *Herz*.

Aus dieser Perspektive der „Herzens"gegenwart könnte ein anderer Ausdruck für Achtsamkeit auch *Präsenz* sein. Präsenz zu üben bedeutet, mit der Essenz des eigenen Wesens hier zu sein. Wenn man nicht hier ist, wenn man zerstreut ist, ist man *essentiell* nicht hier. Achtsam zu sein bedeutet also, mit offenherziger Bewusstheit, mit der eigenen Essenz und vollständig im gegenwärtigen Moment hier zu sein.

Was ist Meditation?

So wie ich den Begriff Achtsamkeit in diesem Buch verwende, wird sie durch Meditation entwickelt. Bevor ich weitergehe, ist es deshalb wichtig, dass Sie sich darüber im Klaren sind, was Meditation ist und wie der Begriff in diesem Buch gebraucht wird.

Die Meditationslehrerin Christina Feldman (1998) bietet uns eine wertvolle Einsicht in die Bedeutung der Meditationspraxis an:

„Es gibt mehrere Kernprinzipien, die alle meditativen Disziplinen durchziehen: Aufmerksamkeit, Bewusstheit, Verständnis und Mitgefühl bilden das Grundgerüst aller Meditationssysteme."

Aufmerksamkeit ist „das Mittel, mit dem wir im gegenwärtigen Moment verweilen".

Mit **Bewusstheit** „entwickelt man ein Bewusstsein, das leicht, unbelastet, sensibel und klar ist und eine intuitive, stille innere Umgebung schafft".

Verstehen „geht aus der direkten Wahrnehmung unserer inneren und äußeren Welten hervor". Es bietet uns „die Möglichkeit, neue Wege in unserem Leben einzuschlagen, und ist ein Teil der sich vertiefenden Weisheit".

Mit **Mitgefühl** lenkt man seine liebevolle, nicht-urteilende Aufmerksamkeit auf sich selbst und weitet sie dann auf jedes andere Lebewesen aus.

Meditation kann also als ein Transformationsprozess verstanden werden, zu dem Folgendes gehört:

- die Lenkung der Aufmerksamkeit in einer ruhigen, stetigen Weise;
- die Entwicklung einer lichten, klaren Bewusstheit;
- ein wachsendes Verständnis und zunehmende Weisheit in Bezug auf sich selbst und das Leben;
- der Besitz der damit verbundenen Eigenschaften von Güte und Mitgefühl.

Es gibt Tausende von Möglichkeiten, zu meditieren. Da Meditation als eine spirituelle Praxis entwickelt wurde, dient sie dem Zweck, uns als Menschen zu wandeln und aufzuwecken. Bei der Praxis findet Lernen durch Erfahrung statt. Das liefert Informationen und Inspiration für die Wandlung und das Erwachen. Die Meditationspraxis ist aber ein ebenso kraftvoller Weg, um die Erfahrungen von Beunruhigung, Furcht und Panik zu transformieren.

Die vielen verschiedenen Meditationspraktiken können in zwei allgemeinen Kategorien zusammengefasst werden: Konzentrationsübungen, die die Betonung auf einsgerichtete oder gebündelte Aufmerksamkeit legen, und Achtsamkeitsübungen, die die Bewusstheit oder Achtsamkeit betonen. Wie wir sehen werden, eignen sich Achtsamkeitspraktiken auf einzigartige Weise dazu, gegen Furcht und Beunruhigung anzugehen, weil bei ihnen das Gewicht darauf liegt, dass man im gegenwärtigen Moment anders an Furcht und Beunruhigung herangeht.

Von den vier Hauptmeditationsmethoden, die in den letzten 25 Jahren von westlichen Medizinwissenschaftlern untersucht wurden, liegt bei Dreien der Schwerpunkt auf dem konzentrativen Vorgehen (bei Transzendentaler Meditation, Respiratory One Method und Clinically Standardized Meditation). Achtsamkeitsmeditation unterscheidet sich dadurch, dass sie die Bewusstheit betont.

Achtsamkeit profitiert von der Fähigkeit, die Aufmerksamkeit konzentrieren zu können, ist aber nicht das Gleiche wie Konzentration. In der Praxis muss man bei allen Meditationsmethoden eine Kombination von Konzentration und Bewusstheit anwenden. Sie werden jedoch besser verstehen, warum die Achtsamkeitsmeditation so wirksam ist beim Umgang mit der Angst, wenn Sie die unterschiedlichen Schwerpunkte konzentrativer und achtsamer Ansätze kennen.

Konzentrative Vorgehensweisen

Um konzentrationsbetont zu meditieren, wählt man gewöhnlich einen engen Fokus auf ein einziges Objekt. Dabei kann es sich um ein inneres oder ein äußeres Objekt handeln. Das Objekt kann die Wahrnehmung des eigenen Atems sein oder ein Geräusch außerhalb von einem selbst. Es kann auch die Wiederholung eines einfachen Satzes oder eines Wortes im Geiste sein.

Wenn der Kontext spirituell oder religiös ist, kann dieser Satz ein bedeutungsvoller, ein heiliger oder ein Gebet sein. In einem spirituellen Zusammenhang könnte man die Aufmerksamkeit auch auf einen äußeren Gegenstand fixieren, wie etwa eine sakrale Figur, ein Gemälde oder eine brennende Kerze. Wenn der Zweck und der Kontext der Meditationspraxis mit der Gesundheit zu tun haben (beispielsweise um den Blutdruck zu senken), ist das Objekt der konzentrierten Aufmerksamkeit meist ein alltägliches oder neutrales, wie etwa das Fühlen des Atems, ein Klang oder ein wiederholter Satz ohne besondere religiöse oder spirituelle Bedeutung.

Bei Praktiken, in denen die Aufmerksamkeit betont wird, lenkt der Praktizierende seine Aufmerksamkeit, wenn sie vom Objekt abwandert, wieder sanft dorthin zurück. Auch wenn der Meditierende bemerkt, wohin die Aufmerksamkeit wandert, besteht die Übung darin, nicht dort zu verweilen, sondern die Aufmerksamkeit so freundlich und geduldig wie möglich wieder zurückzulenken. Dies muss immer wieder geübt werden und ist notwendiger Bestandteil der Geistesschulung. Durch diese Konzentration der Aufmerksamkeit wird die Entspannungsreaktion herbeigeführt.

Achtsamkeitsmethoden

Bei der zweiten Kategorie von Meditationspraktiken wird die Bewusstheit oder Achtsamkeit betont. Bei der Achtsamkeitsmeditation geht es darum, aufmerksam und ohne zu urteilen, sich des gegenwärtigen Moments und all dessen, was jetzt da ist, bewusster zu sein. Achtsamkeit ist eine Praxis, bei der es nicht ums Denken geht, sondern um Nicht-Begrifflichkeit.

Achtsamkeit baut auf der eigenen angeborenen Fähigkeit auf, zu wissen, was jetzt hier vorhanden ist, einschließlich der Gedanken. Diese Bewusstheit entwickelt man dadurch, dass man vorsätzlich umfassend, tief und ohne zu urteilen auf alles aufmerksam ist, was immer sich im gegenwärtigen Moment sowohl innerhalb als auch außerhalb von einem selbst abspielt. Wirkliche Bewusstheit im gegenwärtigen Moment ist der Schlüssel dazu, die eigene Beziehung zur Angst zu transformieren. Sie erlaubt, die eigenen angstvollen

Gedanken ohne Urteil zu beobachten, sie einfach nur als Gedanken im gegenwärtigen Moment zu erkennen und eine ruhige Mitte zu bewahren, die nicht von der Angst beeinflusst wird.

Was Meditation nicht ist

Da sehr viele Vorstellungen von Meditation im Umlauf sind, ist es wichtig, einiges zu betrachten, was Achtsamkeitsmeditation nicht ist.

Meditation ist nicht „positives Denken". Sie besteht überhaupt nicht aus Denken, es gehört aber dazu, dass man auf Gedanken achtet. Bei der Achtsamkeitspraxis werden Gedanken gleich allem anderen zu Objekten der Aufmerksamkeit.

Meditation ist nicht nur eine weitere Entspannungsmethode. Obwohl Entspannung und Ruhe der Achtsamkeitsmeditation förderlich sind, ist diese viel mehr. Bei der Achtsamkeitsmeditation sucht man erhöhte Bewusstheit, und diese Bewusstheit bringt Weisheit und Freiheit von gewohnheitsmäßigen Reaktionen.

Achtsamkeitspraxis bedeutet nicht, dass man sich in Trance begibt. Man versucht nicht aus dem Erleben dieses Moments herauszugehen oder es zu verändern, sondern man versucht präsent zu bleiben.

Meditation bedeutet nicht, den „eigenen Geist zu einer Tabula rasa zu machen". Durch die Praxis von Achtsamkeit werden Sie bewusster und Sie werden von Moment zu Moment einen tieferen Bezug zu sich selbst und dem Leben bekommen.

Meditation ist nicht nur etwas für Priester, Mönche und Nonnen. Man muss keinen besonderen Beruf ausüben oder jemand Besonderer sein. Meditation ist ein Weg, sich an die natürliche Eigenschaft von Bewusstheit und Präsenz, die alle Menschen besitzen, zu erinnern und sich wieder mit ihr zu verbinden.

Meditation ist nicht egoistisch. Man könnte die Veränderungen, die mit der Achtsamkeitsmeditation einhergehen, vielleicht besser mit dem Ausdruck „sich seiner selbst bewusst sein" bezeichnen. Es ist wahr, dass man seine Pflichten und Beziehungen im Namen der Meditation vernachlässigen kann, aber das ist eine ‚Verzerrung', eine ‚Entstellung' der Meditation. Wenn man Achtsamkeitsmeditation richtig praktiziert, wird man bewusster und andere werden einen mit größerer Wahrscheinlichkeit als hilfsbereiter, präsenter und mitfühlender erleben.

Denken Sie daran

Die Meditationsübungen in diesem Buch beruhen auf den Schlüsselprinzipien der Aufmerksamkeit, der Bewusstheit, des Nicht-Urteilens und des offenen Herzens. Im weiteren Verlauf werden wir sehen, wie uns dieser Ansatz durch die Anwendung von Achtsamkeit, Freundlichkeit und Mitgefühl zu den Erfahrungen von Furcht, Angst und Panik geleiten kann.

Es ist das Ziel dieses Buches, Ihnen zu helfen, eine tägliche Achtsamkeitspraxis aufzubauen, aufrechtzuerhalten und in Ihren Alltag zu integrieren. Wenn Sie das tun, lehren Sie sich selbst, mit Furcht, Angst und Panik äußerst effektiv umzugehen.

6

Ihre Einstellung ist wichtig

Eine Rose braucht bestimmte Bedingungen, wenn sie blühen soll. Ein guter Boden, Sonnenlicht, Luft, Feuchtigkeit, die richtigen Nährstoffe und Schutz vor Schädlingen zählen zu den wichtigsten Dingen. In gleicher Weise braucht jemand, der eine Meditationspraxis anfängt oder fortsetzt, bestimmte Bedingungen, wenn die Praxis blühen soll.

Eines der Hauptziele dieses Buches ist es, Sie dabei zu unterstützen, eine starke, hilfreiche tägliche Achtsamkeitspraxis aufzubauen. Solch eine Praxis wird Ihnen helfen, das massive Eindringen von Furcht, Beunruhigung und Panik in die Routineabläufe des täglichen Lebens zu überwinden.

Eine erfolgreiche Meditationspraxis erfordert sowohl innere als auch äußere förderliche Bedingungen. Dieses Kapitel konzentriert sich auf die inneren Bedingungen. Im nächsten Kapitel werden wir uns mit den notwendigen äußeren Bedingungen und einigen praktischen Aspekten befassen, die mit der Meditationspraxis zusammenhängen.

Die Schlüsselfaktoren im Innern

Es gibt vier wichtige innere Faktoren, die die Meditationspraxis unterstützen.

Die Einstellung. Ihre Einstellung zur Meditationspraxis sollte nicht zu idealistisch oder zu zynisch sein. Die Einstellung, *nicht* alles zu wissen, ist am besten.

Neugierde. Entwickeln Sie das Interesse und das Verlangen, etwas mehr über sich selbst und Ihr Leben herauszufinden, so wie es sich, selbst in den unangenehmen oder schwierigen Momenten, entfaltet.

Motivation, Entschlossenheit und Disziplin. Um einen Nutzen daraus zu ziehen, müssen Sie Achtsamkeit zuverlässig und regelmäßig praktizieren. Es muss Ihnen keinen Spaß machen, aber es ist nötig, dass Sie es tun!

Glauben an sich selbst. Das bedeutet, Vertrauen in Ihre eigene Fähigkeit und Kraft zu entwickeln, selbst etwas tun zu können, um mit Furcht, Beunruhigung und Panik in Ihrem Leben zurechtzukommen.

Welche Haltung werden Sie einnehmen?

Denken Sie einen Moment lang über die Einstellung nach, die Sie zur Achtsamkeitspraxis mitbringen. Ihre anfängliche Einstellung ist absolut wichtig. Sie ist wahrscheinlich die wichtigste Bedingung von allen.

Der Zyniker

Sind Sie im Hinblick auf Ihre Situation zynisch oder gar verbittert geworden? Haben Sie den Mut verloren, noch jemals Erleichterung zu finden? Fühlen Sie sich hoffnungslos? Haben Sie es aufgegeben, an die Möglichkeit zu glauben, die Angst und die Beunruhigung, die Ihr Leben beeinträchtigen, überwinden zu können?

Der Zyniker könnte an den Gedanken, Achtsamkeit als Hilfe gegen Furcht, Panik und Angstgefühle einzusetzen, etwa mit folgender Einstellung herangehen: „Ich weiß, dass mir nichts wirklich helfen kann, aber ich werde diese Meditation trotzdem ausprobieren und es beweisen!“ Wenn dann die Furcht oder die Panik zum ersten Mal wieder auftritt, sagt der Zyniker: „Sehen Sie, ich habe es Ihnen ja gesagt. Achtsamkeit kann mir auch nicht helfen.“

Der wahrhaft Gläubige

Oder sind Sie der „wahrhaft Gläubige“? Wahre Gläubige kommen zur Meditationspraxis (wie zu so vielem anderem im Leben) mit der idealisierten Sichtweise, dass „dies die Lösung für all meine Probleme ist. Das wird mir helfen“. Sie verstehen nicht, dass Bemühung und Praxis notwendig sind oder dass das Leben weiterhin Herausforderungen und Höhen und Tiefen mit sich bringen wird. Wenn Furcht oder Panik wiederkommen, verliert der wahre Gläubige den Mut und sagt: „Oh, ich glaube, das war doch nicht die Lösung. Ich muss weitersuchen.“

Der neugierige Skeptiker

Es gibt einen mittleren Weg, der viel realistischer und Erfolg versprechender ist. Die hilfreichste Einstellung, die man mitbringen und während der Praxis aufrechterhalten kann, ist das, was Jon Kabat-Zinn (1990) *skeptische Neugierde* genannt hat. Man ist kein wahrer Gläubiger und auch kein hoffnungsloser, verbitterter Zyniker.

Man ist insofern skeptisch, als man nicht automatisch annimmt, dass die Achtsamkeitspraxis von allen Problemen befreit oder dass dies ohne Bemühung und eigenes Engagement gehen wird. Man ist bereit zuzugeben, dass man nicht weiß, wie oder ob es überhaupt helfen wird.

Gleichzeitig ist man aber neugierig. Man erkennt an, dass jedes lohnenswerte Unterfangen Engagement, Disziplin und Anstrengung erfordert. Man ist bereit, sich über längere Zeit hinweg nach Kräften um die Achtsamkeitspraxis zu bemühen, um herauszufinden, wo sie hinführen kann. Man ist bereit, sich und dem

Prozess eine gewisse Zeit und Energie zu widmen und herauszufinden, was geschehen wird, wenn man dabeibleibt.

Wenn man die Fähigkeit entwickeln will, den eigenen Geist zu beruhigen, den Körper zu entspannen und jetzt, im gegenwärtigen Augenblick, wirklich bewusst zu sein, muss man seine Einstellungen untersuchen und bereit sein, sie, wenn nötig, zu verändern.

Sich auf eine Erfahrungsreise begeben

Die heilende Kraft der Achtsamkeit im Leben zu entwickeln verlangt mehr, als dass man nur in Meditationshaltung dasitzt, ein Regelwerk an Meditationsvorschriften befolgt oder sich eine Kassette anhört. Mit dieser Praxis begeben Sie sich auf einen neuen Weg des Lernens. Der Fokus liegt dabei auf Ihnen und Ihrem Leben, so wie es sich von Moment zu Moment entwickelt. Diese Art zu lernen geschieht von innen nach außen.

Es ist ein Lernen durch direkte Erfahrung. Während Sie Achtsamkeit praktizieren, entfaltet sich Ihr Leben weiter und Ihre Praxis verändert die Weise, wie Sie Ihr Leben erfahren.

Was und wie viel Sie lernen, hängt nur von Ihnen ab. Sie lernen mit Ihrem ganzen Wesen, nicht nur mit dem denkenden Teil. Sie lernen durch Ihren Gesichts-, Gehör-, Geruchs- und Geschmackssinn ebenso wie durch das, was sich in Ihren Gedanken abspielt – indem Sie präsent sind, während das Erleben in Ihrem Körper stattfindet.

Dieses Lernen findet nur durch Ihre eigene Praxis und Ihre Bereitschaft statt, präsent und aufmerksam zu sein. Es basiert nicht auf vorgefertigten Meinungen oder auf dem, was Sie zu wissen glauben. Ihr Verständnis wächst mit der Zeit, wenn Sie durch regelmäßige Meditationspraxis direkte Erfahrungen sammeln.

Dieses Lernen kann nicht erzwungen werden, sondern ist ein Prozess des Zulassens, der Entdeckung und der Entfaltung. Mit der Bewusstheit, die man entwickelt, versucht man nicht, irgendetwas zu verändern. Die Veränderung kommt später und wird von der Bewusstheit gesteuert. Sie werden sehr wahrscheinlich bedeutsame Veränderungen in Ihrem Umgang mit Furcht, Beunruhigung und Panik erleben, aber erst nachdem Sie jede dieser Erfahrungen mit Achtsamkeit tief berührt haben. Akzeptanz und Offenheit gegenüber dem, was sich im gegenwärtigen Moment manifestiert, ist entscheidend.

Es ist hilfreich, wenn Sie die Meditation und ihre Anwendung mit dem Ziel, Ihr Leben zu heilen, als einen Prozess oder eine Reise betrachten. Sie geht weiter, ändert sich in jedem Moment und verändert sich auch im Laufe der Zeit, wenn Sie feste Gewohnheiten von Aufmerksamkeit und Präsenz entwickeln.

Unter diesem Blickwinkel wirken sich Ihre Einstellungen (auch die nicht erkannten), die Einstellungen, die Sie loslassen, und die, die Sie pflegen, tief auf den Prozess des Lernens und der Präsenz aus.

Die sieben entscheidenden Einstellungen

In *Full Catastrophe Living* beschreibt Jon Kabat-Zinn sieben spezielle Einstellungen, die grundlegend für die Achtsamkeit sind. Sie gelten unmittelbar, Moment für Moment und Tag für Tag, während Sie Achtsamkeit entwickeln und vertiefen.

Diese Einstellungen sind *Nicht-Urteilen, Geduld, Anfänger-Geist, Vertrauen, Nicht-Streben, Akzeptanz* und *Loslassen*. Das ganze Buch hindurch werden Sie aufgefordert, sich diese wichtigen Einstellungen klarzumachen und sie anzuwenden, während Sie lernen, Achtsamkeit zu entwickeln und diese dann gegen Furcht, Beunruhigung, Angst und Panik einzusetzen.

Die Einstellungen unterstützen sich gegenseitig und sind eng miteinander verbunden. Die Praxis von jeweils einer wird zu den anderen führen.

Ihr langfristiger Erfolg und Ihre Fähigkeit, Ihren ängstlichen Geist zu beruhigen, hängen eng damit zusammen, wie Sie diese Einstellungen in Ihre Achtsamkeitspraxis integrieren. Bei den Meditationspraktiken, die Sie erlernen werden, werden Sie viele

Male auf sie zurückkommen und allmählich verstehen, welch entscheidende Hilfe sie wirklich sind.

Nicht-Urteilen

Achtsamkeit ist mitfühlende, nicht-auswählende Bewusstheit mit offenem Herzen. Man entwickelt sie, indem man die Haltung eines unvoreingenommenen, aufmerksamen Zeugen des eigenen Erlebens einnimmt, so wie es im gegenwärtigen Moment stattfindet. Dazu ist es erforderlich, dass Sie ohne zu urteilen anfangen, einen Bezug zum Inhalt der Erfahrung herzustellen, während sich der gegenwärtige Moment entfaltet.

Die Gewohnheit, Erfahrungen zu kategorisieren und zu beurteilen, hält Sie in Reaktionsmustern gefangen, bei denen Sie Gedanken, Gefühle und Verhaltensweisen wiederholen. Sie sind sich dieser Muster vielleicht nicht einmal bewusst. Wenn Sie urteilen, trennt Sie das vom direkten Erleben jedes Moments und von der sich entfaltenden Realität des Lebens. Wenn Sie Achtsamkeit praktizieren, ist es wichtig, dass Sie die urteilende Eigenschaft des Geistes erkennen und das urteilende Denken schon bei seinem Aufkommen identifizieren. Gleichermaßen wichtig ist, dass Sie das Urteilen nicht verurteilen! Stellen Sie einfach nur fest, dass Sie gerade urteilen.

Bills Geschichte

Bill hat eine generalisierte Angststörung. Er macht sich intensiv Sorgen und stellt sich eine schreckliche Vielfalt an Dingen vor, die in fast jeder Situation, in die er sich begibt, passieren könnten. Im Laufe der Jahre seines Leidens fing er an, die Sorgen und Befürchtungen zu hassen. Was es noch schlimmer macht ist, dass er in diesem Prozess zum scharfen Kritiker seiner selbst geworden ist. Immer wenn eine angsteinflößende Fantasie auftaucht, wird sie fast sofort von gehässigen, beleidigenden Gedanken wie „ich bin so ein Schwachling“ oder „ich bin so verrückt“ begleitet.

Als Bill angefangen hatte, Achtsamkeit zu praktizieren, begann er die Gedankenmuster und die Angewohnheiten des Kritisierens und des Urteilens zu bemerken, sobald Angst und Sorgen auftauchten. Er erinnerte sich dann daran, das Nicht-Urteilen zu üben.

Nach einer Weile konnte Bill zumindest einige der Urteile als bloße weitere Gedanken erkennen, die durch den gegenwärtigen Moment zogen. Er stellte fest, dass er sich trotz der Tatsache, dass seine Angst manchmal immer noch intensiv war, etwas entspannen konnte, und dass er weicher werden konnte in seinem Geist und seinem Körper. Bill bemerkte auch, dass er dem Gefühl der Angst erlauben konnte, zusammen mit all den angsterregenden Gedanken da zu sein. Sie kamen immer noch vor, aber sie hatten viel von ihrer Macht über ihn verloren. Er konnte diese Ereignisse, so unangenehm sie auch waren, als etwas Weiteres sehen, das durch den gegenwärtigen Moment zog.

Geduld

Geduld ist die Fähigkeit, Schwierigkeiten mit Ruhe und Selbstbeherrschung zu ertragen. Das erfordert eine Verbindung zum eigenen inneren ruhigen Kern und ebenso Vertrauen und Mut. Geduld verlangt auch ein gewisses Maß an Freundlichkeit und Mitgefühl sich selbst gegenüber, während man die Aufregung der Situation erträgt. Ungeduld kommt oft auf, wenn das *Ego*, der selbstbezogene Teil in uns allen, danach schreit, dass die Dinge anders sein sollen, als sie es tatsächlich sind.

Es gibt eine bestimmte Art von Weisheit, die die Geduld unterstützt. Diese Weisheit erkennt, dass Dinge einen eigenen Lebenszyklus haben und dass das Ego nicht immer bestimmt. Wenn Sie lernen, sich stets mehr auf diese Wahrheit einzulassen, wird Ihre Geduld größer werden.

Um geduldiger zu werden, müssen Sie zuerst lernen, Ungeduld zu erkennen. Achten Sie auf jedwede Neigung, durch den Moment zu hetzen, um zum nächsten zu kommen.

Helens Geschichte

Helen hat keine diagnostizierte Angststörung. Sie lebt ein geschäftiges Leben, hat eine gute Stellung und führt für ihren Mann und ihre beiden Kinder den Haushalt. Sie hilft auch mit, ihre alte Mutter zu versorgen, die in einer nahe gelegenen Stadt wohnt. Als sich die Gesundheit ihrer Mutter verschlechterte, fing Helen an, sich mehr Sorgen um sie zu machen, vor allem um ihre Fähigkeit, für sich selbst zu sorgen.

An einem Werktagabend bekam Helen um halb zehn einen Anruf vom Nachbarn ihrer Mutter. Er war mit ihrer Mutter, die offenbar einen Schlaganfall erlitten hatte, im Krankenhaus und teilte Helen mit, dass die Lage sehr ernst sei. Er bat sie nachdrücklich, sofort ins Krankenhaus zu kommen.

Helens Geist begann, sich sofort mit allen möglichen von Angst beflügelten Geschichten und Vorstellungen über ihre Mutter und das, was getan werden musste, zu füllen. Sie fühlte, wie sich ihr Körper anspannte, und bemerkte, dass ihr Rücken und ihr Nacken, die Stellen, an denen sie gewöhnlich ihren Stress empfand, schmerzten. Sie hatte das Gefühl, wegzusinken, und große Furcht begann in ihr aufzusteigen.

Bevor sie diesen Anruf bekam, war Helen ein paar Monate lang in einem Meditationskurs gewesen. Sie hatte etwas über Achtsamkeit gelernt und ein wenig geübt. Sie hatte begonnen, mehr auf ihre Atmung zu achten und sich die Beunruhigung und den Schmerz in ihrem eigenen Körper und Geist tiefer einzugestehen. Sie hatte gelernt, sich an die Vorzüge von Geduld zu erinnern. Selbst wenn die Stimme ihres Egos auf sie einbrüllte, war sie in der Lage, sich daran zu erinnern, dass sich das Leben in Zyklen von Entstehen und Vergehen bewegt und dass sie auf die Situation ihrer Mutter nur wenig oder gar keinen Einfluss haben würde.

In den Augenblicken nach dem Anruf konnte Helen die Methode des bewussten Atems aus ihrem Meditationskurs anwenden. Sie fühlte sich zentrierter. Sie informierte ihre Familie, hinterließ eine Nachricht auf dem Anrufbeantworter ihres Supervisors und machte sich fertig, um zum Krankenhaus zu fahren.

Auf der Fahrt zu ihrer Mutter blieb sie geduldig bei sich. Sie beobachtete weiterhin ihre Angst und ihren Schrecken, ihre Körperreaktionen auf den Stress und den Schwall von Plänen und Gedanken, die durch ihren Geist rauschten. Sie blieb bei all dem geduldig und ruhte ein wenig in der Weisheit, dass die Dinge so sind, wie sie sind, und dass sie alles tat, was sie konnte.

Anfänger-Geist

Wenn Sie zu beobachten beginnen, was im gegenwärtigen Moment vorhanden ist, neigt der denkende Geist zu dem Glauben, dass er schon alles darüber weiß, was passiert. Oder er versucht, Kontrolle auszuüben über das, was geschieht, indem er verzweifelt nach mehr Informationen sucht. Die Aktivität des Denkens bildet eine Art Filter zwischen Ihnen, dem direkten Erleben und dem wahren Reichtum des Lebens, wie es sich Moment für Moment entfaltet.

Anfänger-Geist zu praktizieren bedeutet, sich in jedem Moment der Erfahrung so zu öffnen, als begegnete man ihr zum ersten Mal.

Stellen Sie sich das Staunen eines Kindes vor, wenn es irgendetwas zum ersten Mal erlebt. Das erste Riechen einer Blume, der erste Regentropfen, das erste Schmecken einer Orange, all dies erlebt es ohne das eingeschobene Denken oder das Vergleichen mit der Vergangenheit. Diese Momente werden erlebt, wie sie sind, im Jetzt, direkt, als Geruch oder Berührung oder Geschmack, als Klang oder als Anblick.

In Wirklichkeit ist jeder Moment einzigartig. Sie mögen tausend Sonnenuntergänge erlebt haben, aber *diesen* Sonnenuntergang haben Sie noch nicht erlebt. Das Gleiche gilt für die Atemzüge ein Leben lang oder das hundertste Mal, dass Sie Ihr Lieblingsdessert schmecken. Diesen speziellen Atemzug und diesen speziellen Geschmack hat es noch nie zuvor gegeben und wird es nie wieder geben.

Bei der Achtsamkeitspraxis sind Sie aufgefordert, die gleiche Qualität der direkten Erfahrung zu kultivieren, indem Sie alles, was auftaucht, als eine einzigartige und kostbare Erfahrung willkommen heißen. Dies ist Anfänger-Geist.

Annes Geschichte

Anne wachte mitten in der Nacht schweißgebadet mit Herzrasen und einem Erstickungsgefühl auf. Gedanken über ihren unmittelbar bevorstehenden Tod erfüllten sie. Sie hatte eine Panikattacke. Solche Attacken waren vorher schon aufgetreten. Sie hatte sie schon mehr als drei Jahre lang und war deswegen in psychiatrischer Behandlung. Sie hatte bemerkt, dass sie öfter aufzutreten schienen, wenn sie sehr gestresst war. Genau an diesem Morgen hatte sie ihrer besten Freundin erzählt, dass ihre Arbeit und der Bruch einer Beziehung nach acht Monaten sie „wirklich gestresst" hätten.

Als die Minuten sich hinzogen und Anne sich immer schlechter fühlte, kam der Gedanke „ich hasse diese Panikattacken" in ihr auf. „Diese fühlt sich wie die letzte an! Damals konnte ich auch keine Luft kriegen. Ich glaube, ich sterbe."

Dann erinnerte Anne sich an das, was sie in ihrem Achtsamkeitskurs gelernt hatte. Sie gestand sich die Angst und Aufregung, die sie fühlte, und die intensiven körperlichen Empfindungen in ihrem Körper ein. Sie stand aus dem Bett auf und setzte sich auf den Stuhl, auf dem sie jeden Tag meditierte. Sie konzentrierte sich auf den Atem, Atemzug um Atemzug, bis sie sich präsenter fühlte. Sie empfand den Schrecken immer noch, war sich aber auch eines gewissen Raumes in sich selbst bewusst, der den Schrecken in sich bergen konnte.

Anne erinnerte sich vage an den Anfänger-Geist; daran, jeder Erfahrung so zu begegnen, als sei es das erste Mal, daran, dass es nichts hilft, sich irgendetwas über das Erlebnis vorzustellen, daran, dass die Art und Weise, wie man mit sich selbst über das, was passiert, spricht, die Dinge sogar noch schlimmer machen kann. Anne versuchte, der Panikattacke so zu begegnen, als ob sie noch nie eine erlebt hätte.

In ihrem Kurs hatte sie gelernt, in ihrem Körper achtsam zu sein, also fing sie an, genau auf die wirklichen körperlichen, emotionalen und geistigen Erlebnisse zu achten, die sich als ihre Panikattacke entfalteten. Sie gestattete den Empfindungen zu kommen und zu gehen, genauso wie sie es gelernt hatte. Es war nicht leicht. Sie musste immer wieder zu ihrem Atem zurückkehren, um sich zu sammeln.

Nach kurzer Zeit ging die Attacke vorüber. Anne war sehr erleichtert. Ihr Blick fiel auf den Wecker, und sie dachte bei sich: „Es ging schneller vorbei als sonst. Vielleicht *sind* diese Attacken jedes Mal anders. Vielleicht kann ich etwas tun, um mit Meditation alleine damit zurechtzukommen."

Vertrauen

Bei der Meditation ist es von grundlegender Bedeutung, dass Sie lernen, sich selbst und Ihren eigenen Gefühlen zu vertrauen. Sie lernen, darauf zu vertrauen, dass Sie klar sehen können, was Ihnen eigentlich widerfährt.

Bei der Achtsamkeitspraxis werden Sie Ihre Bewusstheit des Lebens und Ihres eigenen Erlebens von Moment zu Moment vertiefen. Sie werden mehr Sensibilität und Genauigkeit entwickeln in der Unterscheidung dessen, was jetzt vorhanden ist, was im eigenen Körper und Geist sowie um Sie herum passiert. Sie werden lernen, dass nur Sie allein am besten wissen, was sich innerhalb Ihrer eigenen Haut abspielt und was außerhalb. Sie brauchen keinen Experten, der Ihnen diese Dinge sagt.

Sie können lernen, aufmerksam und präsent zu sein, indem Sie die machtvollen Fähigkeiten zu Aufmerksamkeit und Bewusstheit nutzen, die Sie bereits besitzen. Es ist wichtig, dass Sie Ihrer Autorität, sich selbst zu kennen, vertrauen lernen, anstatt außerhalb Ihrer selbst nach einer Autorität zu suchen. Bei diesem Prozess entdecken Sie, was es wirklich bedeutet, Sie selbst zu sein und das Leben authentisch zu leben.

Macks Geschichte

Mack ist Vietnamveteran. Fast dreißig Jahre lang hatte er gegen die Erinnerungen angekämpft, die sich in sein tägliches Leben drängten. Sein Kopf füllte sich mit schrecklichen Szenen und Geräuschen, und sein Körper wich in jeder nur erdenklichen Weise davor zurück. Er zahlte einen schrecklichen Preis, brachte es aber fertig, seine Stelle zu behalten und seine zweite Ehe erfolgreich aufrechtzuerhalten.

Dann bekam er Probleme mit hohem Blutdruck und beunruhigenden Träumen. Seine Medikamente schienen nicht zu wirken. Sein Psychiater erklärte ihm, dass er etwas „tun müsse", um aus dem Teufelskreis, in dem er sich befand, auszubrechen.

Mack hörte von einem Achtsamkeitskurs und meldete sich an. Nachdem er ungefähr vier Wochen lang täglich meditiert und Bewusstheit für seinen Körper und seine Gedanken entwickelt hatte, fing er an, sich entspannter zu fühlen. Sein Blutdruck sank, und sein Schlaf wurde besser.

Dann wurde es aber wieder schlimmer. Heftige plötzliche Erinnerungen stellten sich ein. Sie waren intensiv und schmerzhaft, die Details quälend. Er fragte sich, ob er diese Erfahrungen überleben würde.

Er sprach mit seinem Meditationslehrer. Dieser erinnerte ihn daran, dass er nicht mehr in Vietnam sei. Das, was geschehe, geschehe nur im jetzigen Moment. Die Flashbacks seien nur Erinnerungen. Die körperlichen Empfindungen seien nur Reaktionen und würden vorbeigehen.

Mack fing an, darauf zu vertrauen, dass er ganz mit dem, was geschah, in Kontakt war. Als er von Moment zu Moment Achtsamkeit übte, konnte er sehen, wie die Gedanken und Bilder aufkamen, und er konnte fühlen, wie sein Körper reagierte und starr wurde. Dann beobachtete er zu seinem Erstaunen, wie das ganze Erlebnis verblasste und etwas anderes an dessen Stelle trat. Sein Selbstvertrauen wuchs enorm.

Es war jedoch nicht leicht. Mack musste alles anwenden, was er gelernt hatte, um während der schlimmsten Erinnerungen präsent zu bleiben. Er verbrachte zusätzliche Zeit mit Meditieren, um Geist und Körper zu beruhigen und zu entspannen, und weigerte sich, auf- oder auch nur nachzugeben.

Nach einigen Wochen war Mack sichtlich entspannt und glücklicher. Er sagte zu seinem Meditationslehrer und zu seinem Psychiater: „Ich habe dreißig Jahre lang gegen diese Erinnerungen angekämpft, weil ich glaubte, sie würden mich umbringen. Jetzt erkenne ich sie als das, was sie sind. Ich habe genug Vertrauen, um sie annehmen zu können, und ich weiß, dass ich mit ihnen umgehen kann."

Nicht-Streben

Wir verbringen viel Zeit im Leben damit, Dinge zu tun und zu versuchen, sie zu ändern. Diese Gewohnheit des *Tuns* übernehmen wir oft in die Meditation, und das kann wirklich ein Problem sein. Der egoistische Geist möchte mehr von dem bekommen, was er mag, und das loswerden, was er nicht mag. Wenn er entscheidet, dass Sie nicht so sind, wie Sie sein sollten, übt er Druck aus, dass *Sie sich selbst* ändern.

Dieser Druck, etwas zu tun und zu verändern, wird als ein Streben oder ein Sichbemühen erlebt, anders zu sein, woanders hinzugehen oder etwas anderes zu machen.

Die Achtsamkeitspraxis besteht darin, einfach nur, ohne zu urteilen, auf das aufmerksam zu sein, was geschieht. In diesem Sinne ist Meditation eine einzigartige menschliche Tätigkeit. Bei der Meditation geht es um das Nicht-Tun statt um das Tun. Meditation zu praktizieren bedeutet, das Sein zu praktizieren und nicht das Tun.

Wenn Sie das Gefühl haben, nach etwas zu streben oder zu versuchen, etwas zu verändern, stellen Sie das fest, ohne über sich selbst zu urteilen. In einem tiefen Sinne geht es bei der Achtsamkeitspraxis darum, sich wirklich zu entspannen, das, was geschieht, geschehen zu lassen, und klare, mitfühlende Bewusstheit entgegenzubringen, während etwas geschieht.

Meditation stellt ein Paradox dar. Der beste Weg, die eigenen Meditationsziele (sei es Kontrolle über Angstgefühle und Panik, Stressreduzierung, spirituelles Wachstum, persönliche Entwicklung oder irgendetwas anderes) zu erreichen, besteht darin, keine Resultate mehr anzustreben und stattdessen zu beginnen, sich achtsam darauf zu konzentrieren, die Dinge Augenblick für Augenblick zu sehen und zu akzeptieren, wie sie sind.

Jackies Geschichte

Jackie ist eine „Sorgenmacherin". Manchmal stellt sie sich auf Partys so vor. Aber es ist kein Scherz für sie. Obwohl sie nie mit einem Arzt darüber gesprochen und keine Diagnose hat, fragt Jackie sich manchmal, ob sie sich nicht mehr als normal Sorgen macht. Sie macht sich praktisch in jeder Situation, mit der sie konfrontiert ist, Sorgen über das, was passieren könnte. Sie sorgt sich insbesondere über ihre Arbeit. Jackie ist alleinstehend und hat einen anspruchsvollen Beruf mit vielen Pflichten. Sie macht oft Überstunden oder vertritt andere, die krank oder in Urlaub sind. Jackie ist bei ihren Kollegen beliebt, und viele Menschen verlassen sich auf sie. Aber sie findet es fast unmöglich, von der Arbeit wegzugehen. Am Abend, am Wochenende und sogar während des Urlaubs sorgt sie sich oft um Menschen und Situationen aus dem Arbeitsbereich.

Vor ein paar Monaten stellte sie fest, dass sie noch mehr als gewöhnlich darin involviert war und sich müde fühlte. Einige ihrer Freunde sagten, sie sei gereizter, und sie hatte fast jeden Tag Verspannungen in Nacken und Schultern.

Durch eine Bekanntmachung an ihrer Arbeitsstelle erfuhr sie von einem Stressbewältigungskurs. Um daran teilnehmen zu können, musste sie acht Wochen lang jeden Tag eine Stunde meditieren. Obwohl sie nicht wusste, wie sie jeden Tag eine Stunde zum Meditieren erübrigen sollte, beschloss sie, es auszuprobieren und zu sehen, ob ihre Sorgen aufhören würden.

Jackie ging in den Kurs und fing an zu meditieren. Sie meditierte nicht jeden Tag eine ganze Stunde, war aber selbst überrascht darüber, wie viel sie meditierte. Sie erlebte eine gewisse Entspannung in Geist und Körper. Ihre Muskeln taten nicht mehr ganz so weh, und sie schlief besser. Sie meinte sogar, etwas mehr Energie bei der Arbeit zu haben.

Eines Abends sprach der Lehrer im Kurs darüber, wie sehr die Leute strebten und sich anstrengten, und dass es bei der Meditation darum ginge, einfach nur zu *sein.* Jackie stellte fest, wie sehr das auf sie zutraf. Sie dachte über ihr Gefühl und ihr Streben nach, bei allem, was sie tat, die Verantwortung dafür zu übernehmen, die Dinge zu verändern. Sie fing an, diese Haltung bei ihrer Arbeit immer mehr zu beobachten, und gestattete sich, es zu fühlen, ohne sich allzu sehr damit zu identifizieren.

In der Meditation entdeckte Jackie etwas Interessantes über sich selbst. Während sie meditierte, bemerkte sie die Rastlosigkeit und Spannung in ihrem Körper. Je mehr sie darauf achtete, umso mehr konnte sie Gedanken der Kritik und der Dringlichkeit in ihrem Geist hören. Sie versuchte, die Dinge einfach sein zu lassen, so wie es ihr der Lehrer riet. Die Unruhe in ihrem Körper schien nachzulassen, aber die Gedanken wurden gehässiger. Jackie übte weiter. Sie versuchte nicht mehr, die Gedanken loszuwerden oder sie zu verändern. Als sie den Gedanken einfach erlaubte „weiterzuschnattern", begannen sie, sich zu beruhigen.

Es war Jackie gelungen, zu sein – und nicht zu tun. Sie hörte auf zu *versuchen,* sich keine Sorgen mehr zu machen, und wurde auf diese Weise schließlich frei davon, sich zu sorgen.

Der Prozess der Akzeptanz beginnt mit der Bereitschaft, die Dinge so zu sehen, wie sie im gegenwärtigen Moment sind. Können Sie Ihre Aufmerksamkeit genau hier und jetzt konzentrieren, jeden Moment annehmen und zu allem, was auch immer erscheinen mag, in Beziehung treten?

Oft muss man Zeiten intensiver Gefühle von Wut, Angst oder Kummer durchmachen, um das, was ins Bewusstsein tritt, akzeptieren zu können. Diese Gefühle bedürfen der Annahme.

Annahme bedeutet, die Dinge so zu sehen, wie sie sind, anstatt so, wie man meint, dass sie seien oder sein sollten. Denken Sie daran: Dinge können sich nur im gegenwärtigen Moment verändern. Sie müssen die Dinge und auch sich selbst so sehen, wie sie – wirklich – in diesem Moment sind, wenn Sie sich selbst oder Ihr Leben verändern, heilen oder transformieren wollen.

Zur Akzeptanz gehört es, weich zu werden und sich dem zu öffnen, was da ist. Man hört auf zu kämpfen. Wenn man aufhört, zu leugnen und dagegen anzukämpfen, wie die Dinge jetzt sind, findet man sich selbst mit mehr Energie wieder, um das Vorhandene zu heilen und zu transformieren.

Annahme bedeutet nicht, dass man alles mögen oder eine passive Haltung einnehmen muss. Es bedeutet nicht, dass man mit den Dingen, so wie sie sind, zufrieden sein muss oder dass man aufhören sollte, die Dinge zum Besseren zu verändern. Hier sprechen wir von Annahme im Sinne von Bereitschaft, die Dinge tief, ehrlich und ganz so zu sehen, wie sie sind. Diese Haltung schafft die Voraussetzungen dafür, im eigenen Leben auf die kraftvollste und gesündeste Weise handeln zu können, ganz gleich, was passiert.

Sams Geschichte

Sam ging nie gerne zum Zahnarzt. Als Kind brauchte er ziemlich viele Zahnbehandlungen, und das hinterließ Spuren. Alles, woran er sich erinnern konnte, waren der Schmerz, die Gerüche und die Geräusche bei der Arbeit des Zahnarztes in seinem kleinen Mündchen. Seine Erfahrungen in der Kindheit hatten solchen Schaden bei ihm angerichtet, dass Sam als Erwachsener einfach nicht mehr zum Zahnarzt ging.

Dann kam der Zeitpunkt, an dem er nicht mehr fernbleiben konnte. Er hatte schon seit Wochen Schmerzen in einem Backenzahn auf der rechten unteren Seite. Advil und Aspirin wirkten nicht mehr. Sam war von seinen Schmerzen außer Gefecht gesetzt und konnte auf der Seite nicht mehr richtig kauen. Seine Frau hatte keine Angst vor dem Zahnarzt. Sie mochte ihn gern und ging regelmäßig zur Untersuchung. Sam kam zu dem Entschluss, dass er sich behandeln lassen müsse, und machte beim Zahnarzt seiner Frau einen Termin.

Als er untersucht wurde, überkamen ihn die Angst und die schmerzhaften Erinnerungen an seine Zahnarztbesuche in der Kindheit. Er begann zu schwitzen, und sein Herz raste. Er fragte sich, ob er das durchhalten würde.

Dann erinnerte er sich an das Gespräch über Entspannung und Präsenz in seinem Meditationskurs und über die Bereitschaft, klar und genau das zu sehen, was vorhanden ist. So hatte der Lehrer Annahme definiert. Er hatte die Kursteilnehmer aufgefordert, in jeder Situation, in der sie sich befanden, und bei jedem Erlebnis Achtsamkeit zu üben, sich weich zu machen und sich zu öffnen.

Sam dachte, dass er nichts mehr zu verlieren habe. Er wandte seine Aufmerksamkeit von den Erinnerungen und den Gedanken in seinem Kopf ab und konzentrierte sich ganz auf den Atem. Er benutzte seinen Atem dazu, seine Aufmerksamkeit im gegenwärtigen Moment mit seinem Geist und seinem Körper zu verbinden. Er nahm Ein- und Ausatmen wahr. Beim Ausatmen spürte er die Entspannung in seinem Körper und ließ sie stärker werden. Sam fühlte sich ein wenig besser.

Er ließ sich darauf ein, die verschiedenen Empfindungen wahrzunehmen, die Geräusche zu hören und sogar die

Gerüche zu riechen. Oft kehrte er zu seinem Atem zurück, und immer wenn er sich verkrampfte, stellte er sich vor, dass sein Atem genau an der Stelle hinausfloss und ein Gefühl der Entspannung mit sich brachte. Er atmete in die Erfahrung hinein und blieb präsent bei ihr, so wie sie war.

Der Zahnarzt sagte: „Eine gute Nachricht. Sie haben nur ein kleines Loch und eine Zahnfleischentzündung um den Zahn herum. Das können wir schnell richten."

Sam erinnerte sich noch an Weiteres über das Annehmen aus seinem Kurs. Er sagte sich: „Das ist nicht angenehm, aber es ist, wie es ist, und ich scheine besser damit umgehen zu können, als ich erwartet habe. Ich werde einfach weiter versuchen, präsent zu sein, da es nichts hilft, dagegen anzukämpfen." Und er arbeitete weiter mit seinem Atem und mit der Entspannung und achtete auf das, was um ihn herum passierte.

Als die Arbeit beendet war, dankte der Zahnarzt Sam sogar für seine Kooperation.

Loslassen

Das Loslassen oder *Nicht-Anhaften* ist eine weitere wesentliche Haltung für die Achtsamkeit. Einen großen Teil der Zeit nehmen die Menschen die entgegengesetzte Haltung ein; sie haften an, ohne sich dessen überhaupt bewusst zu sein. Das, woran man am stärksten anhaftet, sind Gedanken und Ansichten über sich selbst, über andere und über verschiedene Situationen. Es ist eine Art von Festhalten im Innern. Das ist vielleicht schwer zu erkennen, aber leicht zu spüren.

Die Vorstellungen, an denen man festhält, filtern und formen die eigene Erfahrung von Moment zu Moment tief greifend. Wenn Sie anfangen, durch Meditation auf die innere Erfahrung zu achten, werden Sie schnell entdecken, an welchen Gedanken, Gefühlen und Situationen Ihr Geist festhalten möchte. Und Sie werden andere Dinge bemerken, von denen er verzweifelt frei zu werden wünscht.

Die Anhaftung wird von Mögen und Nicht-Mögen und vom Urteilen über die Dinge verursacht. Bei der Achtsamkeitspraxis ist es wichtig, die Neigung, jede Erfahrung zu beurteilen, aufzugeben. Stattdessen lernt man, sich des Urteilens *bewusst zu werden.* Verstricken Sie sich nicht in gut oder schlecht, hoch oder niedrig, angenehm oder unangenehm. Belassen Sie Ihre Erfahrung einfach so, wie sie ist – Moment für Moment.

Dieses *Sein-Lassen* ist in Wirklichkeit eine Art des Loslassens. Wenn man nicht eingreift und die Dinge einfach sein lässt, macht man es ihnen eher möglich, wieder zu verschwinden.

Können Sie das Gefühl von Anspannung und Verhärtung wahrnehmen, das sowohl bei angenehmen als auch unangenehmen Situationen aufkommt? Loslassen bedeutet, die Anspannung um die Sache herum loszulassen und die Sache selbst sein zu lassen. Es ist nicht notwendig, die Sache wegzustoßen. Es ist keine Gewalt erforderlich. Lockern Sie nur die Anspannung. Lassen Sie einfach los. Sie tun das sowieso schon die ganze Zeit. Machen Sie eine Faust. Ballen Sie sie ganz fest. Lassen Sie jetzt locker. Beobachten Sie das Gefühl. Versuchen Sie es noch einmal. Das ist das körperliche Gefühl des Loslassens. Wenn Sie meditieren, üben Sie, im Innern loszulassen. Machen Sie sich mit dem inneren Gefühl der Anspannung im Körper und im Geist vertraut. Üben Sie dann, es loszulassen.

Alices Geschichte

Alice wird von einer irrationalen Angst geplagt. Sie weiß, dass diese irrational ist. Sie lebt seit ihrer Teenagerzeit damit und erlebt sie im Alter von 28 Jahren immer noch häufig. Vor Kurzem hat sie einen Zeitschriftenartikel über soziale Phobie gelesen und fand sich perfekt darin beschrieben.

Alices Angst hat meistens mit der irrationalen Vorstellung zu tun, sie könnte sich irgendwie vor anderen blamieren. Sie wird von Gedanken geplagt, dass sie in der Öffentlichkeit etwas „Dummes“ oder „Verrücktes“ tun und dafür dann gedemütigt würde. Diese Angst hat dazu geführt, dass Alice Situationen mit anderen meidet, insbesondere gesellschaftliches Zusammensein mit Fremden. Gelegentlich hat sie berufliche Chancen nicht wahrgenommen, wenn sie dabei öffentlich sprechen oder Präsentationen für große Gruppen hätte machen müssen.

Alice weiß, dass ihre Angst in keinem Verhältnis zu den Situationen in ihrem Leben steht. Sie ist recht intelligent und war gut in der Schule. Sie hat ein paar gute Freunde, muss aber manchmal deren Einladungen absagen, weil ihre Angst, sich zu blamieren, zu groß ist.

In dem Artikel, den Alice gelesen hat, stand, dass die Kunst, sich zu entspannen, und auch die Meditation einigen Menschen mit Sozialphobie vielleicht helfen könnten. Sie beschloss, sich einen Meditationskurs zu suchen und zu sehen, ob er ihr helfen könnte.

Sie ging in einen Achtsamkeitskurs, der in einem Krankenhaus in ihrer Nähe stattfand. Als sie zu meditieren begann, erkannte sie das Zusammenspiel zwischen ihrem Geist und ihrem Körper. Sie lernte, auf ihren Körper zu achten und ihn dadurch zu entspannen, dass sie die einzelnen Körperteile wahrnahm, etwas, das ihr Lehrer den *Bodyscan* nannte. Es überraschte sie festzustellen, wie allein ein oder zwei ängstliche Gedanken, sich in der Öffentlichkeit zu blamieren, ihren Körper steif werden und ihr Herz rasen ließen.

Der Lehrer erklärte, dass es wichtig sei, loszulassen und dass manchmal die einzige Möglichkeit, etwas loszulassen, darin bestünde, es da sein zu lassen. Alice beschloss, dies mit den irrationalen Ängsten zu üben, die ihr Leben beeinträchtigten. Immer wenn ihr Gedanken kamen, sie könne sich öffentlich blamieren, hörte sie ihnen einfach nur zu. Obwohl sie ihr weiterhin Angst machten, versuchte sie, sie einfach nur da sein zu lassen in ihrem Bewusstsein, ohne etwas dagegen zu unternehmen. Nach einiger Zeit konnte Alice die Gedanken lockerer sehen. Sie betrachtete sie nicht mehr so sehr als ihre Feinde, sondern nur noch als einen vorüberziehenden Lärm. Alice überlegte, dass sie nun doch mehrere der Einladungen ihrer Freunde annehmen könnte.

Denken Sie daran

In diesem Kapitel haben wir von den wichtigen inneren Bedingungen und Haltungen erfahren, die die Grundlage Ihrer Achtsamkeitspraxis darstellen. Die Meditation wird am wirkungsvollsten sein, wenn Sie wie ein neugieriger Skeptiker an sie herangehen, motiviert zu üben und mit Vertrauen in Ihre angeborene Kraft. Achtsamkeit beruht auf den sieben grundlegenden Haltungen von Nicht-Urteilen, Geduld, Anfänger-Geist, Vertrauen, Nicht-Streben, Akzeptanz und Loslassen. Diese inneren Qualitäten zu erkennen und zu pflegen schafft die optimalen Voraussetzungen für Ihren Versuch, Präsentsein zu erlernen, um mit Furcht, Beunruhigung und Panik zurechtzukommen.

7

Die Grundlage für Ihre Praxis schaffen

Obwohl die inneren Bedingungen – die Einstellungen und Gewohnheiten zu denken und zu fühlen – sehr wichtige, unterstützende Elemente Ihrer Achtsamkeitspraxis sind, gibt es auch äußere Bedingungen und Themen, die ebenfalls Ihre Aufmerksamkeit verdienen. Wenn Sie sich eine verlässliche Meditationspraxis wünschen, benötigen Sie eine starke Grundlage.

Elemente einer starken Grundlage für die Meditation sind: Wo und wann Sie Ihre formale Meditation üben, welche Unterstützung Sie von denen haben, mit denen Sie zusammenleben, wie Sie sich selbst sanft daran erinnern, in verschiedenen Situationen zum gegenwärtigen Moment zurückzukehren, wie Sie Literatur, Kassetten und andere Mittel zur Anleitung geschickt gebrauchen. Wahrscheinlich werden Sie auch über Dinge nachdenken, die Sie bei Ihrer Praxis behindern könnten.

Formale und formlose Meditationspraxis

In diesem Buch und ganz allgemein bei der Achtsamkeitsmeditation sprechen wir von formaler *Meditation* und von *formloser Praxis.*

Formale Meditation ist die Zeit, in der die Meditation Ihre Hauptbeschäftigung darstellt. Ich empfehle Ihnen, zumindest einmal am Tag mindestens dreißig Minuten lang Achtsamkeit als formale Meditation zu üben.

Formlose Praxis bedeutet, dass Sie während des Tages in verschiedenen Situationen Achtsamkeit bei dem üben, was gerade vor sich geht. Sie können Ihrer Tätigkeit selbst gezielt Aufmerksamkeit schenken oder das bewusste Atmen als einen Weg verwenden, um einen Kontakt zu der Tätigkeit herzustellen und Geist und Körper im gegenwärtigen Moment miteinander zu verbinden.

Die Vorschläge in diesem Kapitel werden Ihnen helfen, die bestmöglichen Voraussetzungen für Ihre formale Meditationspraxis zu schaffen. Ihre formlose Meditationspraxis wird sich auf natürliche Weise aus Ihrer formalen Praxis ergeben.

Unterstützung für Ihre formale Meditationspraxis

Sehen wir uns die äußeren Bedingungen und ein paar praktische Vorschläge näher an, um die Hilfen zu optimieren, die sie Ihnen bieten können.

Wo meditieren Sie am besten?

Es ist wichtig, dass Sie sich in Ihrer Umgebung einen richtigen Platz zum Meditieren einrichten. Es geht darum, nicht jedes Mal, wenn Sie meditieren wollen, erneut entscheiden zu müssen, wo Sie jetzt meditieren. Dies wird Sie dabei unterstützen, die Meditation in Ihrem Leben zu einer Routine zu machen, was notwendig ist, damit sie Ihnen wirklich helfen kann.

Wählen Sie in einem Zimmer Ihrer Wohnung einen bequemen Stuhl oder ein bequemes Kissen aus, und machen Sie dies zu jenem Ort, an dem Sie von nun an meditieren werden. Natürlich können Sie manchmal auch ins Freie gehen oder einen anderen Platz benutzen, aber einen bestimmten Platz zu haben ist eine große Hilfe. In manchen Meditationstraditionen heißt dies *der eine Ort.*

Sie werden eher meditieren wollen, wenn das Zimmer einladend ist. Richten Sie es sehr schön her. Wenn überall Unordnung herrscht und diese Sie so sehr ablenkt, dass Ihr Geist eine

Geschichte nach der anderen über das Beseitigen der Unordnung hervorbringt und über all das, was Sie tun müssen, dann tun Sie etwas gegen die Unordnung und halten Sie den Bereich sauber.

Stellen Sie ein paar persönliche Dinge auf, die Ihnen ein Gefühl von Geborgenheit vermitteln. Das wird Ihnen helfen, sich sicher zu fühlen, während Sie sich fordern, präsent zu bleiben, wenn Angst oder Beunruhigung auftreten.

Es hilft, wenn Ihr schöner, sicherer Ort zum Meditieren auch einigermaßen ruhig ist. Es ist zwar nicht nötig, dass es um Sie herum vollkommen still ist (Sie werden in der Tat, wenn Ihre Praxis stärker wird, mit allen möglichen Geräuschen und Ablenkungen umzugehen lernen), aber es ist gut, das Telefon in einem anderen Zimmer läuten zu lassen und den Fernseher, das Radio, den Computer, den CD-Spieler und alles andere im Hintergrund auszuschalten.

Die Welt um uns herum, die äußere Welt, so heißt es, spiegle die Welt in uns, die innere Welt, genau wider. Und eine friedliche äußere Welt kann Ihnen in einem gewissen Maße helfen, sich mit dem Frieden und der Ruhe in Ihnen selbst zu verbinden. Sie können diese Beziehung zwischen der inneren und der äußeren Welt bewusst nutzen bei der Gestaltung des Platzes, an dem Sie jeden Tag meditieren. Lassen Sie die innere Welt des Friedens, der Ruhe und der Schönheit sich darin zeigen, wie Sie den Ort herrichten, an dem Sie Ihre Meditation üben.

Wann meditieren Sie am besten?

So wie Sie in Ihrer Wohnung einen Platz zum Meditieren schaffen müssen, müssen Sie auch in Ihrem Tagesablauf einen Platz schaffen. Wann haben Sie am ehesten jeden Tag die Zeit und die Energie, um Ihre Meditation durchzuführen? Ziel ist es, eine Meditationsgewohnheit ähnlich der Gewohnheit des Zähneputzens zu entwickeln. Achten Sie darauf, dass die gewählte Zeit es Ihnen möglich macht, fast jeden Tag ungefähr zur gleichen Zeit zu meditieren. Seien Sie aber nicht zu rigide. Als Erstes am Morgen, am Nachmittag oder am frühen Abend: Das sind die besten Zeiten.

Sie können aber wahrscheinlich nicht jeden Tag um Punkt neun Uhr morgens, um drei Uhr nachmittags oder um halb acht abends meditieren. Wählen Sie eine Zeit, zu der Sie meistens nicht durch äußere Anforderungen oder andere Menschen gestört werden.

Wachheit ist wichtig. Die Zeit, die Sie zum Meditieren wählen, sollte eine Zeit sein, zu der Sie genügend Energie zum Praktizieren haben. Manche Menschen versuchen direkt vor dem Zubettgehen zu meditieren. Dann stellen sie fest, dass sie zu müde zum Meditieren sind! Es kann hilfreich sein, ein bisschen zu meditieren, bevor man ins Bett geht. Wenn man aber wiederholt einschläft oder sich zu dumpf und schläfrig fühlt, um aufmerksam zu sein, sollte man eine andere Tageszeit ausprobieren.

Sie müssen experimentieren, um herauszufinden, wie Sie die Meditation am besten in Ihr Leben integrieren. Wenn Sie zu einer bestimmten Tageszeit besonders ängstlich sind, könnten Sie versuchen, zu dieser Zeit zu meditieren. Wenn Sie das tun, ziehen Sie auch in Betracht, zu einer anderen Zeit zu meditieren, zu der Sie gewöhnlich weniger Angst haben und besser mit der Angst umgehen können, ohne die Gefahr, sich darin zu verlieren. Denken Sie daran, dass die Praxis darin besteht, die Angsterfahrung im Brennpunkt der Achtsamkeit zu halten.

Das eigene tägliche Meditationsprogramm entwickeln

Wenn Sie Ort und Zeit festgelegt haben, sollten Sie über ihr Praxisprogramm nachdenken. Was sollen Sie während der Meditationszeit, die Sie sich jetzt eingerichtet haben, machen?

In diesem Buch werden Sie mehrere Meditationsmethoden erlernen, die alle auf die Entwicklung von Achtsamkeit abzielen. *Atembewusstheit, nicht-gerichtete Bewusstheit, Bodyscan, Gehmeditation und liebende Güte* sind die formalen Meditationsübungen, die Sie erlernen werden. Bei jeder ist der Schwerpunkt etwas anders.

Ich empfehle Ihnen, sich anfangs zwei bis drei Wochen lang auf die Bewusstheit beim Atmen, den Bodyscan und die Gehmeditation zu konzentrieren. (Wenn Sie zufällig schon Yoga üben, können Sie das anstelle der Gehmeditation achtsam weiter tun.

Sowohl Yoga als auch die Gehmeditation sind *Übungen mit körperlicher Bewegung.*) Beginnen Sie in der vierten und fünften Woche mit den Übungen der nicht-gerichteten Bewusstheit und der liebenden Güte.

Allgemein kann man sagen, dass Sie jeden Tag eine *Meditation im Sitzen* und *eine auf den Körper konzentrierte Meditation üben* sollten. Zu den Übungen im Sitzen gehören die Atembewusstheit, die nicht-gerichtete Bewusstheit und die liebende Güte. Zu den Übungen, die sich auf den Körper konzentrieren, gehören der Bodyscan und die Gehmeditation (ebenso wie Yoga, der aber außerhalb des Rahmens dieses Buches liegt).

Am besten ist es, wenn Sie täglich 20–30 Minuten im Sitzen und weitere 20–30 Minuten eine auf den Körper gerichtete Meditation üben.

Nach etwa 6 Wochen des Übens werden Sie in der Lage sein, Ihren eigenen Übungsplan aus den verschiedenen Methoden zu erstellen. Dies erfordert Erfahrung mit den verschiedenen Übungen und die Erkenntnis, welche davon Ihnen besonders entspricht. Manche Menschen beschließen, die Übungsmethode zu vertiefen, bei der sie sich am wohlsten fühlen, wohingegen andere zumindest eine Zeit lang mit einer Methode arbeiten, die sie schwieriger finden.

Es ist sehr wichtig, dass Sie bei der Übung bleiben, die Sie auswählen. Es wäre ein gutes Programm, mindestens zwei bis vier Wochen lang täglich (mindestens fünf bis sieben Mal die Woche) dieselbe Sitzpraxis zu üben. Die gleiche Regelmäßigkeit ist gut bei der körperorientierten Praxis. Vermeiden Sie es, erst eine „auszuprobieren" und dann die nächste, ohne sich intensiv damit zu beschäftigen und eine bestimmte Praxis tief zu erfahren.

Wenn Sie die Übungen in diesem Buch wirklich machen, werden Sie ein Gefühl für sie entwickeln und herausfinden, wie sie zu Ihnen passen. Ihr Ziel ist es, in Ihrer Fähigkeit zu wachsen, klar und offen präsent zu sein. Jede der verschiedenen Übungen bietet Ihnen dabei eine kostbare Hilfe.

Wenn Sie möchten, können Sie die Meditationsanleitungen in den Kapiteln 8 – 12 als Skripten für die Herstellung einer

Kassette oder einer CD verwenden, mit der Sie üben. Denken Sie daran, langsam zu lesen und zwischen den einzelnen Abschnitten der Anweisungen eine Pause von ein paar Atemzügen zu machen.

Sich selbst freundlich erinnern

Achtsamkeit ins eigene Leben zu bringen ist ein Training für Geist und Herz. Wie jedes andere Training erfordert es einige Arbeit, Bemühung, Energie und Disziplin. Sie können sich selbst helfen, indem Sie eine geduldige, sanfte Haltung einnehmen. Wenn Sie sich selbst freundlich erinnern und im Grunde ein Freund Ihrer eigenen Praxis werden, können Sie feststellen, dass Sie durch Ihre tägliche Meditation eine kraftvolle Unterstützung und einen verlässlichen Beistand haben.

Innere Widerstände überwinden

Wenn Sie sich selbst ermutigen, formal zu praktizieren, insbesondere wenn Sie sich nicht danach fühlen, kann das entscheidend für die Entwicklung einer regelmäßigen Meditationspraxis sein. Erkennen Sie als Erstes einfach nur den vorhandenen Widerstand. Versuchen Sie dann freundlich und geduldig mit sich selbst zu sein, wenn Ihnen nicht nach Üben zumute ist. Gleichzeitig müssen Sie aber entschieden sein wie gute Eltern oder ermutigend wie ein guter Freund, damit Sie trotz der gewohnten inneren Widerstände weiter meditieren.

Eine formlose Praxis entwickeln

Es ist sehr hilfreich und wichtig, dass Sie eine formlose Achtsamkeitspraxis entwickeln, indem Sie sich den ganzen Tag selbst daran erinnern, präsent zu sein. Sie können sich zum Beispiel einen kleinen Merkzettel mit einem einzigen Wort, wie beispielsweise *daran denken* oder *atmen,* an Stellen kleben, an die Sie Ihre tägliche Routine führt: an den Spiegel im Bad, ans Telefon, den Kühlschrank, das Armaturenbrett Ihres Autos oder Ihren Computer an der Arbeit. Erinnern Sie sich einfach nur daran, dass Sie leben, wenn Sie dieses Wort sehen. Werden Sie wieder präsent, indem Sie einige Augenblicke lang auf Ihren Atem und Ihren Körper achten, ohne etwas anzustreben und ohne zu urteilen.

Ein Tagebuch führen

Ein letzter Vorschlag ist, Buch zu führen über Ihre Praxis. Indem Sie notieren, was Sie jeden Tag gemacht haben und welche Fragen oder Probleme dabei aufgekommen sind, können Sie die Entwicklung Ihrer Meditationspraxis unterstützen. Viele Leute notieren sich gerne die Art der Praxis und die tatsächliche Anzahl der Minuten, die sie praktiziert haben. Über längere Zeit hinweg stellt das einen Bezugsrahmen dar und eine Grundlage für die Vertiefung Ihrer Praxis.

Die Unterstützung anderer gewinnen

Die Unterstützung durch die Menschen, mit denen Sie zusammenleben, ist besonders wichtig. Diese brauchen nicht mit Ihnen oder selbst zu meditieren, aber es ist wichtig, dass sie Ihre Entscheidung, zu meditieren, respektieren. Diese Unterstützung reicht vom Nicht-Abtun oder Schlecht-Machen dessen, was Sie tun, bis hin zu einer aktiveren Hilfe, indem sie sich während Ihrer Übungszeit relativ ruhig verhalten oder sich um die Kinder, die Haustiere oder andere Verpflichtungen kümmern, damit Sie Zeit genug zum Meditieren haben.

Zumindest gelegentlich andere Menschen zu einer gemeinsamen Meditation zu finden bedeutet eine kraftvolle Unterstützung. Oft erzählen mir Menschen von der größeren Kraft und Klarheit, die sie empfinden, selbst wenn sie nur mit ein oder zwei Freunden zusammen meditieren. Auch wenn Sie diese Unterstützung nur ein oder zwei Mal wöchentlich oder monatlich haben, kann das sehr hilfreich sein, besonders in schwierigen Zeiten, wenn Ihre eigene Meditationspraxis instabil zu werden droht.

Beratung oder andere professionelle Unterstützung

Meditation ist nicht das Gleiche wie Beratung oder Psychotherapie. Meditation ist auch kein Ersatz dafür. Heutzutage ermutigen viele professionelle Berater und Therapeuten ihre Klienten, irgendeine Art von Meditation als Teil des Therapieprozesses zu erlernen und zu praktizieren, und es besteht ein wachsendes Interesse daran, wie diese beiden Prozesse zusammenwirken können.

Viele Menschen, die die Achtsamkeitspraxis aufnehmen, befinden sich nicht in Therapie und brauchen das auch nicht. Professionelle Unterstützung kann aber dann besonders hilfreich sein, wenn Sie meditieren lernen, um mit Angst oder Panik besser zurechtzukommen. Bei der Achtsamkeitspraxis laden Sie alles, was sich in Ihrem Inneren befindet, dazu ein, hervorzukommen. Meditation ist eine sehr umfassende Praxis, ein Schlüsselelement der Kraft der Achtsamkeit, um Sie zu heilen und zu transformieren.

Aber das hat seinen Preis. Sie müssen damit rechnen, dass Sie sich vielleicht manchmal *noch ängstlicher* fühlen, wenn Sie bewusster werden. Möglicherweise aktivieren Sie Schmerz, alte Wunden, Kummer oder Ängste, die so intensiv werden, dass die Hilfe eines professionellen Beraters oder Therapeuten nötig ist. Das ist keine Schande. Seien Sie darauf vorbereitet, das zu erkennen, wenn es geschieht, und unternehmen Sie den angemessenen nächsten Schritt.

Meditation und verschriebene Medikamente

Manche verschreibungspflichtigen Medikamente können Ihrer Meditationspraxis entgegenwirken, indem sie Sie zu schläfrig oder zu unruhig machen. Wenn Sie das feststellen, konsultieren Sie den Arzt und versuchen Sie, diese Störungen zu vermindern. Es ist wichtig, dass Sie alles Ihnen Mögliche tun, um sich in die Lage zu versetzen, präsent und wach zu sein.

Viele Menschen beginnen mit der Achtsamkeitsmeditation in der Hoffnung, ihre Medikamente absetzen oder reduzieren zu können. Das ist ein wertvolles Ziel und bei einigen Menschen auch realistisch. Sie sollten aber nicht aufhören, Ihre Medikamente einzunehmen, oder ihre Einnahme verändern, ohne zuerst Ihren Arzt zurate zu ziehen. Wenn Ihre Meditationspraxis stärker wird, sind Sie vielleicht sehr wohl in der Lage dazu, Ihre Medikamente zu reduzieren oder sogar abzusetzen. Wenn Sie sich dazu imstande fühlen, seien Sie Ihrem Arzt ein guter Partner, indem Sie ihn nach der sichersten Vorgehensweise fragen.

Literatur, Kassetten und andere Meditationshilfsmittel

Es gibt Tausende von Büchern, Kassetten und Videos über Meditation. Wenn Sie solche verwenden, ist es wichtig, dass Sie den Kontext und die Botschaft des Materials feststellen. Sie haben vielleicht schon bemerkt, dass verschiedene Hilfsmittel scheinbar völlig widersprüchliche Ratschläge erteilen können. Für die geschickte Nutzung ist es wichtig, daran zu denken, dass Meditation erfahren werden muss und Sie sie selbst ausprobieren müssen.

Bei der Achtsamkeit geht es darum, für das, was vorhanden ist, mit Offenheit und klarer Bewusstheit präsent zu sein. Ihre Sensibilität und Klarheit werden im Laufe der Zeit mit Ihrer Meditationspraxis zunehmen. Das Ziel eines jeden Hilfsmittels ist es, dass Sie selbst diese Qualität von Bewusstheit entwickeln können, häufig durch die Betonung eines speziellen Aspekts oder Faktors, der bei der Praxis nützlich ist. Denken Sie daran, dass ein spezielles Hilfsmittel mit seinen spezifischen Anweisungen nur ein Weg ist und nicht *der* Weg.

Verschiedene Meditationslehrer geben oft unterschiedliche Anweisungen oder betonen andere Aspekte. Wenn Sie mit verschiedenen Meditationslehrern, Büchern und Kassetten arbeiten, werden Sie diese Unterschiede wahrscheinlich feststellen. Nehmen Sie niemanden zu wörtlich, sondern versuchen Sie, die Essenz des Gelehrten zu verstehen. Lassen Sie nicht zu, dass kleinere Unterschiede in den Anweisungen oder der Formulierung Sie in Ihrer Praxis aus der Bahn werfen. Lernen Sie, in Ihrer eigenen Achtsamkeitspraxis durch Ihre eigene direkte Erfahrung von Wachheit und Präsenz standfest zu werden.

Es sollte Ihr Ziel sein, eine regelmäßige Meditationspraxis aufzubauen, die von keiner Kassette, keinem Buch und keinem Skriptum abhängig ist. Wenn Sie Meditationserfahrung gewinnen – indem Sie durch Ihre eigene Erfahrung lernen –, werden Sie immer weniger abhängig von solchen Anleitungen. Sie werden es jedoch immer wertvoll finden, weiterhin etwas zu lesen und in Ihrer Meditationspraxis verschiedene Ideen und Anleitungen auszuprobieren. Auf diese Weise bleibt Ihre Praxis lebendig und unterstützt Ihr eigenes Wachstum und Ihre Wandlung.

Vertiefung durch intensive Praxis und Retreats

Die Gewohnheiten von Unachtsamkeit und Geistesabwesenheit sind stark. Sie werden durch unsere Tendenz, jede wache Stunde beschäftigt zu sein, gefördert. Jeden Tag eine Stunde lang zu meditieren ist eine wirkungsvolle Methode, diese Gewohnheiten zu durchbrechen und sie durch Präsenz zu ersetzen. Längere, intensive Meditationszeiten können ebenfalls sehr hilfreich sein, um die Praxis zu vertiefen.

Viele Meditationszentren bieten Tagesretreats an, bei denen man Meditation und achtsame Bewegung übt. Diese Retreats werden gewöhnlich in der Stille durchgeführt und vermitteln einen Eindruck von den Ebenen der Stille und der klaren Bewusstheit, die in der Hektik des täglichen Lebens nur schwer zu erreichen sind.

Diese Form der intensiven Meditationspraxis sollten Sie in Betracht ziehen. Wenn Ihre Meditationserfahrung zunimmt, können Sie mit längeren Zeiten der Meditation und der achtsamen Bewegung experimentieren. Sie können beispielsweise eine einzelne zweistündige Sitzung durchführen oder einen halben Tag für Meditation und Bewegung aufwenden. Irgendwann können Sie einen ganzen Tag ausprobieren, etwas später dann an ein Wochenende oder sogar ein einwöchiges Meditationsretreat denken.

Bei jeder dieser längeren und intensiveren Meditationserfahrungen ist es ratsam, mit einem erfahrenen Lehrer zu arbeiten. Glücklicherweise gibt es eine wachsende Zahl von Retreatzentren und anderen Einrichtungen, die von erfahrenen Lehrern geleitete Meditationskurse anbieten.

Mögliche Hindernisse bei der Meditation

Um mit der Achtsamkeitsmeditation erfolgreich zu sein, ist es wichtig, diejenigen Bereiche im Leben zu erforschen, die vielleicht besonders leidvoll oder schwierig sind. Der Konsum von Alkohol und anderen Drogen, eine kontinuierliche Traumatisierung oder eine vergiftete Atmosphäre in einer Beziehung oder einer anderen Situation verdienen besondere Aufmerksamkeit.

Alkohol- und anderer Drogenkonsum

Es ist nutzlos zu meditieren, wenn Sie unter dem Einfluss eines Rauschmittels stehen. Ihre Meditationspraxis sollte nicht durch die Auswirkungen von Alkohol oder anderen Drogen vernebelt sein. Nehmen Sie sich die Zeit, Ihr Leben genau anzuschauen. Wenn Sie damit begonnen haben, Alkohol oder andere Drogen zu konsumieren bzw. deren Konsum gesteigert haben, betrachten Sie ehrlich die Auswirkungen auf sich selbst, auf Ihre Beziehungen, Ihre Arbeit, Ihre Finanzen usw. Es ist keine vollkommene Abstinenz notwendig, aber wenn Alkohol und Drogen Ihr Leben beeinträchtigen, muss diese Beeinträchtigung aufhören, bevor eine Meditationspraxis wirklich wirken und helfen kann.

Fortgesetzt traumatische oder vergiftete Situationen

Meditation ist kein magisches Heilmittel. Wenn Sie zu meditieren beginnen, kann das ein kraftvoll stabilisierender Faktor in Ihrem Leben sein, aber wenn Sie ständig in einer Situation leben, die gefährlich, traumatisch oder schädlich giftig für Sie ist, erwarten

Sie nicht, dass sich all das ändert, nur weil Sie mit einer Meditation begonnen haben. Was sich verändert, wenn Sie meditieren, das sind Sie! Wie Sie reagieren, wie Sie empfinden, wie präsent und wie bewusst Sie sind.

Es kommt sehr häufig vor, dass Menschen, die zu meditieren beginnen, nach einer Weile bedeutsame Veränderungen in Ihren Lebensumständen herbeiführen. Dies kommt daher, dass sie innegehalten haben und sich ihre eigenen Lebensumstände und ihre Reaktionen innerhalb dieser Umstände genau angesehen haben. Es hilft Ihnen vielleicht, sich daran zu erinnern, dass es bei der Achtsamkeit um das Sein und nicht um das Tun geht. Wenn man präsenter ist, handelt man weiser. Man kann sagen, dass *das Sein das Handeln inspiriert.* Wenn Sie sich also in einer schädlichen Situation befinden, müssen Sie sich vielleicht verändern, bevor sich in der Situation etwas maßgeblich verändert. Solche Situationen ähneln jedoch denjenigen, bei denen Alkohol, Drogen oder Nebenwirkungen von Medikamenten im Spiel sind. Wenn die schädliche Situation so störend ist, dass sie Ihre Meditationspraxis beeinträchtigt, müssen Sie vielleicht einen entschlossenen Versuch machen, sich zuerst selbst zu helfen, damit die Meditation Ihnen überhaupt helfen kann.

Denken Sie daran

Damit die Meditation Ihnen helfen kann, Ihren angstvollen Geist zu beruhigen, und Sie das Leben leben können, das Sie verdienen, sind diese inneren und äußeren Arten der Unterstützung unerlässlich. Wenn Sie lernen, mit Ihren Einstellungen, den äußeren Umständen und einigen schwierigen, aber häufig vorkommenden Hindernissen geschickt umzugehen, werden Sie die tief wirkende Kraft der Achtsamkeit in Ihrem Leben erkennen. Denken Sie daran, freundlich und geduldig mit sich selbst und dem, was Ihnen begegnet, zu bleiben. So werden Sie Ihre Meditationspraxis immens vertiefen.

8

Achtsamkeit im täglichen Leben

Alles geschieht im gegenwärtigen Moment. Wie viele Ihrer Momente ziehen jedoch unbemerkt vorüber?

Jeder Atemzug ist kostbar. Er trägt das Leben Moment für Moment. Wie oft ist aber Ihre Aufmerksamkeit anderswo, wenn der Atem in Ihren Körper ein- und ausströmt? Sie sind nicht Ihre Gedanken. Wie viel Ihrer Aufmerksamkeit schenken Sie jedoch der Wiederholung von Geschichten und Gedankenmustern, während sich das Leben um Sie herum abspielt?

Dringen Furcht, Sorgen oder Angst in Ihr Bewusstsein ein, lenken Sie ab und trennen Sie von der sich entfaltenden Erfahrung Ihres Lebens?

Wir haben alle gelegentlich auf diese Fragen mit „Ja" geantwortet. Sie unterscheiden sich in dieser Hinsicht nicht von anderen. Über Jahre hinweg entwickeln wir Muster der Unaufmerksamkeit, Ablenkung und Geistesabwesenheit. Endlose Geschäftigkeit und Eile schwächen unsere Konzentration und unsere Fähigkeit, in eine tiefere Verbindung mit den Dingen zu treten.

Die moderne Kultur ermuntert uns dazu, *nicht* präsent zu sein. Als Folge davon ist zu erwarten, dass Sie viel Energie und Entschlossenheit brauchen werden, um präsenter zu sein. Es erfordert einen Vorsatz und tägliche Bemühung Ihrerseits.

Gegenwärtig zu sein ist einfacher, als Sie denken. Sie sind ganz nahe dran. Vielleicht hilft Ihnen folgende Überlegung: „Gegenwärtig sein" bedeutet weniger, etwas zu *tun*, als vielmehr einen vertrauten Bereich zu betreten und dort zu *sein*. Dies ist „in die

Gegenwart kommen". Die Gegenwart ist eine Dimension des Bewusstseins, die alle Erfahrungen empfängt und willkommen heißt. Es ist eine Dimension, die Sie erkennen können, die Sie betreten und wieder verlassen können, und der Sie sich immer wieder zuwenden können.

Gegenwärtigkeit hat die Eigenschaften von Aufmerksamkeit, Bewusstheit, Stille und Weiträumigkeit. Aufmerksamkeit ist scharf, beständig, zugewandt und herzlich; Bewusstheit ist hell und klar, leuchtend und unvoreingenommen; Stille und Weiträumigkeit sind deutlich spürbar, weit und ausgedehnt.

Vielleicht ist die Kunst der Achtsamkeit auch Ihr Tor in die Gegenwart, in eine Gegenwart, die die Möglichkeit bietet, einzuschließen, zu umfassen, zu verbinden und das Leben zu verstehen.

Sie besitzen bereits alles, was Sie brauchen, um im Leben präsenter zu sein. Die Kraft der Achtsamkeit ist in Ihnen vorhanden. Diese Kraft zu verwirklichen erfordert, dass Sie anfangen, größere Aufmerksamkeit zu üben mit der grundlegenden Einstellung des Nicht-Urteilens, der Geduld, des Anfänger-Geistes, des Vertrauens, des Nicht-Strebens, der Akzeptanz und des Loslassens. Ihre Achtsamkeit wird mit der Übung zunehmen. Zusätzlich zur formalen Meditation ist es sehr wichtig, Achtsamkeit bei den gewöhnlichen Aktivitäten und den Erfahrungen des täglichen Lebens formlos zu praktizieren.

Mit zunehmender Entwicklung der Achtsamkeitspraxis wird diese augenscheinliche Trennung von formaler und formloser Praxis aufhören. In Ihrem Innern wird sich ein stärkeres Gefühl der Präsenz entwickeln, unabhängig von den äußeren Umständen. Diese verstärkte Fähigkeit zur Präsenz wird Ihnen die Kraft geben, Furcht, Sorgen und Angst bei ihrem Auftauchen zu überwinden. Sie wird Sie ebenfalls befähigen, den Reichtum und die Freude in Ihrem Leben mehr zu genießen.

Die täglichen Aktivitäten des Lebens sind ein guter Ausgangspunkt zum Üben von Achtsamkeit. Um präsenter zu sein, können Sie damit beginnen, den Dingen, die sie gewöhnlich nicht bemerken, Aufmerksamkeit zu schenken:

- der Wahrnehmung des Atems beim Ein- und Ausströmen;
- dem Gefühl des Druckes oder Kontaktes Ihres Rückens mit dem Stuhl;
- dem Geräusch eines auf der Straße vorbeifahrenden Autos;
- dem Geruch Ihres Essens in dem Moment, bevor es in Ihren Mund wandert;
- dem Geschmack des *dritten* und *vierten* Bissens Ihres belegten Brotes;
- der Weise, wie Schatten von der Nachmittagssonne auf Ihren Tisch fallen.

Diese Liste könnte endlos fortgeführt werden. Tatsache ist, dass man so viel vom Leben nicht bemerkt, dass dieses Nicht-Bemerken zur Gewohnheit geworden ist.

Um eine neue Gewohnheit zu entwickeln, die Gewohnheit, präsent zu sein, brauchen Sie nur damit zu beginnen, dem, was bereits da ist, Aufmerksamkeit zu schenken. Es ist simpel, aber nicht leicht!

Entscheidend ist, wie aufmerksam Sie sind. Seien Sie *achtsam* aufmerksam. Das bedeutet, aufmerksam zu sein, ohne zu urteilen und ohne zu versuchen, etwas herbeizuführen. Hören Sie damit auf, die Dinge ändern zu wollen. Diese Aufmerksamkeit *lässt zu*. Sie sind neugierig. Sie besitzen einen Anfänger-Geist. Sie wissen nichts (Sie erzählen keine Geschichte darüber, Sie denken nicht, dass Sie bereits wissen, was da ist).

Achtsam Aufmerksamkeit üben bedeutet, dies freundlich, sanft und beständig zu tun. Vor allem nicht nur mit den Augen oder mit dem Geist aufmerksam sein, sondern mit Ihrem ganzen Körper, Ihrem ganzen Sein. Können Sie sich der Fülle der Erfahrung, die in diesem Augenblick entsteht, ganz öffnen? Können Sie die Erfahrung, die durch Ihre Sinne entsteht, gänzlich mit Ihrer Bewusstheit umfassen?

Wenn Sie in der Weise an das Leben herangehen, dass Sie den Details der täglichen Erfahrung gegenüber sensibler und vorsätzlich aufmerksam sind, schulen Sie Ihren Geist darin, präsent zu sein. Sie erwachen zu der Erfahrung, voll zu leben. Sie beginnen, den

Raum und die Stille in Ihrem Innern zu entdecken. Dieser Raum wird Sie unterstützen. Er ist für Sie da bei Ihrer Bewältigung von Furcht, Panik und Angst. Und er wird auch da sein für andere schwierige Besucher wie Wut, Kummer oder Verzweiflung.

Die Freude, präsent zu sein

Eine Frau erzählte mir in meinem Meditationskurs eine wunderschöne Geschichte über das Präsentsein:

> *„Ich gehe seit Jahren jeden Sonntag in meine Kirche zum Gottesdienst. Ich liebe die Musik und habe alle die Kirchenlieder so oft gehört, dass ich das Gefühl habe, sie alle zu kennen. Aber gestern war es anders.*
>
> *Seit ich die Achtsamkeitskurse besuche, habe ich gelernt, für alles präsenter zu sein. Gestern hat es wirklich geklappt bei mir! Am Sonntag habe ich mir in der Kirche über ein paar Dinge Sorgen gemacht. Aber ich habe einfach damit aufgehört und mich auf meinen Atem und meine körperlichen Wahrnehmungen konzentriert, so wie wir es im Kurs tun. Nach ein paar Minuten habe ich mich ruhiger gefühlt. Dann begann der Chor eines meiner Lieblingslieder zu singen.*
>
> *Im Laufe der Jahre muss ich dieses Lied tausend Mal gehört haben, aber dieses Mal war es anders. Es war noch nie so schön gewesen. Ich habe einfach nur zugehört. Ich habe wirklich zugehört. Und ich habe sie wirklich gehört: die Orgel, die Stimmen, die Worte, alles. Es war so schön!*
>
> *Danach wurde mir klar, dass ich noch nie zuvor so präsent gewesen war. Ich war immer mit meinen Gedanken oder etwas anderem beschäftigt gewesen. Es war wunderbar, präsent zu sein und wirklich die Musik zu hören!“*

Die Geschichte dieser Frau ist ein inspirierendes Beispiel für die Kraft der Präsenz. Präsenz, größere Achtsamkeit, öffnet uns auf unerwartete Weise dem Reichtum des Lebens gegenüber.

Sie haben dieses Buch wahrscheinlich auf der Suche nach Hilfe bei schwierigen oder unangenehmen Erfahrungen von Furcht, Angst oder Panik begonnen. Das ist gut und es besteht die Chance, dass Ihre Angsterfahrung und deren Herrschaft über Ihr Leben geringer werden, wenn Sie die Übungen machen, die Sie in diesem Buch lernen.

Jetzt ist aber auch ein guter Moment dafür, sich daran zu erinnern, dass Achtsamkeit mehr als eine Technik zur Überwindung von Problemen ist. In der Tat wird Ihre Achtsamkeitspraxis umso kraftvoller werden, je mehr Sie die Ergebnisse loslassen können und nur dem Beachtung schenken, was da ist. Das ist eine der Paradoxien der Achtsamkeit. Und eine der Belohnungen ist die frische Verbindung, die sie zu den alltäglichen Fäden Ihres Lebens herstellen werden.

> Seien Sie präsent für die wunderbare Musik.
> Seien Sie präsent für den herrlichen Sonnenuntergang.
> Seien Sie präsent für die warme Berührung durch die
> Hand dessen, den Sie lieben.
> Seien Sie präsent, wann immer Schönheit Ihr Leben ziert.

Achtsamkeit wird durch die tägliche Gewohnheit, aufmerksam zu sein und Präsenz zu üben, gestärkt. Das ist nicht mysteriös oder schwer zu verstehen. Es erfordert aber Bemühung, vor allem am Anfang.

Seien Sie also bitte nicht hart mit sich selbst, wenn Sie feststellen, dass Ihr Geist immer wieder abschweift. Lassen Sie nicht zu, dass Frustrationen und Zweifel Sie davon abhalten, erneut anzufangen. Schenken Sie den kleinen Dingen Aufmerksamkeit. Entspannen Sie sich und seien Sie *wieder* aufmerksam. Kommen Sie immer wieder in die Gegenwart zurück. Gestatten Sie sich, ganz das zu bemerken, was vorhanden ist.

Achtsames Essen

Wenn ich einen Meditationskurs leite, beginne ich oft mit einer Übung zum achtsamen Essen. Ich tue dies aus verschiedenen Gründen.

Erstens zeigt es, dass Achtsamkeit eine Qualität ist, die jeder von uns schon besitzt. Sogar Neulinge im Achtsamkeitskurs entdecken sie direkt in der ersten Stunde.

Zweitens macht es den Leuten gewöhnlich Spaß. Ganz gleich, welche ernsthaften und gar schmerzlichen Probleme sie in den Kurs geführt haben, die Teilnehmer stellen nach dem achtsamen Essen fest, dass sie lachen oder sich an Dinge erinnern oder sich einfach lebendiger fühlen. Dies zeigt einen anderen grundlegenden Aspekt: Wenn Sie präsenter sind, sind Sie lebendiger! Und Sie können das tatsächlich spüren.

Drittens, indem der Teilnehmer sein Tempo herabsetzt und mit einer neugierigen, nicht-wissenden Haltung bewusst aufmerksam ist, übt er bereits Schlüsselelemente der Achtsamkeit. Dieses Innehalten und dieses Präsentsein in nicht-urteilender Bewusstheit dessen, was da ist, ist Achtsamkeitspraxis. Der Teilnehmer bekommt sofort eine wirkungsvolle Lektion im Üben.

Auch andere wertvolle Lektionen sind in dieser Übung enthalten. Man kann beispielsweise erkennen, dass jede Tätigkeit der Fokus für die Achtsamkeit sein kann. Man bekommt einen Geschmack von der Gewohnheit des Geistes abzuschweifen, und man erkennt, wie leicht sich Gedanken und „Geschichten“ zwischen einen selbst und die direkte Erfahrung des Moments schieben können.

Man kann die Achtsamkeitspraxis beim Essen, diesem wichtigen Element des täglichen Lebens, beginnen. Man kann direkt selbst erfahren, wie natürlich und verfügbar die Achtsamkeit ist. *Sie* können erkennen, welche Freude es macht, präsent zu sein, und welche Kraft darin liegt, absichtlich aufmerksam zu sein. Und Sie werden anfangen, das Wandern, die Zweifel und die Abgelenktheit Ihres eigenen Geistes kennenzulernen! Seien Sie freundlich und mitfühlend mit sich selbst und all diesen Tendenzen. Sind Sie bereit? Fangen wir an.

Meditationspraxis: Achtsames Essen

Achtsamkeit ist Bewusstheit, die nicht urteilt und nichts anstrebt. Man entwickelt sie, indem man in so vielen Einzelheiten und mit so viel Empfindsamkeit wie möglich liebevoll und sorgfältig aufmerksam ist. Man kann diese Aufmerksamkeit und Bewusstheit auf jede Aktivität anwenden. Achtsames Essen zeigt die natürliche Verfügbarkeit von Achtsamkeit ebenso wie den potentiellen Reichtum in jeder Aktivität und in jedem Moment, wenn man dafür präsent sein kann.

Wenn man achtsames Essen übt, richtet man seine Aufmerksamkeit Moment für Moment auf das Erlebnis des Essens. Dazu muss man mit allem anderen, was man gerade tut, aufhören und wirklich aufmerksam sein.

Meditationsanleitung: Wie man eine Rosine achtsam isst

1. Wählen Sie drei oder vier Rosinen aus. Halten Sie sie in der Hand. Setzen Sie sich bequem hin und fangen Sie an, sie so zu untersuchen, als ob Sie noch nie zuvor eine Rosine gesehen oder geschmeckt hätten. Benutzen Sie alle Ihre Sinne. Schauen Sie sich die Rosinen an. Was können Sie an den Rosinen entdecken und über Ihr Esserlebnis? Lassen Sie Neugierde in sich aufkommen. Immer, wenn Ihr Geist sich eine Geschichte über das, was Sie tun, zusammenspinnt, versuchen Sie, diese loszulassen, und richten Sie Ihre Aufmerksamkeit wieder auf die Rosinen.

2. Wählen Sie nach kurzer Zeit eine Rosine aus und heben Sie sie mit den Fingern hoch. Gestatten Sie sich, sie zu fühlen. Drehen Sie sie um und sehen Sie sie sich näher an. Halten Sie sie ins Licht und bemerken Sie, wie das Licht durch sie hindurchscheint oder auch nicht. Nehmen Sie sich reichlich Zeit. Achten Sie auf jede Tendenz, ungeduldig zu werden oder sich zu langweilen. Registrieren Sie jede Bewegung Ihres Geistes weg von der Rosine oder zu einer

Geschichte über sie oder zu einer Geschichte über irgendetwas anderes. Seien Sie freundlich zu sich selbst, wenn sich Ihr Geist wegbewegt zu einer Geschichte oder zu etwas anderem hin. Sie haben nichts falsch gemacht! Lenken Sie einfach nur Ihre Aufmerksamkeit sanft zur Rosine zurück.

3. Führen Sie die Rosine an Ihr Ohr. Reiben Sie mit den Fingern darüber. Was hören Sie? Probieren Sie es am anderen Ohr. Probieren Sie mit Ihren Fingern verschiedene Geschwindigkeiten aus. Können Sie präsent bleiben? Macht die Rosine ein Geräusch, wenn man sie reibt? Nehmen Sie Gedanken oder Urteile in Ihrem Geist wahr. Lassen Sie sie freundlich und sanft wieder gehen. Hören Sie dann wieder die Rosine. Nehmen Sie sich all die Zeit, die Sie brauchen. Achten Sie auf jede Tendenz, in Eile zu geraten. Achten Sie darauf, ob Sie ungeduldig oder frustriert werden. Seien Sie freundlich zu sich selbst. Nehmen Sie diese Gefühle freundlich wahr, und kehren Sie mit Ihrer Aufmerksamkeit zu der Rosine zurück.

4. Führen Sie die Rosine zu Ihrer Nase. Können Sie sie riechen? Können Sie bei ihrem Geruch bleiben und sich nicht in eine Geschichte verlieren, nicht eine Geschichte darüber erfinden, inwiefern Sie das, was da ist, mögen oder nicht mögen? Ist der Geruch erdig, süß, sauer oder vielleicht unauffällig? Ist er angenehm oder unangenehm?

5. Führen Sie die Rosine zum Mund, aber stecken Sie sie noch nicht hinein. Beobachten Sie, was in Ihrem Mund passiert. Bildet sich Speichel? Wo konzentriert er sich am stärksten? Bewegt sich Ihre Zunge? Seien Sie so aufmerksam, wie Sie können.

6. Führen Sie die Rosine nach einer Weile zu Ihren Lippen, öffnen Sie die Lippen und stecken Sie die Rosine in Ihren Mund. Achten Sie genau darauf, was als Nächstes geschieht. Wie fühlt sich die ganze Rosine in Ihrem Mund an? Was passiert sonst noch in Ihrem Mund? Lassen Sie die Rosine sich ein bisschen herumbewegen, bevor Sie sie kauen. Wie geschieht das? Wie fühlt es sich an? Achten

Sie darauf, ob Gedanken, Geschichten oder Urteile in Ihnen aufkommen. Lassen Sie sie einfach wieder gehen. Versuchen Sie, die Konzentration auf der unmittelbaren Wahrnehmung ruhen zu lassen, welche sich in Ihrem Mund um die Rosine herum entfaltet.

7. Dann beginnen Sie die Rosine zu kauen. Beobachten Sie, was beim ersten Biss passiert. Wie ist der Geschmack? Ist er süß, sauer, erdig, bitter oder sonst wie? Ist er weich, körnig, zäh oder anders? Verändert sich der Geschmack beim Kauen? Wie? Wo in Ihrem Mund ist der Geschmack am intensivsten? Versuchen Sie auf die Veränderungen, die sich beim Kauen einstellen, aufmerksam zu bleiben. Was können Sie in Bezug auf den Geschmack der Rosine und die Aktivität des Kauens entdecken? Beobachten Sie, wie sich die Rosine auflöst. Wie das Schlucken abläuft. Was ist übrig? Ist nach dem Kauen und Schlucken noch Geschmack vorhanden? Wo im Mund ist der Geschmack? Bitte gestatten Sie sich mit all dem, was jetzt vorhanden ist, dazusitzen. Was stellen Sie fest?

8. Lenken Sie Ihre Aufmerksamkeit nach einer Weile auf die zweite Rosine. Vielleicht denken Sie darüber nach, was in der Rosine steckt oder was nötig war, um sie jetzt hierher zu Ihnen bringen zu können. Dies ist keine tief gehende Analyse. Sie gestatten sich nur zu erkennen, dass die Rosine ein Produkt der Bedingungen von Sonnenlicht, Erde, Wasser, Nährstoffen und der Versorgung und der Tätigkeit lebender Wesen ist, Menschen eingeschlossen. Sie begann als Teil eines Weinstocks, wuchs zu einer Traube heran, wurde gepflückt, getrocknet, verpackt und zu einem Markt gebracht, wo Sie sie gefunden haben und von wo Sie sie nach Hause gebracht und jetzt gerade in Ihre Hand genommen haben. In dieser Weise nachzudenken kann Ihnen helfen, die Verbundenheit und gegenseitige Abhängigkeit der Dinge in Ihrer Umwelt zu erkennen, einschließlich so einfacher Dinge wie einer Rosine.

9. Lenken Sie Ihre Aufmerksamkeit zurück auf die zweite Rosine. Sie haben diese Rosine nie zuvor gesehen. Sie gleicht keiner anderen Rosine, die Sie je gesehen oder gegessen haben. Achten Sie auf

jedwede Tendenz, das Interesse zu verlieren oder den Kontakt zu dieser Rosine abzubrechen, weil ein Teil Ihres Geistes denkt, er wüsste alles über Rosinen oder er sei „schon einmal hier gewesen, habe dies schon einmal gemacht". Können Sie diesen „wissenden" Geist loslassen? Können Sie mit dem Geist eines Anfängers bei dieser Rosine sein? Können Sie sich auf diese Rosine zumindest genauso sehr (wenn nicht mehr) konzentrieren wie auf die erste? Schauen Sie sie an. Berühren Sie sie. Hören Sie sie an. Riechen Sie sie. Kauen und schmecken Sie sie. Schlucken Sie sie. Beobachten Sie das. Was entdecken Sie bei dieser Erfahrung des Rosinenessens?

10. Wiederholen Sie die Übung mit der dritten und vierten Rosine. Versuchen Sie, bei jeder frisch und präsent zu sein. Achten Sie auf Ungeduld und Langeweile oder Frustration oder Zweifel oder jede Form des Denkens oder geistige Umstände, die Sie vom direkten Erleben jeder Rosine, die Sie essen, trennen. Seien Sie freundlich zu sich selbst, wenn Sie diese Tendenzen feststellen. Es ist in Ordnung, wenn Ihr Geist abschweift, wenn Geschichten oder Urteile in Ihnen aufkommen. Sie haben keinen Fehler gemacht. Genauso sind die Dinge! Sie wenden jetzt Ihre Achtsamkeit an. Sie bemerken, was jetzt abläuft. Können Sie bei der Erfahrung, jetzt achtsam zu sein, Akzeptanz und Geduld aufbringen?

Präsent sein mit ruhigem Geist und entspanntem Körper

Wie hat Ihnen die Übung des Rosinenessens gefallen?

Wenn Menschen sie zum ersten Mal ausprobieren, sind sie oft erstaunt darüber, was sie über Rosinen und sich selbst entdecken.

Sie sagen vielleicht etwas wie: „Ich habe nicht gewusst, dass sie so süß sind" oder „Ich mag Rosinen eigentlich nicht, aber jetzt weiß ich nicht mehr, warum." (Oder: „Jetzt weiß ich, warum.") Oder: „Sie haben nicht viel Geschmack, bis man hineinbeißt."

Man gerät häufig dabei in Geschichten oder in Erinnerungen: „Ich erinnere mich, wie ich meiner Großmutter geholfen habe, an Weihnachten Haferflocken-Rosinen-Plätzchen zu backen."

Sie können nichts richtig oder falsch machen bei dem, was Sie beobachten. Es geht nur darum, Achtsamkeit zu entwickeln, indem Sie sich bemühen, auf bewusste, zulassende und nicht-urteilende Weise aufmerksam zu sein.

Die Entdeckungen, die Sie in Bezug auf Rosinen oder irgendetwas anderes im Alltag machen, in Ihrem Körper oder außerhalb davon, hängen unmittelbar von der Qualität Ihrer Aufmerksamkeit und Bewusstheit ab, die Sie entwickeln.

Achtsamkeit und die Entspannungsreaktion

Haben Sie irgendwelche Unterschiede in Ihrem geistigen oder Ihrem körperlichen Zustand festgestellt, als Sie die Übung gemacht haben? Viele Menschen sagen, dass sie sich ruhiger, entspannter und präsenter fühlen, nachdem sie die Rosinen achtsam gegessen haben.

Dies illustriert ein weiteres Grundprinzip der Achtsamkeit. Wenn man seine Aufmerksamkeit konzentriert, ohne sich anzustrengen oder zu urteilen, aber mit einer neugierigen und beteiligten Einstellung, kann es zur Entspannungsreaktion kommen. Diese natürliche Fähigkeit, den Geist zu beruhigen und den Körper zu entspannen, ist in jedem von uns angelegt.

Diese Beruhigung und Entspannung von Geist und Körper ist ein wichtiges Element bei allen Meditationspraktiken. Eine Basis an ruhiger, entspannter Aufmerksamkeit in einem entspannten Körper ist entscheidend, damit sich die Achtsamkeit vertiefen kann.

Erinnern Sie sich aber daran, dass das letzte Ziel bei der Achtsamkeitspraxis nicht bloße Entspannung ist! Bei der Achtsamkeit geht es darum, mit feinfühliger, nicht- urteilender Bewusstheit aufmerksam zu sein. Wenn Furcht, Sorgen oder Angst vorhanden sind, praktiziert man Achtsamkeit, indem man in der Weise auf sie aufmerksam ist, wie man die Rosinen geschmeckt hat. Ruhe und Entspannung helfen, präsent zu bleiben, insbesondere unter beunruhigenden, belastenden Umständen wie Furcht, Besorgtheit und Angst.

Einladungen, Achtsamkeit im täglichen Leben zu praktizieren

Um Ihre Achtsamkeitspraxis auf sanfte Weise wachsen zu lassen, beginnen Sie bitte, den alltäglichen Aktivitäten in Ihrem Leben mehr Achtsamkeit zu schenken.

Essen Sie mindestens einmal täglich eine Mahlzeit achtsam. Oder essen Sie zumindest ein paar Bissen achtsam. Naschen Sie achtsam. Achten Sie sorgfältiger darauf, was los ist, wenn Sie aus einem anderen Grund als Hunger naschen.

Wählen Sie eine tägliche Aktivität aus, die Sie achtsam ausführen. Es könnte das Zähneputzen sein, das Ankleiden, das Duschen, den Hund ausführen, das Abspülen oder etwas anderes. „Entschleunigen" Sie sich genug, um auf die verschiedenen Wahrnehmungen aufmerksam zu werden, die Sie fühlen, sehen, hören, riechen und schmecken, und achten Sie darauf, welchen Kommentar Ihr Geist abgibt bzw. was Sie denken.

Seien Sie in den verschiedenen Situationen des täglichen Lebens aufmerksamer, beispielsweise wenn Sie von Ort zu Ort fahren, bei Treffen oder an der Arbeit, in Pausen am Arbeitsplatz, im Garten, beim Sonnenuntergang, beim Sonnenaufgang, im Fitnessstudio. Wo immer Sie sind, versuchen Sie, die Erfahrung so zu schmecken, wie Sie die Rosinen geschmeckt haben.

Machen Sie sich keine Sorgen, wenn Sie nicht viel Zeit haben. Sie haben all die Zeit, die Sie brauchen. Sobald Sie damit beginnen, sich die Zeit zu nehmen, präsent zu sein, werden Sie feststellen, dass die Gefühle von Dringlichkeit und unterschwelliger Panik, die Ihr Leben treiben, selbst nur Gefühle sind. Sie entstehen, verändern sich und vergehen wie alles andere.

Denken Sie daran

Wir leben im gegenwärtigen Moment, aber Gewohnheiten wie Unaufmerksamkeit und Geistesabwesenheit hindern uns daran, aus dem Vollen zu leben und eine tiefe Beziehung zu dem einzugehen, was da ist. Wenn man achtsamer wird bei alltäglichen Handlungen wie dem Essen, der Hausarbeit oder dem Baden, kann man einen Reichtum und eine große Nähe zum Leben entdecken. Diese Nähe wird dann zur Grundlage für zunehmende Freude und vermehrtes Staunen bei den Herausforderungen des Lebens.

9

Mit jedem Atemzug Achtsamkeit entwickeln

Wenn man eine ruhige, konzentrierte Aufmerksamkeit entwickelt, verbinden sich Geist und Körper mit dem Erleben des gegenwärtigen Moments. Dies ist das zentrale Prinzip in allen Meditationstraditionen. In Zeiten von Furcht und großer Angst kann es aber auch einen der schwierigsten Aspekte der Meditationspraxis darstellen.

Meditationslehrer betonen, dass man Aufmerksamkeit üben muss. Der Geist besitzt die Tendenz abzuschweifen. In diesem Kapitel werden Sie die Vorteile der Entwicklung von ruhiger, konzentrierter Aufmerksamkeit entdecken.

Wie man achtsames Atmen im Umgang mit Angst anwendet: Die Ballon-Geschichte

Vor einigen Jahren wurden meine Frau und ich von einem alten Freund namens Steven eingeladen, uns beim jährlichen Heißluftballon-Festival in Albuquerque, New Mexico, seiner Ballon-Mannschaft anzuschließen. Wir sagten begeistert zu. Mary und ich schlossen uns als Mannschaftsmitglieder einem Team von einigen anderen an, die alle gebraucht wurden, um unseren Ballon zu bedienen.

Der Korb unseres Ballons war vom Boden bis hinauf zu einem Geländer nur etwas über der Höhe meiner Hüfte von einem Weidengeflecht ummantelt. Die Passagiere im Korb hielten sich entweder an einer der vier Eckstangen, die den Korb mit dem Ballon verbanden, oder am hüfthohen Geländer fest.

Um ehrlich zu sein: Ich habe mich nie sehr wohl gefühlt in der Höhe, zumindest nicht in Höhen, wo das Einzige zwischen mir und dem Erdboden Hunderte oder Tausende von Metern weiter unten eine Schutzbrüstung in Hüfthöhe war. Ich habe keine Erklärung für meine Reaktion. Im Laufe der Jahre habe ich gelernt, mit ihr zu arbeiten, und sie hat meine Aktivitäten nicht eingeschränkt.

Als ich die Korb- und Ballonkonstruktion sah, sagte mir mein erster instinktiver Impuls, dass es klüger wäre, Mannschaftsmitglied am Boden zu bleiben. Steven war jedoch sehr aufgeregt und redete mir begeistert ein, wie sehr mir die Fahrt gefallen würde. Als Beweis seiner Freundschaft bot er Mary und mir einen Platz im Ballon bei einer der ersten Fahrten des Festivals an. Wie konnte ich da ablehnen?

Das Nächste, woran ich mich erinnere, ist, dass ich in den Korb kletterte, Steven den Gasbrenner über unseren Köpfen befeuerte, der Ballon sich aufblies und wir plötzlich still vom Boden abhoben. Die ersten paar Minuten, als der Boden unter uns verschwand und ich mich umsah, die kühle Luft spürte und fasziniert war vom Schauspiel der anderen Ballons, die in der herrlichen Morgendämmerung über Albuquerque aufstiegen, war alles fantastisch. Dann bemerkte ich, wie sich der Korb zur Seite hin bewegte, als der Ballon in eine Luftströmung geriet. Ich schaute über das Geländer hinunter und sah die Bodenmannschaft, die Fahrzeuge, die Häuser und alles andere immer kleiner werden. Dann spürte ich die erste Welle von Angst in mir aufsteigen.

Mein Angsterlebnis war das übliche. Ich fühlte mich leicht schwindelig, etwas weich in den Knien, hatte Herzklopfen, meine Kehle schnürte sich zu und meine Eingeweide zogen sich zusammen. Meine Hände hielten schon das Geländer umklammert. Ich wollte mich in keine Richtung bewegen und war mir auch nicht sicher, ob ich es überhaupt könnte.

Neben mir deuteten Mary und Steven aufgeregt auf alles Mögliche um uns herum. Sie bewegten sich frei im offenen Korb, trotz seiner jetzt häufigen, leicht schwingenden Bewegung. Sie redeten auf mich ein, das Geländer loszulassen und mich umzudrehen und in andere Richtungen zu schauen. Steven feuerte den Gasbrenner weiter an, und wir stiegen immer höher. Ich konnte nur mit zusammengebissenen Zähnen lächeln und mich steif drehen, um nach links und rechts über meine Schultern zu schauen, während ich mit beiden Händen meinen Todesgriff um das Schutzgeländer beibehielt. Ich wünschte, ich wäre am Boden geblieben, wusste aber, dass es an diesem Punkt kein Zurück mehr gab.

Die Erkenntnis, dass ich damit zurechtkommen musste, half mir eigentlich. Ich hatte keine andere Wahl, als mich mit der Furcht auseinanderzusetzen. Es gab absolut keine Möglichkeit, Erleichterung zu finden, bis der Ballon wieder auf dem Boden landete. Ich erinnerte mich an meine vielen Jahre der Meditationserfahrung und kam zu dem Schluss, dass ich sie wahrscheinlich gänzlich brauchen würde! So begann ich, meine Aufmerksamkeit sehr entschlossen und gezielt auf das Erleben meines Atems zu richten.

Wie ich es gelernt und bei meiner eigenen Meditationspraxis Jahre lang gemacht hatte, ließ ich den Atem so sein, wie er war, und die Situation ebenfalls.

Ich richtete meine ganze Aufmerksamkeit auf die sich ausweitende Wahrnehmung meines Atems, insbesondere meines Ausatmens. Nach nur wenigen Atemzügen stellte ich eine gewisse Erleichterung fest. Ich konnte die Angstgefühle in meinem Körper lokalisieren. Ich konnte mit der Angst ein- und ausatmen und dabei die Empfindungen im Atem ruhen lassen. Ich konnte mich in Bezug auf die Empfindungen und die Situation etwas entspannen und die spektakuläre Szenerie, die sich um mich herum entfaltete, tatsächlich sehen und schätzen. Ich fing an, mich im Korb herumzubewegen und mich mehr für den Flug zu interessieren.

Ich flog an jenem Morgen ziemlich weit mit der Angst. Die Angst kam und verging und kehrte viele Male zurück. Aber jedes Mal, wenn sie kam, konnte ich ihr auf die gleiche Weise begegnen. Ich benutzte meine Aufmerksamkeit auf den Atem als einen Anker und atmete bewusst ein und aus in Verbindung mit dem ablaufenden Erleben.

Durch diese Praxis des achtsamen Atmens konnte ich meine Beziehung zum Erleben der Angst auf grundlegende Weise verändern. Ich konnte aufhören, mich *aus* der Angst *heraus* oder *als* die Angst zu verhalten, und mich stattdessen *zu* der Angst verhalten. Ich fing an, mich zu der Angst als einfach einem weiteren Element meiner tiefen inneren Landschaft zu verhalten.

Jede Erfahrung von Angst, so intensiv und beunruhigend sie auch war, wurde einfach nur zu etwas Weiterem, das am kühlen Himmel von New Mexico in meinem Inneren herumschwebte. Wie die Wolken, die an uns vorüberzogen, oder das Sonnenlicht oder die anderen Ballons veränderte sich das Angsterlebnis ebenfalls von Moment zu Moment. Es war nicht beständig. Und es war nicht *ich*.

Als meine Aufmerksamkeit in meinem Atem verankert war, beruhigten sich mein Geist und mein Körper. Die ruhige, konzentrierte Aufmerksamkeit machte es mir möglich, die Angst als ein Ereignis in meinem Bewusstsein zu sehen und ihr Vergehen ebenso wie ihr Kommen zu beobachten. Nach einer Weile stellte ich fest, dass sie nicht immer da war. Ich konnte auf den Flug achten. Wenn die Angst dann zurückkam, erschien sie mir nicht mehr so mächtig. Ich fing an, mich zuversichtlicher zu fühlen, dass ich mit der Angst umgehen könne, und damit begann ich mich sogar noch mehr zu entspannen. Als wir schließlich mit dem Ballon landeten, hatte ich den Flug wirklich genossen.

Klug auf Furcht und Angst reagieren

Alles geschieht im gegenwärtigen Moment. Ihr Leben spielt sich jetzt ab, in diesem Augenblick. Sie können immer wählen, wie Sie reagieren wollen. In den Momenten, wenn die Furcht als Reaktion auf eine reale Bedrohung oder als eine Befürchtung da ist, fühlt man sich gewöhnlich aufgrund der eigenen Unachtsamkeit überwältigt und erregt und reagiert mit Kampf oder Flucht. Bei dieser „unklugen" Reaktion neigt man dazu, *aus* dem Gefühlserlebnis *heraus* Bezug zu nehmen und zu handeln.

Eventuell nimmt man sogar an, dass man das Gefühl *ist.* Dann drückt man z. B. dieses Gefühl der Identifikation mit der Angst aus, indem man sagt: „Ich bin so ein Feigling" oder „ich bin so ängstlich", weil man denkt, man selbst sei zur Angsterfahrung geworden.

Alles, was sonst noch in diesem Moment im eigenen Bewusstsein vorhanden ist, ist von der Angstreaktion gefärbt. Alles hat den Geschmack der äußerst unangenehmen Angstreaktion. Man sieht die Welt und lebt das Leben im wahrsten Sinne des Wortes durch den Filter der Angst.

Die gewöhnliche, aber ungeschickte Reaktion ist die, dass man gegen das unangenehme Gefühl der Angstreaktion ankämpft oder vor ihm zu fliehen versucht. Wenn man einen Namen für das Angstgefühl hat, wie beispielsweise *Panikattacke* oder *Höhenangst*, kann man sich noch hilfloser oder unzulänglicher fühlen, weil man keinen Weg findet, zu kämpfen oder zu fliehen. Dieses benannte unangenehme Gefühl kehrt trotz aller Bemühungen immer wieder in Ihre innere Welt zurück. Vielleicht glauben Sie sogar, dass es ein Zustand oder eine Sache sei, die stärker ist als Sie.

Aber ob Sie nun einen Namen für den Angstzustand haben oder nicht, eine Reaktion aus dem Gefühl heraus oder die Identifikation mit ihm verspricht wenig Erfolg.

Das ist eine „unkluge" Reaktion, weil sie nicht auf der Wahrheit dessen fußt, wie die Dinge wirklich sind. Sie sind in Wirklichkeit nicht Ihre Angstreaktion – und diese ist nicht Sie. Außerdem ist Ihre Angstreaktion, wie intensiv sie auch sein mag, nicht von Dauer. Sie hängt von bestimmten Umständen ab und endet, wenn diese nicht mehr vorhanden sind.

Um mehr Hoffnung zu erlangen, dass man Furcht, Panik und Angst in sich beherrschen kann, muss man eine geschicktere Beziehung zum Erleben im jeweiligen Moment herstellen. Das bedeutet, sich in einer Weise zu dem angsterfüllten Erleben zu verhalten, die es einem erlaubt, einfach mit ihm da zu sein, anstatt mit ihm zu kämpfen oder blind darauf zu reagieren. Die kluge Reaktion, die achtsame Reaktion, besteht darin, sich der Erfahrung mit ruhiger, konzentrierter Aufmerksamkeit zuzuwenden.

Ruhe und Wohlbefinden durch Aufmerksamkeit entdecken

Wir haben gesehen, von welcher Bedeutung es bei der Meditation ist, die Aufmerksamkeit zu steuern und die eigene Bewusstheit zu steigern. Nicht urteilen, nichts anstreben, akzeptieren, loslassen und Geduld üben sind entscheidende Haltungen bei der Meditationspraxis. Diese Haltungen müssen bei jedem Atemzug praktiziert werden, besonders in den intensiven, von Furcht und Panik beherrschten Momenten.

Es ist ein Paradox, dass man leichter Kontrolle über Furcht, Panik und Angst erlangt, wenn man übt, zu *sein* und nicht zu *tun*. Man muss tatsächlich aufhören, die Gefühle unter Kontrolle bringen zu wollen, und ihnen stattdessen erlauben, sich im Lichte ruhiger, konzentrierter Aufmerksamkeit zu entfalten.

Wenn man den Dingen genau in den Momenten, in denen sie am intensivsten sind, erlaubt zu sein, wie sie sind, kann man sich von den alten Denk- und Verhaltensmustern befreien, die auftreten, wenn der reagierende, von Gewohnheiten gelenkte Geist einen zwingen will, etwas zu tun.

Man übt das Sein nicht durch den Einsatz von Willenskraft und indem man die Zähne zusammenbeißt. Die Zähne zusammenzubeißen und zu warten ist nur eine weitere Art und Weise, aus dem unangenehmen Gefühl heraus zu handeln, auch wenn Sie das vielleicht anders sehen. Man steckt immer noch mitten drin und kämpft und reagiert.

Die bessere und geschicktere Art, Sein zu praktizieren, besteht darin, den Kampf aufzugeben und die eigene Beziehung zu dem unangenehmen Gefühl zu verändern. Das ist möglich, indem man im gegebenen Moment auf eine andere Weise aufmerksam ist: nicht-urteilend, zulassend und nicht-leugnend. Körper, Geist und Erfahrung sind in der Bewusstheit verbunden. Das ist es, was wir *Achtsamkeit nennen.* Um inmitten intensiver unangenehmer Gefühle achtsam zu sein und Körper und Geist zu beruhigen, ist es notwendig, dass man als Erstes einen konzentrierten Fokus für die eigene Achtsamkeit wählt.

Die Entwicklung der Fähigkeit, Zugang zu der tiefen Ruhe auf der innersten Ebene des eigenen Seins zu gewinnen, erfordert Mühe und Geduld. Zeiten formaler Meditation, sogar Zeiten ausgedehnter und intensiver Praxis, sind wichtig. Man kann Meditation als Geistestraining betrachten. Die so tief verwurzelten Gewohnheiten der Zerstreuung und Unaufmerksamkeit müssen durch neue Gewohnheiten der Konzentration und Aufmerksamkeit ersetzt werden. Diese neuen Gewohnheiten erwirbt man nur durch wirkliches Üben. Das Üben führt zur direkten Erfahrung der eigenen tiefsten Seinsqualität, einer Qualität, die weit und sicher ist.

Eine tägliche Meditationspraxis ist von entscheidender Bedeutung. Formale und formlose Achtsamkeitsübungen sind der Weg, diese neuen Gewohnheiten zu entwickeln.

Aufmerksamkeit auf den Atem

Eine der ältesten und verbreitetsten Meditationsübungen zur Entwicklung von Konzentration und Achtsamkeit ist auf den Atem selbst ausgerichtet. Man kann diese Meditationspraxis „sich des Atmens bewusst sein“, „auf die Atmung achtsam sein“ oder „sich des Atems bewusst sein“ nennen.

Die Praxis, sich des Atmens bewusst zu sein, bringt einen sofort in den gegenwärtigen Moment zurück. Mit dem Atem als Fokus kann die natürliche Fähigkeit des Geistes und des Körpers, sich zu beruhigen, wirken. Wichtig ist auch, dass sich mit dem Atem als Fokus der Aufmerksamkeit sofort die Perspektive verändert. Man ist jetzt in der Lage, eine andere Beziehung zu all den anderen im Moment vorhandenen Elementen der eigenen Lebenserfahrung einzugehen. Es wird möglich, diese genauso zu sehen, wie sie sind. Das bedeutet, dass man eine Beziehung *zu* ihnen aufnehmen kann und nicht länger *aus* ihnen *heraus* oder *als* sie lebt.

Das restliche Kapitel ist der Achtsamkeit auf das Atmen gewidmet, sowohl als formale Meditationspraxis als auch als formlose in Alltagssituationen. Sie werden Meditationsanleitungen und Anregungen für Ihre tägliche Praxis finden.

Es wird Ihnen nützen, wenn Sie diese Praxis ernst nehmen. Praktizieren Sie so, als ob Ihr Leben davon abhinge. Sie wissen nie, wann Sie sich in einem schnell aufsteigenden Heißluftballon befinden werden!

Meditationsübung: Sich des Atmens bewusst sein

Das ist eine einfache, aber tiefe Meditationspraxis. Die Empfindung des Atems ist das Hauptobjekt der nicht- urteilenden, zulassenden Bewusstheit. Man übt, indem man einfach bewusst auf die unmittelbaren Atemempfindungen achtet, während sie entstehen, sich verändern und verschwinden. Wann immer Ihre Aufmerksamkeit von der Wahrnehmung des Atems abschweift, stellen Sie das einfach nur fest und führen Sie sie behutsam zum Atem zurück.

Diese Art der Konzentration von Aufmerksamkeit verbindet Geist und Körper mit dem gegenwärtigen Moment und mit einer tiefen inneren Ruhe und Stabilität. Bei dieser Praxis erleben Sie wirklich die Fähigkeit Ihres Geistes, ruhig und stabil zu sein, sogar in intensiven Momenten. Die Ruhe und Stabilität gehen bei der Praxis auf den Körper über. Sie können davon ausgehen, dass Sie im Laufe der Zeit bei konsequenter, regelmäßiger Praxis sowohl bei den formalen Meditationssitzungen als auch bei der formlosen Praxis im Alltag ein größeres Wohlbefinden und tiefere Entspannung im Körper erleben werden. Sie werden eine viel fundiertere und gefestigtere Bewusstheit im gegenwärtigen Moment kennenlernen.

Sie können diese Praxis des bewussten Atmens, bei der Sie Ihre Aufmerksamkeit auf den Atem richten, dazu nutzen, auch in schwierigen Situationen verbunden zu bleiben. Indem Sie bewusst mit dem, was auch immer geschieht, ein- und ausatmen, lernen Sie, mit ruhiger Aufmerksamkeit präsent zu bleiben. Der Atem ist der Anker im gegenwärtigen Moment.

Es ist wichtig, sich dessen bewusst zu sein, dass Sie nicht irgendetwas mit Ihrem Geist tun sollen. Sie sollen ihn weder beruhigen noch sollen Sie ihn „leeren“. Ihr Geist und auch Ihr

Körper wissen, wie sie zur Ruhe kommen! Ihre Aufgabe ist lediglich, ihnen zu ermöglichen, dies zu tun.

Wenn Sie eine freundliche, zugewandte, unvoreingenommene und nicht-urteilende Haltung einnehmen und aufmerksam auf das Gefühl Ihres Atems sind, hier und jetzt – dann können Ihr Geist und Ihr Körper das tun, was sie von sich aus *können*: In einen Zustand der Ruhe und Leichtigkeit eintreten, der es möglich macht, alles zu beobachten und sich damit zu verbinden, was in diesem Augenblick geschieht.

Und was besonders wichtig ist: Ihre Beziehung zu dem, was Sie in jedem Augenblick erleben, verändert sich auf dieser Grundlage ruhiger, konzentrierter Aufmerksamkeit wirklich. Sie können allmählich Furcht, Panik, Angst und jedes andere unangenehme Gefühl als eine Begleiterscheinung erkennen statt als einen Identifikationsmoment oder einen festen Bezugspunkt, an dem Sie festhalten. Durch diese Erkenntnis kann sich alles zum Besseren verändern – Ihre Erfahrungen und das, was Sie fühlen, denken und tun.

Meditationsanleitung: Sich des Atmens bewusst sein

1. Setzen Sie sich bequem an den Platz, den Sie für die formale Meditation ausgewählt haben. Nehmen Sie sich 20 bis 30 Minuten Zeit für diese Praxis. Versuchen Sie, Ablenkungen und Unterbrechungen zu minimieren.
2. Denken Sie in den ersten Momenten Ihrer Übung über die Haltungen nach, die die Grundlage für die Achtsamkeitspraxis ausmachen. Bei der Achtsamkeit geht es darum, nicht einzugreifen und Präsenz zuzulassen. Erinnern Sie sich an das Nicht-Urteilen, an die Geduld, an den Anfänger-Geist, das Vertrauen, das Nichts-Anstreben, das Akzeptieren und das Loslassen. Achten Sie zu Beginn besonders darauf, nicht zu urteilen und nach nichts zu streben. Geben Sie jeden Plan auf, Furcht, Angst, Panik oder sonst etwas verändern zu wollen, und versuchen Sie nicht, etwas herbeizuführen.

3. Stellen Sie beide Füße fest auf den Boden. Bringen Sie Ihre Hände in eine bequeme Haltung. Nehmen Sie eine würdevolle Haltung ein, bei der Sie Rücken, Nacken und Kopf gerade halten. Sitzen Sie in einer Weise, die Ihrer Aufmerksamkeit und Wachheit förderlich ist. Schließen Sie langsam die Augen.

4. Richten Sie Ihre Aufmerksamkeit gesammelt auf die Empfindungen in Ihrem Körper. Spüren Sie Ihre Füße auf dem Boden, Ihren Rücken an der Stuhllehne, Ihre Hände, dort wo sie ruhen, und Ihr Gesicht und Ihren Kopf dort, wo sie sind. Nehmen Sie die Schwere Ihres Körpers direkt wahr. Entspannen Sie sich auf dem Stuhl als Ihrer Stütze und lassen Sie sich vom Boden unter Ihnen tragen. Lassen Sie Ihren Körper sich entspannen und, so gut es geht, zur Ruhe kommen.

5. Richten Sie Ihre Aufmerksamkeit auf Ihren Bauch. Gestatten Sie ihm, sich zu entspannen und weich zu werden. Lassen Sie ihn weich bleiben.

6. Sammeln Sie Ihre Aufmerksamkeit, und richten Sie sie auf die Wahrnehmung Ihres Atems, wenn er kommt und geht. Konzentrieren Sie Ihre Aufmerksamkeit auf die Stelle in Ihrem Körper, an der Sie den Atem am leichtes-ten und am natürlichsten spüren. Für manche Menschen ist das der Bauch, für andere die Brust, für wieder andere die Nase oder sogar der Mund (wenn Sie dazu neigen, mit offenem Mund zu atmen). Lassen Sie Ihre Aufmerksamkeit zur Ruhe kommen, und konzentrieren Sie sich genau auf die Stelle, an der Sie den Atem am leichtesten fühlen können. Wenn Sie sich nicht sicher sind, auf welche Stelle Sie sich konzentrieren sollen, ist der Bauch ein guter Ausgangspunkt. Lassen Sie Ihre Aufmerksamkeit jetzt dort verweilen. Nehmen Sie das Gefühl des Atems, der sich durch den Körper bewegt, genauso wahr, wie es ist.

7. Lassen Sie den Atem ungestört kommen und gehen, ohne zu versuchen, ihn zu manipulieren. Bei dieser Übung geht es darum, die Aufmerksamkeit und Bewusstheit zu stärken, und nicht darum,

den Atem zu steuern. Lassen Sie die Aufmerksamkeit einfach auf dem Atem ruhen. Lassen Sie alle Gedanken über die Anzahl der Atemzüge, den nächsten Atemzug oder den vorigen los. Es geht nur um diesen Atemzug. Wenn es Ihnen hilft, sich zu konzentrieren, können Sie beim Einatmen leise ein flüstern, beim Ausatmen aus und in den Pausen Pause oder Raum.

8. Versuchen Sie während des ganzen Zyklus jedes Atemzuges präsent zu bleiben: ein, aus, Raum, ein, aus usw. Wenn Ihre Aufmerksamkeit und Achtsamkeit zunehmen, können Sie damit beginnen, den Anfang, die Mitte und das Ende des Einatmens zu beobachten. Das gleiche gilt für das Ausatmen und den Raum dazwischen.

9. Nehmen Sie die Vielfalt der Atemempfindungen im Körper immer tiefer wahr. Lassen Sie die Empfindung des Hebens und Senkens der Bauchdecke, das tatsächliche Gefühl der Dehnung, zum Fokus werden. Bemerken Sie die unterschiedlichen Empfindungsmuster, und wie jeder Atemzug anders ist – manche Atemzüge sind flach, manche tief, manche kräftig, manche schwach, manche rau und manche weich. Begegnen Sie jedem Atemzug mit dem Geist des Anfängers. Spüren Sie ihn, als ob Sie zum ersten Mal einen Atemzug fühlen würden. In Wahrheit kommt jeder Atemzug nur einmal, ein einziges Mal. Heißen Sie ihn willkommen.

10. Seien Sie nicht überrascht, wenn Ihre Aufmerksamkeit von der Wahrnehmung des Atems wegwandert. Achten Sie freundlich darauf, wo sie hingewandert ist. Ist sie bei einem anderen Körperteil? Bei einem oder mehreren Gedanken? Einem Geräusch von draußen? Vielleicht bei Furcht, Sorgen oder Beunruhigung? Ganz gleich, wo Ihr Geist hinwandert, lenken Sie Ihre Aufmerksamkeit geduldig und freundlich an die Stelle in Ihrem Körper zurück, an der Sie sich auf das Gefühl des Atems konzentrieren. Loben Sie sich selbst dafür, dass Sie das Abschweifen Ihrer Aufmerksamkeit bemerkt haben. Sie haben keinen Fehler oder irgendetwas falsch gemacht. Das ist die Gewohnheit jedes Geistes. Der Geist wird immer herumschweifen. Es zu bemerken, wenn der Geist herum-

schweift, stellt einen Moment von Achtsamkeit dar. Es ist ein Teil des Geistestrainings, das Sie auf sich genommen haben.

11. Halten Sie Ihren Bauch weich. Achten Sie darauf, wenn Ihr Körper sich anspannt. Lassen Sie ihn, so gut Sie können, weich werden und sich entspannen. Bemühen Sie sich nicht zu sehr. Versuchen Sie nicht, irgendetwas herbeizuführen. Versuchen Sie nicht einmal, ein „guter" Meditierender zu werden. Achten Sie einfach, so gut es Ihnen möglich ist, mit nicht-urteilender, zulassender Bewusstheit auf die Empfindungen des Atmens. Belassen Sie die Dinge, wie sie sind. Lassen Sie Ablenkungen los. Kehren Sie mit Ihrer Aufmerksamkeit zu Ihrem Atem zurück.

12. Bitte üben Sie bis zum Ende ihrer formalen Meditationszeit auf diese Weise weiter. Es ist in Ordnung, dass Sie ab und zu die Augen öffnen und auf die Uhr sehen. Achten Sie einfach darauf, ob Sie sehr oft nachsehen. Kontrollieren Sie, wenn das der Fall sein sollte, den Körper auf Spannungen und den Geist auf Zerstreuung, Langeweile oder Ungeduld hin. Belassen Sie diese, wie sie sind, und lenken Sie Ihre Achtsamkeit sanft zur Wahrnehmung des Atems zurück. Öffnen Sie sich weiterhin, so sehr es Ihnen möglich ist, und fühlen Sie unmittelbar jeden Atemzug, so gut Sie können.

13. Wenn Ablenkungen wie Furcht, Beklemmung, Unruhe, Langeweile oder Schläfrigkeit intensiv werden und Beachtung fordern, stellen Sie das einfach freundlich fest. Bemerken Sie jede Neigung, sie bekämpfen zu wollen. Versuchen Sie, alles so zu belassen, wie es ist. Atmen Sie mit den Ablenkungen ein und aus, und konzentrieren Sie sich dabei auf den Atem. Lassen Sie die Ablenkungen zu. Atmen Sie bewusst durch sie ein und aus. Wenn die Ablenkungen aber immer noch zu stark sind, können Sie versuchen, sich noch stärker und direkter auf die Empfindung des Atems zu konzentrieren. Versuchen Sie, sich auf einen kleineren Bereich im Körper zu konzentrieren und die Empfindung noch genauer und kontinuierlicher wahrzunehmen. Auf diese Weise verstärken Sie Ihre Konzentration. Sie werden eine Stabilität in Ihrem Innern entdecken.

Seien Sie geduldig mit sich selbst. Diese Dinge gelingen nicht beim ersten Versuch. Der Geist schweift herum. Das ist eine Tatsache. Es geht hier um eine Praxis, die einige Mühe und Ausdauer verlangt. Sie müssen Ihr persönliches Gleichgewicht finden zwischen der Bemühung, präsent genug zu sein, und zu großer Anstrengung. Jedes Mal wird Ihre Praxis anders sein. Sie lernen, wie man in verschiedenen Situationen achtsam atmet: den Atem finden, ihn zulassen und mit allen und durch alle Ablenkungen atmen.

14. Öffnen Sie sachte die Augen, wenn das Ende Ihrer formalen Meditationszeit gekommen ist, bewegen Sie Ihre Finger und Zehen und dehnen Sie Ihren Körper, wenn Sie möchten. Achten Sie darauf, wie Sie sich fühlen, und lassen Sie dann dieses Gefühl los. Versuchen Sie nicht, eine bestimmte Meditationssitzung oder Ihr Gefühl danach zum Standard dafür zu machen, wie alle anderen sein sollten. Lassen Sie die nächste Sitzung einfach so sein, wie sie ist. Lassen Sie diese Übungssitzung für sich stehen. Wenn Sie im Geiste dazu neigen, einzelne Sitzungen miteinander zu vergleichen und sie zu beurteilen, stellen Sie dies nur fest und lassen Sie es los. Sie haben keinen Fehler mit dem Vergleich gemacht. Es ist die Gewohnheit des urteilenden Geistes. Seien Sie milde mit sich. Lassen Sie es einfach los.

Vorschläge zur Praxis des achtsamen Atmens

Sich des Atems bewusst zu sein ist eine grundlegende formale Meditationspraxis. Durch formlose Praxis kann es zu einem wesentlichen Teil Ihrer Daseinserfahrung werden. Sowohl die formale als auch die formlose Praxis des achtsamen Atmens werden dazu beitragen, dass sich Ihre Beziehung zur Angst verändert.

Die formale Meditationspraxis

Nehmen Sie sich mindestens 20 bis 30 Minuten Zeit für jede formale Meditationssitzung. Sie können auch länger meditieren, wenn Sie möchten. Dieses Maß an Übung wird Ihnen Zeit geben, verschiedene Dinge in Ihrer Meditation zu erfahren, und es wird Geist und Körper ein wenig zur Ruhe kommen lassen. Wenn Sie Widerstände gegen das Üben verspüren, versuchen Sie sie loszulassen. Üben Sie weiter. Erinnern Sie sich daran, dass es Ihnen nicht zu gefallen braucht, Sie brauchen es nur zu tun!

Versuchen Sie, an mindestens fünf von sieben Tagen zu üben. Der Nutzen, den Sie aus der Achtsamkeit ziehen werden, hängt direkt von Ihrer Praxis ab. Selbst wenn Sie nicht so viel Zeit wie sonst zum Üben haben, meditieren Sie so viel wie möglich in der Zeit, die Sie haben.

Wenn andererseits etwas dazwischenkommt und Sie deshalb an einem Tag nicht üben können, dann lassen Sie sich nicht entmutigen und geben Sie nicht auf. Das widerfährt jedem einmal. Fangen Sie nur so bald wie möglich wieder an.

Bauen Sie Ihre Praxis so auf, dass Sie keine schriftlichen oder aufgenommenen Anweisungen brauchen. Für den Anfang ist es in Ordnung, diese Hilfsmittel zu benutzen, aber die eigentlichen Meditationsanweisungen sind nicht kompliziert. Schließlich sollten Sie die Achtsamkeit auf das Atmen ohne äußere Hilfsmittel praktizieren können.

Formlose Meditationspraxis

Formlose Meditationspraxis bedeutet, sich während des Tages Zeit zu nehmen, innezuhalten und die Praxis in verschiedenen Situationen auszuführen. Sie werden feststellen, dass Sie alle Meditationsübungen in diesem Buch formal (ausdrücklich und hauptsächlich in längeren Sitzungen) oder formlos (explizit, aber nur hier und da einen Moment im Alltag) machen können. Probieren Sie folgende formlose Praxis der Achtsamkeit auf den Atem aus: Halten Sie inne und atmen Sie bewusst. Üben Sie sich darin, mit dem Geschehen ein- und auszuatmen. Üben Sie dies oft. Experimentieren Sie damit. Spielen Sie damit. Entdecken Sie die Kraft der Aufmerksamkeit und Präsenz in Ihrem Leben.

Lassen Sie jede Erwartung auf ein bestimmtes Resultat los. Versuchen Sie nicht, irgendetwas herbeizuführen oder etwas zu verändern. Bringen Sie Neugierde und Entdeckungslust in Ihr Leben und in diese Praxis. Wie wäre es, vor, nach oder während verschiedener Situationen auf den Atem zu achten? Beurteilen Sie sich nach nichts, besonders nicht nach Gefühlen der Ruhe oder Entspannung. Dies ist eine Bewusstheits- und Aufmerksamkeitsübung. Ruhe und Wohlbefinden können daraus hervorgehen, aber sie sind nicht das vorrangige Ziel.

Denken Sie daran

In diesem Kapitel haben wir die Aufmerksamkeit auf den Atem als eine Methode der Achtsamkeit eingeführt und geübt. Dadurch, dass Sie gezielt auf Ihren Atem achten, ihn zulassen und ihn in verschiedenen Situationen wahrnehmen, können Sie Ihre Reaktionsgewohnheiten durchbrechen und stattdessen einen Bezug zu Ihrem Erleben herstellen, der Ihnen Freiheit bringt.

Versuchen Sie diese Achtsamkeitspraxis auf den Atem als eine Freundin zu betrachten. Nehmen Sie sie in alles hinein, was Sie tun. Sie brauchen das nicht als lästige Pflicht oder Aufgabe zu betrachten. Sie atmen sowieso schon. Beginnen Sie einfach nur damit, dem, was sowieso schon stattfindet, öfter Aufmerksamkeit zu schenken.

10

Auf den Körper achten

Wenn das Angstsystem des Körpers, das durch die Amygdala agiert, aktiviert ist, rüttelt es Körper und Geist wach.

Die Muskeln ziehen sich zusammen, es kommt zu Engegefühlen in Brust und Hals, verbunden mit der Angst, nicht mehr atmen zu können. Das Herz beginnt zu rasen. Die Atmung wird schnell und flach. Man schwitzt übermäßig, zittert und bebt. Zucker wird aus den Speichern im Körper ins Blut freigegeben. Das Denken wird verwirrt und verlangsamt oder es beschleunigt sich. Die Gedanken kreisen um beängstigende, unangenehme Themen.

Die bei der Angstreaktion auftretende Erfahrung könnte man den *Angst-Körper* nennen. Aus der Perspektive der Achtsamkeit im gegenwärtigen Moment kann man sagen: „Jetzt ist der Körper von Angst erfüllt."

Der Angst-Körper ist nicht leicht zu ignorieren. Wenn er vorhanden ist, wird der Geist aufgeregter und tauscht immer mehr Informationen mit dem Körper aus. Die Körperempfindungen intensivieren sich. Alarmierende Gedanken tauchen auf und werden stärker. Ihr Innenleben begibt sich in den Notfall-Modus.

Die Gefühle von Furcht und Beunruhigung scheinen sich von dem Erleben, das sich im Körper und im Geist breit macht, zu nähren. Es ist so, als schütte man Benzin in ein Feuer. Panik und Angst entflammen und wüten schwer im Körper. Der Angst-Körper fühlt sich immer massiver an. Während dies passiert, erfüllt eine Flut von Gedanken und Sorgen den Geist. Und so geht es immer weiter.

Dies ist der Teufelskreis, in dem Menschen mit einer Panikstörung oft gefangen sind. Diesen Kreis zu durchbrechen, bei dem die Körperempfindungen zu angsterfülltem Denken führen, was wiederum zu noch mehr körperlichen Empfindungen führt, ist schwierig, aber notwendig, um mit Furcht, Angstgefühlen oder Panik zurechtzukommen.

Man braucht jedoch keine Panikstörung zu haben, um zu fühlen oder festzustellen, wenn der Körper von Angst erfüllt ist. Ganz gleich, was die Ursache dafür ist, man *fühlt* das aus dem eigenen Innern kommende Erleben sehr direkt. Solange es vorhanden ist, lebt man in diesem Angst-Körper.

Der Angst-Körper fordert Aufmerksamkeit. Diese Erfahrung ist so stark, dass der Geist vollkommen von den Reaktionen auf den Körper in Beschlag genommen werden kann. Es stellt sich also die Frage, wie man mit etwas so Intensivem und Forderndem wie dem Angst-Körper arbeiten kann.

Die Antwort auf diese Frage führt uns wieder zu einem Paradox der Achtsamkeit: Die besten Ergebnisse stellen sich ein, wenn man die Anhaftung an irgendein gewünschtes Ergebnis loslässt und die Dinge einfach nur so erlebt, wie sie sind.

Um Achtsamkeit zu praktizieren, muss man sich ihres Objekts bewusst sein und einen Kontakt dazu herstellen und aufrechterhalten. Wenn Sie möchten, dass die Achtsamkeit Ihnen dabei hilft, mit der Beunruhigung und dem Unbehagen des Angst-Körpers zurechtzukommen, ist es entscheidend, dass Sie Ihre Bewusstheit und den Kontakt zu Ihrem Körper, *genau wie dieser* in jedem Moment *ist,* wahrnehmen und aufrechterhalten.

Dies zu tun bedeutet, die körperliche Erfahrung unmittelbar zuzulassen und diese Erfahrung, genauso wie sie gerade ist, zu akzeptieren. Am besten ist es, wenn Sie dies zur Umgangsform mit dem Leben in Ihrem Körper machen. Wir können sie „*Achtsamkeit auf den Körper*“ nennen oder „*Den eigenen Körper mit Bewusstheit bewohnen*“.

Wie Sie aufmerksam sind, ist wichtig. Besonders wenn der Angst-Körper oder physischer Schmerz anwesend sind, ist es wichtig, Entspannung zu üben und der intensiven Verspannung und

Verkrampfung Raum zu geben. Im Laufe der Zeit werden Sie durch beständige Übung lernen, die Begrenzungen des Schmerzes und der Verkrampfung zu entdecken und diese einem weiteren Bereich von Raum und Stille zu öffnen. Mit Übung und Erfahrung dieser inneren Landschaften werden Sie das nötige Vertrauen entwickeln, um dem Schmerz und der Verkrampfung des Angst-Körpers zu begegnen und sie zu transformieren.

Wenn Ihr Körper so das Objekt Ihrer Achtsamkeit ist, wird Ihre Meditationspraxis zur Aufmerksamkeit und zur Bewusstheit des Körpers in den verschiedensten Situationen. Sie sind dann präsent beim Sitzen, Gehen, Stehen und im Liegen. Wenn Sie in der Lage sind, jederzeit und in jeder Haltung für das körperliche Erleben präsenter zu sein, werden Sie beim Auftauchen des Angst-Körpers die nötige Konzentration und Flexibilität der Aufmerksamkeit entwickelt haben, um mit allem, was geschieht, richtig umgehen zu können.

Die eigene Körperbewusstheit erhöhen

Haben Sie jemals innegehalten und darüber nachgedacht, wie selten Sie Ihrem Körper Aufmerksamkeit schenken, wenn der Angst-Körper oder ein anderes körperliches Unbehagen *nicht* auftreten? Wie viel von Ihrem Leben leben Sie ‚oberhalb der Nase'? Wie viel Zeit, Aufmerksamkeit und Energie verwenden Sie auf geistige Aktivitäten wie das Denken, das Planen oder das Erinnern?

Die Menschen scheinen dem, was ‚unterhalb der Nase' liegt, nur wenig Aufmerksamkeit zu schenken, es sei denn, der Körper schreit nach etwas zu essen, er muss sich entleeren, will Sex, empfindet Schmerzen oder hat irgendein anderes unmittelbares Bedürfnis. Selbst dann, wenn man gerade dieses Bedürfnis befriedigt, wandert die Aufmerksamkeit oft schon wieder zurück an den Ort oberhalb der Nase.

Diese Gewohnheit, oberhalb der Nase oder außerhalb des Körpers zu leben, ist weit verbreitet. Die Menschen unternehmen sogar beträchtliche Anstrengungen, um ihre Aufmerksamkeit oberhalb der Nase zu halten. Sehen Sie sich nur irgendein Fitnessstudio oder einen Gesundheitsverein an. Haben Sie jemals bemerkt, wie viele Menschen lesen oder Kopfhörer aufhaben, während sie ihren Körper trainieren? Ist ihre Aufmerksamkeit unterhalb ihrer Nase? Oder ist sie bei der Zukunft, der Vergangenheit oder einem Tagtraum?

Natürlich bewegen sich die Menschen aus vielen Gründen mit ihrer Aufmerksamkeit vom Körper weg. Sie reichen von arbeitsmäßiger Überlastung mit dem Versuch, viele Dinge gleichzeitig zu tun, über Nicht-Verstehen der Vorteile von Präsenz bis hin zu einem tieferen Unbehagen und Sich-nicht-wohl-Fühlen mit dem Körper. Manchmal kommt sogar ein beunruhigendes Gefühl der Entfremdung vom Körper vor.

Diese Entfremdung vom Körper erfordert Aufmerksamkeit und Heilung. In manchen Fällen ist die Entfremdung so tief und die sie verursachenden Wunden sind so schmerzhaft, dass eine Therapie in Verbindung mit Achtsamkeit notwendig ist. In anderen Fällen können die Gewohnheiten von Unaufmerksamkeit, Geistesabwesenheit und mangelnder Verbindung zum Körper durch die Achtsamkeitspraxis allein korrigiert werden. Auf jeden Fall ist es für den Heilungs- und Transformationsprozess sehr förderlich, wenn Sie sich selbst beibringen, Ihrem Körper achtsame Aufmerksamkeit zu schenken.

In diesem Kapitel werden Sie eine Meditationspraxis erlernen, die „Bodyscan" heißt. Sie werden auch eine Gehmeditation erlernen. Es gibt noch weitere Bewegungsdisziplinen, die sich an Achtsamkeit orientieren, wie Yoga, Tai Chi und Chi Gong. Es würde den Rahmen dieses Buches sprengen, detaillierte Anweisungen zu diesen anderen Praktiken zu erteilen, aber es sind viele hervorragende Bücher und Videofilme darüber erhältlich und Yogakurse werden vielerorts angeboten.

Viele Menschen stellen fest, dass eine achtsame körperbezogene Praxis sie befähigt, ihren Körper ganz neu zu spüren und ihn tief zu bewohnen. Dies führt zu einem positiven Daseinsgefühl in und mit ihrem Körper. Traurigerweise haben viele Menschen seit ihrer Kindheit – wenn überhaupt – keine so tiefe positive Erfahrung in oder mit ihrem Körper gemacht.

Meditationsübung: Der Bodyscan

Beim Bodyscan lenkt man liebevolle, zulassende, nicht-urteilende und nichts anstrebende Aufmerksamkeit auf den Körper selbst. Die Aufmerksamkeit wird so direkt und so detailliert wie möglich auf jeden Körperteil gerichtet. Man geht mit ihr systematisch den Körper durch und lässt keinen Teil oder Bereich aus. Die konzentrierte Aufmerksamkeit wird dadurch unterstützt, dass man das achtsame Atmen mit den Empfindungen in jeder Körperregion verbindet. Man übt sich darin, zuzulassen, den eigenen Körper tief von innen her zu spüren, während man in jeden Bereich hinein- und wieder aus ihm herausatmet.

Achtsame Aufmerksamkeit auf den Körper führt zu einem tieferen Gefühl der Verbindung und zu einer tieferen Bewusstheit des Körpers. Man macht die Erfahrung, den eigenen Körper mit einem tieferen, stetigeren Gefühl von Ruhe und entspannter Aufmerksamkeit zu bewohnen. Die Fähigkeit, sich auf jeden beliebigen Körperteil zu konzentrieren und präsent bei ihm zu bleiben, wird viel größer, und der Körper selbst kann sich tief entspannen. All diese Vorteile schaffen eine starke Grundlage dafür, mit dem Angst-Körper in Beziehung zu treten und achtsam mit ihm umgehen zu können, wann immer er auftritt.

Meditationsanleitung: Der Bodyscan

1. Nehmen Sie eine angenehme sitzende oder liegende Haltung ein mit stützenden Kissen unter dem Kopf und den Kniekehlen. Viele Menschen machen den Bodyscan lieber im Liegen, und das funktioniert gut, solange man sich daran erinnert, dass dies eine Übung zum Erwachen ist und nicht zum Einschlafen! Achten Sie darauf, dass Ihnen warm genug ist. Nehmen Sie sich genügend Zeit, um die Übung langsam auszuführen, mindestens 30 Minuten, und üben Sie sich darin, noch langsamer vorzugehen, wenn Sie mit der Meditation vertraut sind. Schließen Sie die Augen, wenn Sie dazu bereit sind.

2. Wenn Sie zur Ruhe gekommen sind, erinnern Sie sich einige Augenblicke lang an die Schlüsselhaltungen, die die Grundlage für die Achtsamkeitspraxis bilden. Erinnern Sie sich speziell daran, nach nichts zu streben, nicht zu urteilen und alles zu akzeptieren. Dies ist von entscheidender Bedeutung, wenn es darum geht, zu entdecken, wie sich Ihr Körper jetzt im Moment anfühlt.

3. Spüren Sie den Atem, wie er in Ihren Körper hinein- und wieder hinausströmt. Entspannen Sie sich und fühlen Sie den ganzen Körper. Fühlen Sie seine Masse. Fühlen Sie die Kontakt- und Stützpunkte mit dem Stuhl oder dem Boden. Versuchen Sie nicht, irgendetwas von dem, was Sie fühlen, zu verändern. Lassen Sie es einfach sein. Sie sind hier, um das Erleben des Körpers genau so anzunehmen, wie es ist. Bei der Übung geht es darum, den Körper zu erfahren und nicht darum, über ihn nachzudenken.

4. Richten Sie Ihre Aufmerksamkeit auf die Zehen Ihres linken Fußes. Spüren Sie sie, so gut Sie können. Versuchen Sie nach einer Weile, Ihre Atmung zu Ihren Zehen hinein- und hinauszulenken. Fühlen Sie, wie sich der Atem zu den Zehen hin und von ihnen weg im ganzen Körper ausbreitet. Machen Sie dies nicht zu einem Bild in Ihrem Geist. Entspannen Sie sich einfach und schauen Sie, mit wie vielen der ablaufenden Empfindungen des Atmens und in den Zehen Sie sich verbinden können. Versuchen Sie durch die Wahrnehmung des Atems, der durch Ihre Zehen ein- und ausfließt, Ihre Konzentration darauf zu schärfen, was Sie in den Zehen fühlen. Es ist, als ob Sie präsenter würden und sich stärker auf die Empfindungen in den Zehen konzentrierten, wenn Sie diese in Ihren Atem einbetten.

5. Wenn Sie keine Empfindungen haben, dann stellen Sie dies einfach nur fest. Gestatten Sie sich, „keine Empfindungen“ zu haben. Beobachten Sie, ob Ihr Geist eine Geschichte hierüber erfindet, und lassen Sie die Geschichte los. Kehren Sie zur Zehenregion zurück.

6. Spüren Sie Veränderungen der Empfindungen in der Zehenregion. Spüren Sie die Temperatur, den Kontakt mit den Socken oder den Schuhen oder der Luft. Schärfen Sie Ihre Aufmerksamkeit, so sehr Sie können. Nehmen Sie die Empfindungen so detailliert wie möglich wahr, Zehe um Zehe und bleiben Sie beim direkten Erleben und bei den Empfindungen des ein- und ausströmenden Atems. Lassen Sie die Empfindungen kommen und gehen. Erlauben Sie ihnen, sich auf natürliche Weise wieder aufzulösen.

7. Wenn Sie bereit sind weiterzugehen, nehmen Sie einen tieferen Atemzug und beenden Sie die Konzentration auf die Zehen. Richten Sie die Aufmerksamkeit ein paar Atemzüge lang auf die Wahrnehmung des Atems, und wiederholen Sie dann Schritt 4, 5 und 6, wobei Sie sich auf die Fußsohle konzentrieren. Gehen Sie dann weiter zur Ferse, zur Oberseite des Fußes und zum Knöchel. Arbeiten Sie so mit dem Atem und den körperlichen Empfindungen weiter. Fahren Sie fort, die Bewusstheit des Atems in jeden Bereich hinein auszudehnen und wieder herauszunehmen, während Sie in Übereinstimmung mit den körperlichen Empfindungen, die Sie dort entdecken, ein- und ausatmen. Betten Sie die Empfindungen in jeder Region in den Atem ein. Die körperlichen Empfindungen sind das vorrangige Objekt der Aufmerksamkeit, während Ihnen das Ein- und Ausatmen hilft, in Kontakt und präsent zu bleiben.

8. Bewegen Sie sich auf die gleiche Weise durch die Bereiche im linken Bein bis hin zum Hüftgelenk. Konzentrieren Sie sich weiterhin auf die Empfindungen in jedem Bereich – im Unterschenkel, im Knie, im Oberschenkel –, während Sie ein- und ausatmen. Lassen Sie dann die Empfindungen in jedem Bereich wieder los, bleiben Sie beim Atem und gehen Sie zum nächsten Bereich weiter. Seien Sie, immer wenn Ihre Aufmerksamkeit abschweift, geduldig mit sich selbst, und lenken Sie Ihre Aufmerksamkeit freundlich auf den Bereich, auf den Sie sich gerade konzentrieren, und auf die mit dem Atem verbundenen Empfindungen zurück.

9. Bewegen Sie sich auf diese Weise langsam weiter durch den Rest Ihres Körpers. Gehen Sie den rechten Fuß und das rechte Bein durch, das Becken, den Unterleib und den unteren Teil des Rückens. Wandern Sie durch die Brust und den oberen Rücken. Machen Sie weiter mit den Schultern. Gehen Sie die Finger, Hände und Arme durch – zuerst auf der einen Seite, dann auf der anderen –, und kehren Sie zu den Schultern zurück. Konzentrieren Sie sich weiterhin auf die Empfindungen und den Atem, während Sie mit Ihrer Aufmerksamkeit von Bereich zu Bereich wandern. Gehen Sie weiter zum Hals, Kopf und allen Teilen des Gesichts, einschließlich der Mundhöhle und dem Inneren des Halses.

10. Gestatten Sie sich, wenn Sie alle Regionen Ihres Körpers durchgegangen sind, mit dem Atem und dem Körper, so wie sie sind, auszuruhen. Lassen Sie die Atemempfindungen oben durch die Schädeldecke hereinkommen, so als hätten Sie dort eine große Öffnung, spülen Sie den ganzen Körper mit dem Atem durch und lassen Sie ihn durch die Zehen beider Füße gleichzeitig austreten. Bleiben Sie, solange wie Sie möchten, bei dieser Richtung – Einatmen durch den Kopf, durch den Körper hindurch und Ausatmen durch die Zehen –, und versuchen Sie danach, die Richtung zu wechseln. Atmen Sie durch die Zehen ein, bewegen Sie den Atem durch den Körper und lassen Sie ihn oben aus dem Kopf austreten. Machen Sie das, solange Sie wollen.

11. Wenn Sie all das gemacht haben, spüren Sie Ihren Körper vielleicht nicht einmal mehr. Seien Sie nicht besorgt darüber. Gestatten Sie sich einfach, in der vorhandenen Stille und Ruhe zu verweilen. Werden Sie sich des tiefen Friedens und des Wohlbefindens bewusst, die bei der Körpererfahrung möglich sind. Erkennen Sie, wie viel Macht und Autorität Sie besitzen.

12. Nehmen Sie einfach wahr, wenn Sie bereit sind, mit der Übung aufzuhören, atmen Sie ein paar Mal tiefer durch, öffnen Sie die Augen und beginnen Sie, den Körper langsam zu bewegen.

Praktizieren Sie den Bodyscan täglich, besonders in der ersten Zeit, wenn Sie Ihre Achtsamkeitspraxis aufbauen. Sie können auch mit bestimmten Bereichen üben, ohne den ganzen Körper durchzugehen. Versuchen Sie bei einem bestimmten Bereich immer mehr ins Detail zu gehen, indem Sie sich beispielsweise Zentimeter um Zentimeter oder Millimeter um Millimeter über das Gesicht oder den unteren Rücken bewegen. Erfinden Sie Ihre eigene Übung. Entwickeln Sie ein angenehmes Gefühl und Zuversicht im Hinblick darauf, mit Ihrem Körper in Kontakt zu treten.

Meditationspraxis: Achtsames Gehen

Die Aktivität des Gehens bietet eine hervorragende Gelegenheit, in den gegenwärtigen Moment zu kommen. Achtsames Gehen bedeutet, dass man die Achtsamkeit primär auf den Vorgang des Gehens ausrichtet. Auf diese Weise verbinden die Empfindungen und das Erleben des Gehens, ebenso wie bei der Atembewusstheitspraxis, Geist, Körper und den gegenwärtigen Moment miteinander. Zudem werden Sie durch das achtsame Gehen anfangen, bewusster in Ihrem Körper zu wohnen, wenn er sich bewegt.

Achtsames Gehen kann als formale oder formlose Meditationspraxis durchgeführt werden, als eine Art und Weise, sich inmitten physischer Aktivität und Bewegung mit dem gegenwärtigen Moment zu verbinden. Die Prinzipien des achtsamen Gehens kann man auch auf achtsame Gymnastik oder auf andere Bewegungsarten anwenden.

Meditationsanleitung: Achtsames Gehen

1. Suchen Sie einen Ort, an dem Sie ca. 15 – 20 Schritte ohne Unterbrechung und ohne Hemmungen hin- und hergehen können. Planen Sie, während der Zeit, in der Sie diese formale Meditation ausführen, auf diesem Meditationspfad hin- und herzugehen.

2. Stellen Sie sich an das eine Ende Ihres Pfades und richten Sie Ihre Aufmerksamkeit auf Ihren Körper. Nehmen Sie die vorhandenen Empfindungen wahr. Nehmen Sie eine bequeme Armhaltung ein: Verschränken Sie die Arme auf der Brust oder dem Rücken, oder lassen Sie sie locker herunterhängen. Sammeln Sie Ihre Aufmerksamkeit in den Füßen und nehmen Sie Ihre Empfindungen dort wahr.

3. Heben Sie langsam einen Fuß, und fangen Sie an zu gehen. Besonders am Anfang hilft es, sehr langsam zu gehen. Lassen Sie beim Gehen Ihre Aufmerksamkeit auf den Empfindungen in Ihren Füßen und Beinen ruhen. Achten Sie im Detail auf das Anheben, das Vorstrecken und das Aufsetzen des Fußes auf dem Boden. Beobachten Sie, wie sich das Gewicht beim Gehen von einem Fuß auf den anderen verlagert. Spüren Sie, wie sich Ihre Beine und die Bewegung im Körper anfühlen. Wenn Ihre Aufmerksamkeit abdriftet oder Ihr Geist umherwandert, lenken Sie sie sanft auf die Empfindungen in den Füßen und Beinen zurück.

4. Gehen Sie in dieser Weise bis zum Ende Ihres Pfades. Dort bleiben Sie stehen.

5. Richten Sie Ihre Aufmerksamkeit auf die Erfahrung des Anhaltens. Hören Sie achtsam auf Ihren Körper. Stellen Sie fest, wann das Bedürfnis, sich wieder zu bewegen, aufkommt oder die Absicht, sich umzudrehen und wieder loszugehen. Achten Sie auf das Entstehen der Absicht – diese geht jeder freiwilligen Bewegung im Körper voraus. Kehren Sie um, wenn Sie bereit sind, und machen Sie eine Pause. Bleiben Sie mit Ihrem Körper und den Empfindungen in Ihren Füßen in Kontakt. Beobachten Sie, wie Sie den ersten Schritt vorwärts machen, und wie sich das anfühlt.

6. Praktizieren Sie die Gehmeditation mindestens 15 – 20 Minuten lang in dieser Weise. Bemerken Sie alles, was entsteht. Wenn Gedanken, Geräusche oder irgendetwas anderes Sie stark ablenken, hören Sie auf zu gehen und richten Sie Ihre Aufmerksamkeit da-

rauf. Bleiben Sie achtsam, werden Sie sich der Ablenkung bewusst und lenken Sie dann Ihre Aufmerksamkeit auf die Füße zurück und gehen Sie wieder.

7. Obwohl man sehr langsam zu gehen beginnt, können Sie mit verschiedenen Geschwindigkeiten experimentieren – bis hin zu normaler und schneller Gehgeschwindigkeit, wenn Sie geübter sind. Wenn Sie sehr unruhig oder aufgewühlt sind, hilft es oft, zuerst schneller zu gehen und, sobald Sie konzentrierter und präsenter werden, langsamer zu werden. Beim schnellen Gehen ist es vielleicht einfacher, wenn Sie sich auf eine einzige Empfindung konzentrieren, wie etwa das Abstoßen des rechten Fußes oder das Aufsetzen des linken auf dem Boden. Machen Sie allein diese Empfindung zum Objekt Ihrer Aufmerksamkeit, und benutzen Sie sie dazu, Ihre Aufmerksamkeit inmitten schneller Bewegung zu verankern.

Wenn Sie gehen, um „irgendwohin zu kommen“, üben Sie sich so oft wie möglich darin, achtsam zu gehen. Sie können das bei jeder Geschwindigkeit tun. Wie bei der schnellen Gehmeditation kann es hilfreich sein, sich auf nur eine einzige Empfindung beim Gehen als Anker auszurichten. Machen Sie das Heben des Fußes oder das Aufsetzen auf dem Boden zum Objekt Ihrer Achtsamkeit und bleiben Sie mit dem gegenwärtigen Moment verbunden. Bringen Sie auf diese weise Achtsamkeit in die Alltagsaktivitäten. Genießen Sie, wie Sie dies zu einer engeren Verbundenheit mit dem Leben führen kann. Gehen Sie achtsam in der Natur, in den Wäldern, am Meer. Gehen Sie achtsam, wenn die Zeit drängt und Sie es eilig haben. Gehen Sie achtsam, wenn Sie Angst haben oder beunruhigt sind, und entdecken Sie Ihre Macht, präsent zu sein.

Denken Sie daran

In diesem Kapitel haben wir uns die Intensität und die Anforderungen des Angst-Körpers näher angeschaut. Der Weg, mit dieser

Intensität durch Achtsamkeit zurechtzukommen, besteht darin, es sich zur Gewohnheit zu machen, auf den Körper zu achten. Der Bodyscan und das achtsame Gehen sind zwei Methoden, die Achtsamkeit auf den Körper ins tägliche Leben zu bringen. Wenn Sie bewusstes körperliches Erleben zu Ihrer täglichen Praxis machen, wird der angsterfüllte Zustand des Körpers einfach zu einem weiteren Zustand werden, in dem sich der Körper befinden kann. Durch Atmen und gleichzeitiges Gewahrsein dessen erlangen Sie Freiheit von solcherlei Verzerrungen und Beschränkungen in Ihrem Leben.

11

Dem Leben volle Aufmerksamkeit schenken

Bei Ihrer Übung der Präsenz zeigt sich eine zentrale, tiefe Wahrheit: Sie sind nicht Ihre Gedanken, Gefühle oder Empfindungen. Gleichgültig, wie intensiv, angenehm oder unangenehm die Gedanken, die Gefühle oder die Empfindungen sind, man kann sie im Spiegel der Achtsamkeit beobachten und sehen, dass sie veränderlich und nicht von Dauer sind. Sie sollten sich an diese wichtige Tatsache erinnern, wenn Sie versuchen, sich von den Fesseln der Furcht, Panik oder Angst zu befreien.

Entführt von Verlangen und Ablehnung

Die Angstreaktion und ihre extreme Form, die Panikattacke, sind äußerst unangenehm. Alles in Ihnen schreit danach, davon wegzukommen. Es besteht ein tiefes, beunruhigendes Gefühl von Verletzlichkeit und Ausgeliefertsein. All Ihre körperlichen und psychischen Systeme sind mobilisiert zu Kampf oder Flucht. Aber was kann man tun, wenn – wie bei Angst und Panik – außer dem unangenehmen Gefühl selbst nichts zu Bekämpfendes da ist? Wohin kann man laufen, um wegzukommen, wenn das unangenehme Gefühl innerhalb der eigenen Haut ist? Was kann man tun, wenn die Gefühle so intensiv sind, dass sie sich allen Anstrengungen widersetzen, selbst denjenigen, die darauf abzielen, die Aufmerksamkeit auf den Atem oder ein körperliches Gefühl zu konzentrieren?

Als Menschen haben wir alle tiefe, gewohnheitsmäßige Reaktionsmuster auf die von Moment zu Moment stattfindenden Erlebnisse entwickelt. Diese Reaktionen werden direkt von dem mit der jeweiligen Erfahrung verbundenen angenehmen, unangenehmen oder neutralen Gefühl gesteuert. Die Reaktionen auf dieses angenehme, unangenehme oder neutrale Augenblicksgefühl drücken sich psychisch und physisch aus. Sie selbst sind einfach: Man neigt dazu, an Angenehmem festzuhalten, Unangenehmes abzulehnen oder wegzuschieben und sich „auszublenden" oder den Kontakt zu lösen, wenn keine starke Gefühlsqualität vorhanden ist (wenn sich die Situation also neutral anfühlt).

Zum größten Teil finden diese Reaktionen sehr schnell und unbewusst statt. Gewöhnlich erkennt man nicht, wie viel Energie man dafür aufwendet, an einem angenehmen Gefühl festzuhalten oder ein unangenehmes zu vermeiden. Die eigene Energie wird durch das Verlangen nach dem Angenehmen oder den Widerwillen gegen das Unangenehme geraubt. Was man wahrscheinlich bemerkt, ist das Gefühl von Frustration, von Kampf, Furcht oder Angst. Diese Erfahrungen wiederum entwickeln sich zu weiteren unangenehmen Gefühlen, die man vermeiden oder wegschieben möchte.

Die Neigung, an Erfahrungen festzuhalten oder sie vermeiden zu wollen, hat bedeutsame Auswirkungen. Wenn beispielsweise Furcht, Panik oder Angst mit ihren ganzen Spannungen aufkommen, ist es sehr wahrscheinlich, dass Sie sich in einem vertrauten Muster aus Gedanken, Gefühlen und Handlungen befinden, die darauf abzielen, Sie so schnell wie möglich von dieser Erfahrung zu befreien. Diese Reaktion ist von Aversion oder Widerwillen gegen das, was im Moment vorhanden ist, gelenkt und resultiert in dem verzweifelten Gefühl, das Problem „beheben" oder sofort „etwas tun" zu müssen. Diese gewohnheitsmäßige Reaktion entfaltet sich dann im kognitiven, emotionalen und physischen Bereich. Das unangenehme Gefühl der Reaktion nährt das Gefühl, fliehen zu müssen.

Allens Geschichte

Vor fünf Jahren, als er 47 war, erlitt Allen einen leichten Herzinfarkt. Obwohl er sich gut davon erholte, entwickelte er große Angst davor, an einem weiteren Herzinfarkt zu sterben. Nach einiger Zeit bekam er Panikattacken.

Seitdem hat er verschiedene Ärzte und Psychotherapeuten aufgesucht, die eine Reihe unterschiedlicher Behandlungsformen für seine Panikattacken vorgeschlagen haben. Man hat ihm Medikamente verordnet und ihn Biofeedback und Visualisieren gelehrt. Er hat Psychotherapie bekommen. Er ist in Selbsthilfegruppen gewesen. Aus allem hat er einen gewissen Nutzen gezogen, aber er gibt zu, dass die Panik manchmal zurückkehrt und seine Fähigkeit übersteigt, mit Hilfe der Therapien zurechtzukommen.

Allen hat das Gefühl entwickelt, dass die Panikattacken seine Feinde sind und dass die Panik oft stärker ist als er selbst. Je mehr er über die „Ich-gegen-meine-Panik-Beziehung" nachdenkt, umso deprimierter und hoffnungsloser wird er. Wenn ein Gefühl der Panik in ihm aufkommt, ist seine nächste Erfahrung oft ein Gefühl des Schreckens und der Furcht vor dem, was das bedeutet. Er ist sowohl ein Gefangener seiner Furcht und seiner Sorgen im Zusammenhang mit der Panik als auch in direktem Bezug auf seine Panik geworden.

Allen ist an einen Punkt gekommen, an dem er den unangenehmen Gefühlen seiner Panikattacken mit starker Aversion begegnet. Er möchte sie unbedingt los sein. Die Empfindungen führen jedoch zu weiteren unangenehmen Gedanken. Er beschreibt einen seiner Tiefpunkte folgendermaßen:

„Ich wache mitten in der Nacht zitternd, schwitzend und angsterfüllt auf. Sofort weiß ich, dass ich in dieser Nacht nicht mehr schlafen werde, und fühle mich wütend, hoffnungslos und deprimiert. Ich stehe auf und setze mich in einen bequemen Sessel. Ich versuche, zuerst die Visualisation und dann die Entspannungsübungen zu machen.

Kaum habe ich angefangen, wird die Panik richtig schlimm und lenkt mich ab. Ich versuche es wieder, kann mich aber nicht konzentrieren. Jetzt fühle ich mich sehr unruhig, ja aufgewühlt. Ich versuche, mir eine entspannende Musik anzuhören, aber die Panik verschwindet nicht, und ich fühle mich immer schlechter. Ich werde wütend auf mich selbst. Ich beschimpfe mich leise. Ich hasse es, wenn das passiert, und ich hasse mich selbst dafür, dass ich nicht in der Lage bin, besser damit umzugehen. Alles scheint immer noch schlimmer zu werden. Ich schwitze, mein Herz hämmert, Gedanken über das Sterben rasen mir durch den Kopf. In solchen Momenten denke ich wirklich an Selbstmord. Vielleicht sollte ich es in die Hand nehmen und nach meinen eigenen Vorgaben sterben. Manchmal plane ich das richtig. Dann fange ich mich wieder und denke an meine Frau und an meine Kinder. Das hilft mir, die Selbstmordgedanken loszulassen. Ich würde es nicht tun, ehrlich. Aber ich bin manchmal so verzweifelt, weil ich in diesen schlimmen Situationen anscheinend nichts tun kann, was hilft."

Bei den unangenehmen Gefühlen bleiben

Sagt Ihnen Allens Kampf etwas? Wenn Sie unangenehme Elemente Ihres Lebens als Feinde betrachten, sind Leiden und Ohnmacht fast unvermeidlich.

Die schmerzhaften und beunruhigenden Dinge scheinen nie so schnell zu vergehen, wie man es gerne hätte. Was kann man mit diesen dickköpfigen, unangenehmen Besuchern anstellen?

Ganz gleich, ob Furcht, Panik, Angst, körperlicher Schmerz, Krankheit oder ein Verlust, es wird immer etwas kommen, was Sie nicht vollkommen heilen und wegschieben oder dem Sie nicht entrinnen können. Hier kann Achtsamkeit helfen.

Achtsamkeit lädt Sie ein, sich dem Erlebnis zuzuwenden, anstatt zu kämpfen oder zu versuchen, vor den unangenehmen Gefühlen zu fliehen. Ich möchte Sie ermutigen, mit ruhiger, entspannter Aufmerksamkeit präsent zu bleiben, das Erlebnis zu erforschen und in Kontakt mit ihm zu sein. Eine Befreiung vom Leiden an der unangenehmen Erfahrung tritt ein, wenn man lernt, weicher zu werden, sich zu entspannen und mitten darin präsent und bewusst zu bleiben. Dies erfordert, dass man für das Erleben im Innern Platz schafft und ihm erlaubt, sich in diesem Raum zu entfalten.

Im nächsten achtsamen Atemzug, den man macht, liegt die Erleichterung. Nur ein einziger achtsamer Atemzug kann Ihre Beziehung zum Inhalt Ihres Erlebens in diesem Moment verändern. Der Atem kann Ihnen helfen, sich Ihrer inneren Weite zu öffnen. Indem Sie präsent bleiben und klar sehen, werden Sie nicht nur einen direkten Nutzen aus der veränderten Beziehung zu dem Vorhandenen ziehen, sondern es besteht auch die große Chance, dass Sie zusätzliche Reaktionsmöglichkeiten entdecken, die die Situation verbessern können.

Bis jetzt haben Sie Achtsamkeit durch die Konzentration auf Ihre Empfindungen beim Atmen und auf Ihr körperliches Erleben praktiziert. Bei diesen Meditationsübungen lag der Schwerpunkt auf einem eingegrenzten Fokus der Aufmerksamkeit und auf der Entdeckung, wie die Achtsamkeit Sie eng mit dem Objekt Ihrer Aufmerksamkeit verbinden kann, während Sie sich darauf konzentrieren.

Wenn die Aufmerksamkeit abwanderte, bestand die Übung darin, sie wieder sanft zum Atem oder zu den körperlichen Empfindungen zurückzulenken. Bei Ablenkungen oder einfach als Weg, um Ihre Aufmerksamkeit zu erhöhen, haben Sie sich auch darin geübt, in starke Ablenkungen oder in bestimmte Körperregionen hinein- und aus ihnen herauszuatmen. Auf diese Weise haben Sie die realen Empfindungen des Ein- und Ausatmens benutzt, um mit dem Fokus ihrer Meditation und dem gegenwärtigen Moment verbunden zu bleiben. Dies hilft Ihnen, mit starken psychischen Zuständen wie Furcht, Angst und Panik in Kontakt zu bleiben und zu arbeiten.

Aufmerksamkeit auf die Empfindungen des Atems verankern Sie im gegenwärtigen Augenblick, wenn die gewohnheitsmäßigen Kräfte des Widerstands und der Zerstreuung besonders stark sind. Indem Sie Ihre Aufmerksamkeit auf die Empfindungen des Atems festigen, öffnen Sie das Tor zu einer größeren Bewusstheit von allem, was in diesem Augenblick geschieht.

Denken Sie auch daran, dass sich Achtsamkeit nicht nur auf den Atem richtet, sondern auf *alle* Erfahrungen, die vor Ihnen erscheinen. Entscheidend ist, diese Erfahrungen mit freundlicher und zulassender Aufmerksamkeit zu beobachten und immer wieder dorthin zurückzukehren, wenn Sie abschweifen.

In diesem Kapitel wollen wir zu einer umfassenderen Sicht Ihrer Achtsamkeitspraxis finden.

Sie können jetzt die jeweils dominanteste oder hartnäckigste Erfahrung zum Objekt Ihrer Achtsamkeit machen. Nichts ist ausgeschlossen von Ihrer freundlichen, zulassenden Aufmerksamkeit. Bei dieser Methode gibt es keine „Ablenkungen". Alles, was aufkommt, wird zum Gegenstand der Achtsamkeit. Ihre Praxis führt Sie durch Aufmerksamkeit und Bewusstheit zu intimer Nähe mit jeder Erfahrung, jeder „Ablenkung".

Aus dieser erweiterten Perspektive heraus wird das Leben in jedem Augenblick tiefer und reicher. Die Praxis besteht darin, buchstäblich mit allem, was sich präsentiert, mit erhöhter Sensibilität in Kontakt zu treten.

Indem Sie sich in Bewusstheit öffnen, vertiefen sich Ihr Erkennen und Ihr Verstehen von Gewohnheiten wie Ablehnung und Verlangen. Wenn dieses Verstehen wächst, werden Sie immer standfester und Sie können die alten Gewohnheiten des Festhaltens oder Vermeidens von Erfahrungen und das Leiden, das diese hervorbringen, aufgeben.

Ihr angestrebtes Ziel loslassen können

Sie fragen sich jetzt vielleicht: „Wie kann ich präsent bleiben, wenn die Sorgen, die Panik oder die Furcht so groß sind?" Vielleicht haben Sie schon wirkliche Erfolge gehabt, als Sie Ihren Geist und Ihren Körper durch Bewusstheit beim Atmen und Bodyscanning beruhigt und entspannt haben, und Sie wollen sich vielleicht nicht den „schlechten" Gefühlen gegenüber öffnen, von denen Sie so mühsam wegzukommen versuchen. Sie haben vielleicht die Bewusstheit beim Atmen oder beim Bodyscan dazu benutzt, um die Angst oder die Panik „zum Verschwinden zu bringen", und sogar manchmal gedacht, dass Sie das bei einigen Gelegenheiten auch geschafft hätten. Wenn Sie sich mit irgendeinem dieser Gedanken oder ähnlichen identifizieren, sind Sie immer noch in der Ich-gegen-mein-Problem-Mentalität gefangen. Und Sie sind damit nicht allein! Dies ist sehr verbreitet, und Sie sollten sich im Klaren darüber sein, dass Sie nichts falsch gemacht haben. Aber es ist wichtig, dass Sie nicht in dieser Haltung stecken bleiben.

Wenn Sie versucht haben, „die Meditation dazu zu benutzen", um die Angst „zum Verschwinden zu bringen", erkennen Sie das einfach nur an. Es ist ein Beispiel für die tatsächliche Macht der Gewohnheit, an Erlebnissen festhalten oder sie vermeiden zu wollen.

Es ist hilfreich, zu erkennen, wie der Wunsch, Ihre Situation zu verändern oder von Schmerz, Furcht und Angst frei zu werden, getrieben wird von starken Gefühlen der Abneigung gegen das gegenwärtige Geschehen.

Achtsame und freundliche Aufmerksamkeit sind ein wirksames Hilfsmittel gegen dieses Nicht-Mögen und die Abneigung. Ebenso wichtig sind inmitten des Aufruhrs Freundlichkeit und Mitgefühl sich selbst gegenüber. Wenn Sie lernen, größeren inneren Raum für den Aufruhr zu entdecken und zu schaffen und mitfühlend sich selbst gegenüber sind angesichts Ihres Leides, dann werden Sie den festen Griff dieser negativen, gewohnheitsmäßigen Energien lockern und schließlich lösen können.

Die Fertigkeit und Kunst der Meditation richtet sich genau auf das Erkennen des Aufruhrs und der Abneigung – darauf, inneren Raum und Weite zu finden und den Erfahrungen mit Freundlichkeit und Mitgefühl zu begegnen.

Dem inneren Aufruhr geschickt und angemessen entgegenzutreten lernen Sie durch Ihre tägliche formale und formlose

Achtsamkeitspraxis in den verschiedensten Lebenssituationen. Außerdem brauchen Sie Entschlossenheit und Mut, wenn Sie Ihre Reaktionen auf den inneren Aufruhr und Schmerz grundlegend ändern wollen.

Stellen Sie sich der Herausforderung, sich Ihre eigene bisherige Erfahrung genauer anzuschauen. Es ist entscheidend zu erkennen, wann der Drang, etwas „zu reparieren" oder zu verändern, vorhanden ist. Diesen Drang muss man wie alles andere zum Objekt der eigenen Achtsamkeit machen. Ist jetzt nicht eine gute Zeit dafür? Können Sie sich Ihrem Verlangen gegenüber öffnen, die Dinge ändern oder reparieren zu wollen, und diesen Drang einfach vorhanden sein lassen und ihn zum Objekt Ihrer Aufmerksamkeit machen?

Wenn Sie irgendeinen Nutzen bei Ihrer Meditation festgestellt haben, war es aller Wahrscheinlichkeit nach deshalb, weil Sie bei Ihrer Praxis nichts angestrebt, nicht geurteilt, sondern akzeptiert und die übrigen Schlüsselhaltungen angewandt haben. Wenn Sie frustriert waren und gesagt haben: „Es scheint nicht zu funktionieren", hatten Sie wahrscheinlich ein Ziel oder ein Ergebnis, das Sie sich wünschten und von dem sie nicht das Gefühl hatten, dass es sich einstellte. Wahrscheinlich haben Sie Frieden, Entspannung, Freiheit von Gedanken, Sorgen usw. angestrebt und dabei über sich selbst, über die Meditation und wahrscheinlich auch über dieses Buch Urteile gefällt.

Ihr gesamtes Erleben miteinbeziehen

Denken Sie daran, dass Achtsamkeitspraxis bedeutet, Möglichkeiten zu erforschen, überall im eigenen Leben bewusster und wacher zu sein. Sie erfordert, dass man sich des ganzen Bereiches des eigenen inneren Erlebens bewusst wird und Vertrauen hat, dass man mit all diesen Erlebnissen in Berührung kommen und sie zulassen kann. Sie lädt ein zu einer mitfühlenden Verbundenheit mit den Inhalten Ihres Innenlebens und einer echten Bereitschaft, jeden davon zuzulassen und zu erfahren.

In diesem Sinne wird Achtsamkeitspraxis zu einem Wachstums- und Selbstentdeckungsprozess, getragen von Güte und Mitgefühl für Ihren eigenen Schmerz und Kummer. Es ist eine Kunst, die man sich selbst beibringt. Gestatten Sie sich, beim Erlernen dieser Kunst in Ihrem eigenen Tempo vorzugehen.

Sie sind eingeladen, eine Weite in Ihrem Innern zu entdecken, die den Fluss der Erfahrung in sich aufnehmen kann. Sie können lernen, sich jedes Elements Ihres Erlebens, das im gegenwärtigen Moment in Erscheinung tritt, bewusst zu werden und sich ihm gegenüber sensibel, präzise und ohne einzugreifen zu verhalten. Wenn Sie die Weite und Stille in Ihrem Innern entdecken, werden Sie dem Lied jeder Erfahrung lauschen und die Lektion erkennen können, die es für Sie birgt.

Meditationsübung: Bewusstheit ohne ein bestimmtes Objekt

Bewusstheit ohne ein bestimmtes Objekt – ungerichtete Bewusstheit – ist eine Praxis, bei der man sich sanft öffnet und alles einschließt, was sich im eigenen Feld der Aufmerksamkeit befindet. Diese Praxis wird manchmal auch *reine Aufmerksamkeit* oder *Achtsamkeit auf das gesamte Feld der Bewusstheit* genannt. Die Betonung liegt darauf, dass man das, was im gegenwärtigen Moment im Feld der Bewusstheit vorherrscht, erkennt und bei ihm bleibt.

Nach kurzer Zeit ändert sich das, was vorherrscht, und wird durch etwas anderes ersetzt. Die Übung besteht darin, im gegenwärtigen Moment entspannt und geerdet zu bleiben, und das, was im Moment vorhanden ist, zu erkennen und aufmerksam bei ihm zu bleiben. Um das tun zu können, muss man die einzelnen Elemente im sich verändernden Strom des Erlebens erkennen und akzeptieren.

Bewusstheit ohne ein bestimmtes Objekt zu üben bedeutet, ein anderes Verhältnis zu den Bestandteilen des eigenen Erlebens zu haben. Anstatt wie gewöhnlich mit dem, was da ist, zu kämpfen, davor zu flüchten oder sich damit zu identifizieren, schenkt man allem die gleiche Aufmerksamkeit. Man nimmt alles mit freundlicher Aufmerksamkeit wahr. Die Methode besteht in der Weite und Stetigkeit achtsamer Aufmerksamkeit.

Bei dieser Praxis bedeutet *rein* nicht zu urteilen, nicht einzugreifen und zuzulassen. *Aufmerksamkeit* bedeutet Achtsamkeit, Wachheit dem gegenüber, was vorhanden ist, Bewusstheit. *Nichtauswählend* bedeutet: keine Wahl treffen. Das, was im Vordergrund steht, als das Objekt der Aufmerksamkeit zu belassen. Man geht nicht weg von dem, was vorhanden ist, sondern schaut tiefer, hört genauer, fühlt genauer hin, während man präsent ist.

Die Anleitung ist einfach. Seien Sie mit Ihrer Aufmerksamkeit im gegenwärtigen Moment, und öffnen Sie Ihre Bewusstheit für das, was da ist. Bleiben Sie dann im gegenwärtigen Moment, halten Sie die sich verändernden Erlebnisse, so wie sie ablaufen, im Schoße Ihrer Achtsamkeit geborgen und lassen Sie sie los, wenn sie verschwinden.

Durch diese Praxis wird Ihre Fähigkeit zunehmen, mit der Intensität von Furcht, Panik und Angst besser umgehen zu können. Diese Erfahrungen werden in der Weite achtsamer Aufmerksamkeit leichter zu ertragen sein. Ihre Tendenz, Sie zu stören und Sie zu steuern, wird abnehmen. Sie können wieder Herr über Ihr Leben werden.

Die folgende Meditationsanleitung ist in vier Teile gegliedert. Der erste Teil ist eine Einleitung, die Sie daran erinnern soll, die Bedingungen für die formale Praxis zu schaffen. Der zweite Teil erinnert Sie daran, die Achtsamkeit auf den Atem zu richten, so wie Sie es bereits gelernt haben. Der dritte Teil ist eine detaillierte Anleitung, wie man die Bewusstheit den verschiedenen Sinnen und den Erlebnissen an jedem Sinnesorgan gegenüber öffnet. Der vierte Teil ist eine detaillierte Meditationsanleitung zur Bewusstheit ohne ein bestimmtes Objekt.

Die Methoden in den ersten drei Teilen dieser Übung stellen eine Basis dar. Teil 2 und 3 können als separate Meditationen geübt werden. Die eigentliche Praxis von Bewusstheit ohne ein bestimmtes Objekt besteht darin, bewusst zu sein, an nichts festzuhalten, nicht zu versuchen, irgendetwas herbeizuführen, und das Bewusstsein all dem gegenüber, was kommt und geht, zu öffnen.

Es kann eine gewisse Zeit und Übung erfordern, bis Ihre Konzentration und Ihre Achtsamkeit stark genug sind, dass Sie nicht vom Strom der Erfahrungen, der in jedem Moment durch Ihre Sinne fließt, davongetragen werden oder sich darin verlieren. Stabilisierung in den Grundübungen und Geduld werden Ihnen jedoch die nötige Unterstützung bieten, und bald werden Sie sich wohler fühlen mit der Bewusstheitsübung ohne ausgewähltes Objekt.

Meditationsanleitung: Bewusstheit ohne ein bestimmtes Objekt

Teil 1: Sich die Bedingungen für die Meditation und die entsprechenden Haltungen klarmachen

Nehmen Sie in einer bequemen Haltung an dem Ort Platz, den Sie für die formale Meditation ausgewählt haben. Überprüfen Sie, ob Sie genügend Zeit für die Praxis anberaumt haben (mindestens 20 – 30 Minuten) und ob Sie das Risiko an Ablenkungen und Unterbrechungen minimiert haben.

1. Erinnern Sie sich in den ersten Momenten Ihrer Übungszeit an die Schlüsselhaltungen, die die Basis der Achtsamkeitspraxis bilden und denken Sie über sie nach. Bei der Achtsamkeit geht es um nicht-eingreifende, zulassende Präsenz. Erinnern Sie sich an das Nicht-Urteilen, an Geduld, an den Anfänger Geist, an das Vertrauen, das Nichts-Anstreben, das Akzeptieren und das Loslassen. Sie werden jede Haltung zu irgendeinem Zeitpunkt benötigen, wenn Sie Achtsamkeit üben und vertiefen. Achten Sie insbesondere auf Ihre Reaktionen auf das, was Sie tun. Versuchen Sie, sie loszulassen. Lassen Sie jede Absicht los, die Dinge zu verändern. Annahme ist die Bereitschaft, die Dinge genau so zu sehen, wie sie sind, und sie so zu belassen.

Teil 2:
Die Achtsamkeit
im gegenwärtigen Moment auf den Atem richten

3. Üben Sie Aufmerksamkeit beim Atmen, wie Sie es gelernt haben. Sammeln Sie sich, und richten Sie Ihre gesamte Aufmerksamkeit auf die Empfindungen beim Atmen und auf die Schwere und das Vorhandensein des Körpers. Lassen Sie Ihren Bauch weich und entspannt bleiben. Benutzen Sie die Technik, bei der Sie still „ein", „aus", „Raum", „Berührung" usw. feststellen oder benennen, wenn Ihnen das hilft, Ihre Aufmerksamkeit schärfer auf den Atem und den Körper zu richten. Machen Sie das so lange, bis Sie sich ‚geerdet' und präsent fühlen. Halten Sie den Fokus zuerst etwas enger auf die Wahrnehmung des Atems und das Vorhandensein des Körpers konzentriert. Entspannen Sie sich in das hinein, was geschieht. Versuchen Sie, den Raum um die Atemempfindungen und die körperlichen Gefühle herum zu spüren.

Teil 3:
Die Achtsamkeit auf alle Sinneserfahrungen richten

4. Nachdem Sie durch die Verbindung mit dem Atem und dem Körper ruhige, konzentrierte Aufmerksamkeit entwickelt haben, erweitern Sie Ihren Blickwinkel so, dass er alle eventuell vorhandenen Geräusche mit einschließt. Erlauben Sie sich, so achtsam zu hören, wie Sie können. Wenn Sie feststellen, dass Sie zu einem Geräusch einen Kommentar abgeben oder darauf reagieren, bemerken Sie das und lassen Sie es los. Kehren Sie direkt zum Hören zurück. Lauschen Sie dem Geräusch, ohne einen Kommentar abzugeben. Lauschen Sie dem Geräusch nur so, wie es ist. Achten Sie darauf, ob die Schwingungen des Geräusches intensiv oder sanft, tief, mittel oder hoch, nahe oder fern sind. Lauschen Sie intensiv dem Raum zwischen den Geräuschen. Nehmen Sie wahr, wie die Schwingung entsteht, wie sie sich verändert und wie sie ausklingt. Wenn es Ihnen hilft, sich besser zu konzentrieren, können Sie bei jedem Geräusch leise feststellen: „Hören, hören". Versuchen Sie, nicht an

irgendwelchen Gedanken über das Geräusch hängen zu bleiben. Bemerken Sie Gedanken wie: „Das ist aber ein lautes Auto" oder „jetzt klingelt mein Telefon schon wieder". Das sind nur Gedanken, die Sie vom direkten Hörerleben des Geräusches weggeführt haben. Das kommt vor. Loben Sie sich selbst, wenn Sie bemerkt haben, dass Sie nicht einfach nur lauschen, und kehren Sie dazu zurück. Versuchen Sie, in der Weite achtsamen Lauschens zu ruhen. Gestatten Sie der Weite, alle Geräusche und die Stille selbst zu umfassen und in sich zu tragen.

5. Wenn Sie sich verlieren, verwirrt, aufgewühlt oder abgelenkt sind, entspannen Sie sich. Engen Sie den inneren Blickwinkel sanft wieder auf den Atem ein. Richten Sie Ihre Aufmerksamkeit erneut auf den Atem. Üben Sie ein paar Atemzüge lang Achtsamkeit auf den Atem. Lassen Sie den Atem Ihren Anker im gegenwärtigen Moment sein. Zur Wahrnehmung des Atems können Sie immer zurückkehren. Wenn die Ablenkung sehr stark ist, lassen Sie sie zu und versuchen Sie, mit ihr ein- und auszuatmen, bis sie sich verändert oder bis Sie den Atem wieder klarer spüren können. Achten Sie auf Ihren Bauch. Lassen Sie ihn weich werden und sich entspannen. Kehren Sie zum Atem und zu Ihrem weichen Bauch zurück, so oft Sie es brauchen, um im Hier und Jetzt präsent und geerdet zu bleiben.

6. Halten Sie Ihren Körper und Ihren Bauch so weich und entspannt wie möglich. Wenn Sie dazu bereit sind, erweitern Sie Ihren Fokus so, dass er sowohl die sich verändernden körperlichen Empfindungen als auch den Atem und die Geräusche umfassen kann. Erleben Sie das Innere Ihres Körpers, das Gefühl Ihres Körpers. Lassen Sie es einfach sein, wie es ist. Versuchen Sie nicht, irgendetwas herbeizuführen. Sie brauchen nicht nach dem Atem, den Empfindungen oder den Geräuschen zu suchen. Lassen Sie sie einfach in Ihr Bewusstsein treten. Werden Sie weich im Körper, entspannen Sie sich in ihn hinein, und lassen Sie Ihre Aufmerksamkeit offen und einladend bleiben. Achten Sie auf Ihre körperlichen Empfindungen in Form von Vibrationen, Druck, Kontraktionen, Ausdehnung, Wär-

me, Kühle usw. Beobachten Sie, wie diese Empfindungen jeden Moment kommen und gehen. Wenn es Ihnen hilft, sich zu konzentrieren, benutzen Sie wiederum leise eine geistige Bemerkung, um leichter mit allem, was gerade geschieht, in Verbindung zu sein. Sie können den Strom der Empfindungen bezeichnen als „Kribbeln", „Druck", „Pulsieren", „Sich-Zusammenziehen und Sich-Verhärten", „Weichwerden und Loslassen" usw. Versuchen Sie, weich zu werden und jede Empfindung im offenen Raum der Bewusstheit sein zu lassen, wie sie ist.

7. Öffnen Sie sich wieder in Ihrer Bewusstheit, und schließen Sie jeden vorhandenen Geruch und Geschmack mit ein. Sie müssen diese nicht erschaffen. Ruhen Sie einfach in der Bewusstheit, und beobachten Sie das, was da ist. Seien Sie wach für die Reaktionen und die Urteile des Denkens über irgendeinen Geruch oder Geschmack. Lassen Sie die direkte Erfahrung zu. Ist er süß, sauer, salzig, muffig, schwer, leicht? Wo empfinden Sie ihn: in der Nase oder im Mund? Verändert er sich, bewegt er sich, wird er stärker oder schwächer?

8. Entspannen Sie sich. Versuchen Sie das aber nicht zu intensiv. Üben Sie sich darin, weich, offen und empfänglich zu sein. Bleiben Sie durch die Wahrnehmung des Atems und des Körpers geerdet. Erfahren Sie den Atem, die körperlichen Empfindungen, die Geräusche, die Gerüche und den Geschmack unmittelbar. Wenn Sie die Erfahrung geistig feststellen oder benennen, um in Kontakt zu bleiben, sollte die Bemerkung nur ein Flüstern in Ihrem Geist sein. Lassen Sie mindestens 95 % Ihrer Aufmerksamkeit bei der direkten Erfahrung des Fühlens, Hörens, Riechens oder Schmeckens sein. Kehren Sie immer, wenn Sie aus irgendeinem Grunde abschweifen, aufgewühlt sind oder sich ablenken lassen, zur Aufmerksamkeit auf den Atem zurück. Konzentrieren Sie Ihre Aufmerksamkeit auf den Atem. Entspannen Sie sich. Atmen Sie mit dem, was jeweils passiert, ein und aus. Halten Sie den Bauch weich. Und öffnen Sie sich dann für die weite Bewusstheit, die alles mit einschließt.

9. Öffnen Sie Ihre Bewusstheit so weit, dass sie alle Formen des Denkens umfasst. Es gibt viele. Seien Sie sich einfach nur dessen bewusst, was jetzt gerade vor sich geht. Ist da ein Kommentar? Ein Urteil? Ein Plan? Eine Erinnerung? Eine Geschichte? Was ist der Unterschied zwischen dem Sich-Verlieren in einer Geschichte und dem Erkennen, dass man gerade eine erzählt? Es ist ein Moment der Achtsamkeit. Achten Sie auf bestimmte Themen in Ihren Gedanken. Geht es um eine Liebesgeschichte? Um Ihren Chef? Geht es um Angst? Um irgendwelche Sorgen? Es ist ein Moment von Achtsamkeit, wenn man lernt, sich dessen bewusst zu werden. Bei dieser Praxis geht es nicht um die relative Wahrheit oder die Wichtigkeit der Gedanken. Man behandelt alle Gedanken gleich. Lassen Sie sie so, wie sie sind, anstatt ihnen mit weiteren Gedanken, Geschichten oder Erklärungen zu begegnen. Es sind einfach nur Gedanken. Es ist etwas, was jetzt im Moment zusammen mit dem Atem, den Empfindungen, den Geräuschen und allem anderen da ist. Finden Sie die Weite in Ihrem Innern, und lassen Sie alle Gedanken dort herumschweben. Verweilen Sie in der offenen Weite nicht-urteilender, nicht-denkender, zulassender Bewusstheit.

Teil 4: Die Übung von Bewusstheit ohne ein bestimmtes Objekt

10. Beziehen Sie alles mit ein, was bei Ihrer Übung von Bewusstheit ohne ein bestimmtes Objekt auftritt. Gleichgültig, was es ist, es ist einfach nur ein weiterer Umstand, der jetzt gerade auftritt. Erkennen Sie Geisteszustände und Gefühle wie Wut, Furcht, Langeweile, Schläfrigkeit, Unruhe, Verlangen nach etwas anderem, Ungeduld, Ruhe, Frieden, Erregung, Freude, Eifersucht, Zorn, Güte, Liebe und Mitgefühl. Öffnen Sie sich dem gesamten Bereich Ihres Erlebens. Spüren Sie die Energie, die mit den einzelnen Zuständen oder Gefühlen verbunden ist. Üben Sie sich darin, alles im offenen Raum der Bewusstheit zu halten, ohne sich damit zu identifizieren, danach zu greifen oder es wegzuschieben.

11. Öffnen Sie sich gegenüber allem, was da ist. Behandeln Sie jedes Geräusch, jede Empfindung, jeden Geruch, jeden Geschmack, jeden Gedanken, jedes Gefühl gleich. Jedes ist nur ein weiteres Objekt, das jetzt in Ihr Bewusstsein tritt. Achten Sie auf das, was sich gerade jetzt im Vordergrund befindet. Entspannen Sie sich, werden Sie weich und erlauben Sie diesem Objekt, hier zu sein. Seien Sie aufmerksam, und treten Sie damit in Kontakt, so tief Sie können. Empfinden Sie eine so große Weite wie möglich, und verweilen Sie darin, während Sie auf jedes erscheinende Objekt achten. Versuchen Sie in Kontakt zu bleiben. Behalten Sie das Objekt im Blickfeld, solange es da ist. Sie müssen es vielleicht mehrmals bemerken, bevor es sich verändert und von einem anderen Objekt abgelöst wird. Sie stellen vielleicht fest: „Hören, Hören, Hören“ oder „Druck, Druck, Druck“ oder „Denken an die Arbeit, Denken an die Arbeit, Denken an die Arbeit“. Wenn das Feststellen Sie ablenkt, hören Sie einfach auf damit und bleiben Sie ganz bei der direkten Wahrnehmung eines jeden Objektes. Seien Sie geduldig, und bleiben Sie präsent.

12. Setzen Sie Ihre Übung in dieser Weise fort. Das ist die Praxis von Bewusstheit ohne ein bestimmtes Objekt. Sie erhöhen dadurch Ihre Bewusstheit und Ihre Präsenz. Denken Sie daran, den Bauch weich zu halten. Entspannen Sie sich. Erlauben Sie den Dingen, sich zu präsentieren. Wenn Furcht, Sorgen oder gar Panikgefühle auftauchen, versuchen Sie, Ihnen mit der gleichen freundlichen Aufmerksamkeit zu begegnen. Sehen Sie tief hin. Fühlen Sie tief hinein. Horchen Sie tief. Lassen Sie sie kommen und gehen. Atmen Sie bewusst mit ihnen, wenn Ihnen dies hilft, in Kontakt zu bleiben. Achten Sie genau darauf, was in Ihrem Geist und in Ihrem Körper geschieht, wenn sie da bleiben. Lassen Sie das Licht Ihrer Achtsamkeit direkt auf den stärksten oder lautesten Teil der Furcht, Panik oder Angst fallen. Halten Sie diesen Teil in Ihrer achtsamen Bewusstheit. Lenken Sie, wenn nötig, Ihre Aufmerksamkeit zurück auf den Atem und den weichen Bauch. Atmen Sie bewusst. Erlauben Sie dann den Gedanken weiterzugehen. Achten Sie auf deren „Haltung“ oder „Ton“. Nehmen Sie Ihre körperlichen Emp-

findungen wahr. Lassen Sie Weichwerden und Entspannen, wo immer möglich, zu. Denken Sie an Geduld und Vertrauen. Registrieren Sie Gedanken über Versagen und Gefühle von Hoffnungslosigkeit und Verzweiflung. Seien Sie freundlich und mitfühlend zu sich selbst. Sehen Sie die Gedanken einfach nur als Gedanken. Nehmen Sie die Gefühle in Ihrem Körper wahr, und beobachten Sie, wie sie kommen, sich verändern und vergehen. Behalten Sie Ihren weiten Blickwinkel bei. Ruhen Sie in weiter, offener Bewusstheit all dessen, was kommt und geht. Erlauben Sie sich, jedes Objekt wahrzunehmen, identifizieren Sie sich aber nicht damit, und lassen Sie sich nicht von ihm davontragen.

13. Beenden Sie die Übung damit, dass Sie Ihre Augen öffnen und sich langsam bewegen.

Anregungen zur Praxis der Bewusstheit ohne ein bestimmtes Objekt

Wenn Sie lernen, diese Praxis formal durchzuführen, werden Sie sie auch formlos in den Alltag übertragen können. Sie werden lernen, immer öfter während des Tages die offene Weite der Bewusstheit zu finden und darin zu verweilen.

Die formale Meditationspraxis

Üben Sie mindestens 20 Minuten, wenn Sie die Bewusstheit ohne ein bestimmtes Objekt als Ihre formale Meditation praktizieren. Im Laufe der Zeit können Sie sie zu Sitzungen von 30, 45 oder sogar 60 Minuten ausdehnen. Ähnlich wie bei einem Gymnastikprogramm bauen Sie ein Niveau an Meditationsfitness oder -kraft auf. Es ist wichtig, dass Sie lange genug üben, um stärker zu werden.

Rechnen Sie mit Widerständen. Ihr Geist will nicht trainiert werden. Es werden Zweifel, Langeweile, Irritation, Verlangen nach anderen Dingen, Unruhe und Schläfrigkeit auftreten. Bitte beachten Sie Ihre Reaktion auf diese Zustände und auf alles andere. Machen Sie die Reaktion oder den Widerstand genau wie alles andere zum Objekt Ihrer Achtsamkeit. Üben Sie einfach, so gut Sie können, weiter präsent zu sein. Jeglichen Widerstand, den Sie verspüren, zu erkennen und präsent bei ihm zu bleiben, baut wahre Stärke auf und schenkt Ihnen Freiheit von den unbewussten Reaktionsmustern, die das tägliche Leben steuern.

Wenn Sie Erfahrung in der Praxis der Bewusstheit ohne ein bestimmtes Objekt erlangt haben, fangen Sie an, die schriftlichen Anleitungen oder die Kassette bzw. CD, die Sie gemacht haben, wegzulassen. Haben Sie Vertrauen, dass Sie auf den Atem und den Körper achten können, und öffnen Sie sich dem, was da ist. Im Laufe der Zeit wird die Fähigkeit zunehmen, Ihre Aufmerksamkeit zu verfeinern, Ihren Fokus schärfer zu stellen und das vorrangige Objekt im Blick zu behalten. Seien Sie geduldig mit sich selbst. Versuchen Sie nicht, irgendein Ziel zu erreichen oder etwas zu verändern. Üben Sie sich nur darin, die Dinge so sein zu lassen, wie sie sind, und etwas darüber zu erfahren, wie das ist, indem Sie bewusst aufmerksam sind.

Die formlose Meditationspraxis

Versuchen Sie, die Bewusstheit ohne ein bestimmtes Objekt formlos in den verschiedenen Situationen Ihres Alltags zu praktizieren. Hören Sie die Geräusche, schmecken Sie den Geschmack und riechen Sie die Gerüche unmittelbar und ohne Kommentar oder Urteil. Wenn Sie bemerken, dass Sie in irgendeiner Form denken, registrieren Sie das und begrüßen Sie es. Versuchen Sie allem, was Sie bemerken, gegenüber freundlich und offen zu bleiben. Ihre Gedanken sind *nicht* Ihr Feind. Denken ist nur ein weiterer Umstand. Benutzen Sie es, wenn es nützlich ist. Bemerken Sie, wann es nicht nützlich ist. Es ist bloßes Denken.

Halten Sie nach Gelegenheiten Ausschau, sich eine Auszeit vom *Tun* zu nehmen. Gestatten Sie sich, bei dem, was hier ist, zu *sein.* Sehen Sie den wunderbaren Sonnenuntergang wirklich. Schmecken Sie das köstliche Essen wirklich. Fühlen Sie die Hand der Person, die Sie lieben, wirklich in der Ihren. Öffnen Sie sich dem Reichtum in Ihrem Leben mehr, indem Sie Ihre Präsenz verstärken.

Beachten Sie Ihre Reaktionen auf die unangenehmen Gefühle, wenn Furcht, Panik oder Angst aufkommen. Versuchen Sie, Freundlichkeit und Mitgefühl sich selbst und dem Schmerz gegenüber zu entwickeln, den Sie im Moment erleben. Machen Sie es nicht kompliziert. Sehen und fühlen Sie mit Aufmerksamkeit und nicht-urteilender Bewusstheit, was abläuft – so gut und so tief Sie können. Können Sie die sich verändernden Gedanken- und Empfindungsmuster in Ihrem Geist und in Ihrem Körper wahrnehmen?

Fragen Sie sich, was getan werden muss, nachdem Sie Furcht, Panik und Angst mit ruhiger, freundlicher Aufmerksamkeit begegnet sind. Wenn Sie einen bestimmten Schritt machen oder etwas Bestimmtes unternehmen müssen, tun Sie das. In dieser Weise werden Ihre Handlungen von der Präsenz geleitet. Das Sein informiert das Tun.

Denken Sie daran

Sie sind nicht Ihre Gedanken, Gefühle und Wahrnehmungen. Dies sind Ereignisse im gegenwärtigen Moment, die freundlich und mitfühlend im Spiegel der Achtsamkeit beobachtet werden können. Es wird Ihnen mehr Kraft geben, um mit Furcht, Panik und Angst zu leben, wenn Sie lernen, diese Ereignisse durch die Praxis von Bewusstheit ohne ein bestimmtes Objekt achtsam zu erleben.

Bei diesen Ereignissen geht es insbesondere um das, was in Ihrem Innern geschieht. Wenn Sie die Veränderungen dieser inneren Erfahrungen erkennen und beobachten lernen, werden Sie auch Ihre tiefste Seinsqualität und den Frieden und die Stabilität in Ihnen selbst entdecken.

12

Wie Sie sich mit Ihrem ängstlichen Geist anfreunden

Larry Rosenberg, ein anerkannter Meditationslehrer, bemerkte einmal, dass Achtsamkeit ohne Güte keine Achtsamkeit sei. Was bedeutet das?

Bislang haben wir Achtsamkeit als zulassende, nicht-urteilende Bewusstheit verstanden und geübt. Ein entscheidendes Element, das in dieses Zulassen eingebettet ist, ist die Freundlichkeit oder Liebenswürdigkeit. Freundlichkeit steht hier für eine willkommen heißende, freundliche, großzügige Haltung. Es ist sehr wichtig bei Ihrer Praxis der Achtsamkeit, dass Sie diese Haltung allem Aufkommenden gegenüber einnehmen.

Shauna Shapiro und Gary Schwartz, beide Psychologen und Mediziner, haben darauf hingewiesen, dass Achtsamkeit besondere affektive „Herzensqualitäten" hat. Zusätzlich zu den sieben Eigenschaften, die Jon Kabat-Zinn aufführt (Kap. 6), ergänzen Shapiro und Schwartz *liebende Güte*, zusammen mit Dankbarkeit, Freundlichkeit und Liebenswürdigkeit, Großzügigkeit und Empathie als weitere Eigenschaften.

Sie definieren liebende Güte als „eine Eigenschaft, die Wohlwollen, Mitgefühl und Wertschätzung verkörpert, eine Eigenschaft von unbedingter Liebe" (Shapiro, Schwartz und Santerre 2005). Und erinnern Sie sich, dass die Meditationslehrerin Christina Feldmann (Kap. 5) Freundlichkeit und Mitgefühl als zwei wesentliche Eigenschaften der Achtsamkeit bezeichnete.

In diesem Kapitel werden Sie eine Meditationsmethode kennenlernen, die darauf zielt, Gefühle der Freundlichkeit und Güte zu kultivieren und zu verfeinern. Wenn Sie lernen, in dieser Meditation Freundlichkeit bewusst und absichtlich zu kultivieren, werden Sie erfahren, dass die Eigenschaft der Freundlichkeit oder Güte in Ihrer Achtsamkeitspraxis heller und leuchtender wird und die Achtsamkeit selbst präziser und stabiler.

Man kann tatsächlich Freundlichkeit oder Güte als innere Qualität üben. Die Fähigkeit zu Freundlichkeit tragen Sie bereits in sich. Sie brauchen sie nicht erst zu erschaffen. Sie müssen sie aber kultivieren. Freundlichkeit zu kultivieren bedeutet, die Hindernisse erkennen und überwinden zu lernen, welche verhindern, dass Sie sich Ihrer eigenen tiefen Fähigkeit, freundlich und gütig zu sein, bewusst werden.

Eine Meditation, die auf Freundlichkeit und Güte konzentriert ist, kann Ihnen helfen, die Blockaden der Impulse für Ihre natürliche und ursprüngliche Freundlichkeit aufzudecken. Und Sie können mehr entdecken von dieser tiefen Natur der Freundlichkeit in Ihnen.

Freundlichkeit kultivieren

Sie können Freundlichkeit in Ihren Handlungen üben. Die Qualität von Freundlichkeit scheint durch, wenn Sie etwas für jemanden tun oder in einer Situation freundlich reagieren.

Vielleicht haben Sie den beliebten Autoaufkleber gesehen, der dazu anregt, ohne Grund freundlich zu handeln. Dieser Gedanke ermutigt uns dazu, freundlich zu handeln, ohne etwas zurückzuerwarten. Man gewährt die Freundlichkeit umsonst. Sie haben ohne Zweifel schon oft in Ihrem Leben etwas Gutes für andere getan. Aber zu Freundlichkeit gehört wesentlich mehr als äußerliches Handeln.

Hinter allen freundlichen Handlungen steht ein inneres Gefühl von Freundlichkeit. Dieses Gefühl kann durch Meditation verstärkt werden. Ihr Wohlbefinden und Ihr Gefühl der Verbundenheit mit dem Leben und mit anderen stehen in direktem Zusammenhang mit der Freundlichkeit, die Sie empfinden. Es ist ein grundlegendes Gefühl von Wohlwollen. Es besitzt Wärme und Güte und spiegelt die Fähigkeit zu lieben wider.

Der Meditationslehrer Jack Kornfield sagte über die Beziehung zwischen Glück und Liebe: „Die Sehnsucht nach Liebe und die Bewegung der Liebe liegen all unseren Handlungen zugrunde. Bei dem Glück, das wir im Leben finden, geht es nicht um Besitzen und nicht einmal um Verstehen. Es ist stattdessen die Entdekkung dieser Fähigkeit, zu lieben, eine liebevolle, freie und weise Beziehung zu allem Leben zu haben."

Mitgefühl kultivieren

Freundlichkeit trägt auch dazu bei, dass Mitgefühl entsteht und wächst. Es besteht eine tiefe Verbindung zwischen Freundlichkeit oder Güte und Mitgefühl. In unserem menschlichen Erleben sind uns allen die Gefühle von Wärme und Freundlichkeit gemeinsam, und wir erfahren auch alle die unvermeidlichen Schmerzen des Lebens, des Alterns und des Sterbens.

Mitgefühl kann als ein mächtiges inneres Gefühl verstanden werden, bei dem man das eigene Herz angesichts von Schmerz oder Kummer eines anderen verständnisvoll und zartfühlend öffnet. Mit dieser Öffnung geht ein Gefühl der Verbundenheit mit dem anderen einher. Und oft hat man das starke Bedürfnis, etwas zu tun, um seinen Schmerz zu lindern.

Die Menschen sind zwar häufig tief bewegt vom Schmerz anderer, haben aber allzu oft nur wenig oder gar kein Mitgefühl mit sich selbst, wenn sie Schmerz und Traurigkeit empfinden. Sie betrachten ihren eigenen Schmerz als Verletzlichkeit und ihre Traurigkeit als Schwäche. Bekümmerte oder ängstliche Menschen, die ihre eigene Angst als Fehler oder als Versagen beurteilen, neigen besonders dazu, sich selbst Mitgefühl zu verweigern.

Wie wir bereits gesehen haben, können die negativen Selbstgespräche und die kritischen Haltungen, die sich oft bei der Erfahrung von Furcht, Angst oder Panik entwickeln, die größten Stressfaktoren sein, die es gibt. Um diesen schädlichen Kreis von Gehässigkeit und Kritik zu durchbrechen, muss man die Fähigkeit entwickeln, Mitgefühl bei eigenem Schmerz und Leid zu entwickeln.

Die Macht von Freundlichkeit und Mitgefühl

In Kapitel 4 haben wir gesehen, dass Gedanken und Einstellungen sehr mächtig sind und dass sie aufgrund der Verbindungen zwischen Gehirn und Körper Einfluss auf das Angstsystem des Körpers ausüben können. Über die Verbindung zwischen Geist und Körper können solche gemeinen, niedrigen Denkgewohnheiten sehr tief und stark wirken. Sehen Sie sich das destruktive Potential von selbstkritischen Gedanken bei Ellen an.

Ellens Geschichte

Ellen war Ende fünfzig, als sie sich zu einem Kurs in Achtsamkeitsmeditation anmeldete. Sie suchte Hilfe für ihre intensiven Angst- und Panikattacken, ihren gestörten, nicht erholsamen Schlaf und ihre chronischen Schmerzen.

Ellen war viele Jahre lang mit einem gewalttätigen Alkoholiker verheiratet. Sie ließ sich schließlich von ihm scheiden und kam ein paar Monate später in den Kurs.

Nach einigen Kurswochen, in denen sie regelmäßig Achtsamkeit praktizierte, kam sie eines Tages zu spät zur Meditation. Sie war sichtlich aufgeregt und erklärte, was passiert war.

„Ich hatte eine Reifenpanne", berichtete sie den Kursteilnehmern, „und das war ein großer Stress."

Jemand fragte Ellen, wie es denn gewesen wäre. Sie hielt einen Moment inne, bevor sie antwortete. Dann sagte sie in wütendem und zugleich ängstlichem Ton: „Ich sagte ununterbrochen zu mir selbst, wie dumm ich sei, dass ich ein Loch in den Reifen gefahren hatte. ‚Dumm! Dumm!'

Ich sagte zu mir: ‚Du bist zu dumm zum Leben.' Ich sage das oft zu mir. Immer wenn etwas schief geht. *‚Du bist zu dumm zum Leben.'* Mein Mann pflegte das auch oft zu mir zu sagen. Jetzt sage ich es selbst zu mir."

Sind Sie oft gehässig?

Freundlichkeit kann man üben. Die entgegengesetzte Haltung, Gehässigkeit, kann man ebenfalls üben. Gehässigkeit ist sehr häufig – am häufigsten sich selbst gegenüber. Gewöhnlich erkennen wir nicht das volle Ausmaß unserer Gehässigkeit uns selbst gegenüber. Diese Gehässigkeit ist eine Gewohnheit, zu denken und zu fühlen, die oft aufkommt und tief im Körper zu empfinden ist.

Gehässigkeit drückt sich in kritischen Tönen und Behauptungen über einen selbst aus. Man sagt vielleicht zu sich selbst: „Ich bin so ein Trottel", „ich bin so dumm" oder „ich verpfusche immer alles".

Die Gewohnheit gehässiger Gedanken und Kommentare und die damit verbundenen Gefühle von Verhärtung und Kontraktion im Körper treten häufig auf. Es mag Ihnen vorkommen, als hätten Sie sie schon immer gehabt. Ehe Sie nicht wirklich darauf achten, wissen Sie vielleicht gar nicht, welche es sind. Die meiste Zeit bemerken Sie sie wahrscheinlich nicht einmal, zumindest so lange nicht, bis die Gefühle oder die Kommentare besonders unangenehm oder hart werden.

Wie Ellen können Sie in einer Welt innerer Gehässigkeit leben und sich mit dieser identifizieren. Es kann so weit kommen, dass Sie all die harten Urteile glauben und Ihr Körper jedes Mal von Angst erfüllt ist, wenn die „Richter" sprechen.

Wenn sich diese Gehässigkeit in Ihnen abspielt, werden Sie selbst zu Ihrem größten Stressfaktor. Unabhängig davon, wie schlimm die Situation ist, verstärkt Ihre gehässige Haltung, in der Regel durch das Hinzukommen von Kritik, Urteilen und Schuldzuweisung, Ihr Elend und vergrößert es noch.

Natürlich erteilt die Gehässigkeit auch anderen Hiebe. „Du“, „sie“, „der da“, alle werden zur Zielscheibe der Kritik. Der wütende, feindselige Ton, der die Gehässigkeit antreibt, verschont niemanden.

Wenn Sie Achtsamkeit, Freundlichkeit, Güte und Mitgefühl auf stetige und verbindliche Weise üben, werden Sie die Gewohnheit sofort erkennen, sich selbst oder einem anderen gegenüber gemein zu sein. Sie können sich aus ihrem Griff befreien. Ihr Einfluss auf Ihre anderen Erlebnisse und auf Ihre Beziehungen wird geringer werden. Die schädlichen Auswirkungen der Gehässigkeit auf Ihren Körper werden abnehmen.

Der Schlüssel zum richtigen Umgang mit den schädlichen Energien von Wut und Feindseligkeit liegt in der Herstellung einer bewussten Verbindung zu ihnen im gegenwärtigen Moment. Das bedeutet, freundliche Aufmerksamkeit auf Ihr inneres Erleben von Wut und Feindseligkeit zu richten und es als eine Erfahrung zu identifizieren und nicht als Sie selbst. Es bedeutet, sich selbst und der Wut ein Freund oder eine Freundin zu sein.

Das Gleiche gilt für Furcht und Angst. Gewöhnlich liegen der Wut und der Feindseligkeit tatsächlich Furcht und Angst zugrunde. Können Sie lernen, sich mit Ihrer Angst und Furcht anzufreunden, wenn diese aufsteigen? Können Sie sich ihrer freundlich bewusst sein?

Nur wenn Sie mit dem gegenwärtigen Moment verbunden bleiben, ist wirkliche liebevolle Zuwendung möglich. Dann kann die Freundlichkeit in Ihrem Innern durchscheinen und Mitgefühl erwachen. Um diese Freundlichkeit wachzurufen, müssen Sie lernen, bei Schmerz und Schwierigkeiten ebenso wie bei allem anderen präsent zu bleiben.

Können Sie einen Weg finden, sich selbst zu lieben und wertzuschätzen inmitten dieses Sturmes der Furcht, des Zornes oder der Angst? Ihren eigenen Mut anerkennen, diesen Schmerz und diesen Aufruhr zu ertragen? Sich selbst mit Mitgefühl zu stützen?

Freundlichkeit und Mitgefühl auf sich selbst und die Erfahrung gerichtet helfen Ihnen weit besser, mit dem gegenwärtigen Augenblick verbunden zu sein, als die bloße Willenskraft. Innere

Freundlichkeit scheint durch und Mitgefühl erwacht inmitten von Schmerz und Aufruhr. Der beste Weg, die Tiefe dieser inneren Freundlichkeit zu ergründen, ist mit Meditation zu arbeiten, die die Freundlichkeit auf Ihren Schmerz und auf schwierige Personen richtet.

Sich dem Schmerz in sich selbst und außerhalb öffnen

Haben Sie je innegehalten, um sich die Frage zu stellen: „Wie sieht meine Beziehung zu dem Schmerz aus, den ich fühle?" Dazu gehören auch der Schmerz von Furcht und der Schmerz von Angst und Panik.

Sie *haben* eine Beziehung dazu. Sie erkennen sie nur vielleicht nicht. Viele Menschen haben eine leugnende und ablehnende Beziehung zu jeder Art von Schmerz. Bei anderen hat die Beziehung den Charakter von Wut, Furcht oder einem verzweifelten Versuch, dem Schmerz zu entfliehen. Aus der Angst heraus verfallen manche in Sucht und Verzweiflung.

Erinnern Sie sich an Pema Chödröns Geschichte von der alten Frau, die zu ihr sagte: „Lass das Leben nicht dein Herz verhärten"? Hat Ihre Beziehung zum Schmerz Ihr Herz verhärten lassen? Sind Sie als Folge davon weniger mit dem Leben verbunden? Fühlen Sie sich weniger lebendig?

Achtsamkeit zu praktizieren bedeutet, dem Leben mit offenem Herzen Beachtung zu schenken. Meditation kann in diesem Fall tatsächlich helfen. Meditation ist eine Aktivität, die das Herz öffnet.

Bei einem Meditationsretreat hatte ich einmal eine Phase, in der sowohl das Sitzen als auch das Gehen, alle meine Meditationssitzungen, von Bildern der Wut und Zerstörung und von Geschichten voller Feindseligkeit und Zorn erfüllt waren. Als ich den Lehrer dazu befragte, antwortete er mit großer Sanftheit und Güte: „Hinter der Wut steht die Furcht. Hinter der Furcht ein bestimmter Glaube. Bleiben Sie mit jeder Sache sitzen, und lassen Sie sie zu. Wenn Sie auf den Glaubenssatz stoßen, untersuchen Sie ihn. Ist dieser Glaubenssatz wahr? Sind Sie selbst dieser Glaubenssatz?" Ich saß da mit diesen Erlebnissen und kam in Kontakt mit tiefen Gefühlen von Selbstzweifel und Unzulänglichkeit hinsichtlich einer neuen beruflichen Situation. Als ich länger dasaß, stellte ich fest, dass die Gefühle vergingen. Ich erkannte, wie unwahr sie in Wirklichkeit waren.

Wir haben alle eine Beziehung zum Schmerz und bestimmte Gewohnheiten, damit umzugehen. Wir haben alle in Bezug auf den Schmerz, den wir empfinden, gewisse Haltungen und Sichtweisen aufgebaut, in vielen Fällen auch eine Identität. In dem Maße, wie sich diese Einstellungen und diese Identität verfestigt haben, sind wir Gefangene des Schmerzes.

Könnte das auch bei Ihnen der Fall sein? Trifft das auf die Auswirkungen von Furcht, Angst oder Panik in Ihrem Leben zu?

Achtsamkeit mit ganzem Herzen zu praktizieren erfordert die Bereitschaft, aufmerksam zu sein, präsent zu bleiben und den tiefen eigenen Schmerz zu untersuchen – auch den Schmerz von Furcht, Angst oder sogar Panik. Es ist sehr wichtig, an den Schmerz mit Freundlichkeit, Güte und Mitgefühl heranzugehen. An den Schmerz mit Wut heranzugehen hilft nicht. Der Furcht oder der Angst mit Wut oder Feindschaft zu begegnen, vervielfacht sie nur. Die Meditationslehrerin Sharon Salzberg ist führend darin gewesen, westlichen Schülern Meditationsarten zu vermitteln, die sich auf Güte und Mitgefühl konzentrieren. In Ihrem Buch *Loving Kindness: The Revolutionary Art of Happiness (Liebende Güte: Die revolutionäre Kunst, glücklich zu sein,* 1995) beschreibt sie die Meditation des Mitgefühls als „Reinigung und Transformation unserer Beziehung zum Leiden, sei es nun unser eigenes oder das von anderen. Wenn wir das Leid anerkennen, uns ihm gegenüber öffnen und liebevoll darauf reagieren können, ermöglicht uns das, uns mit allen Wesen zu verbinden und zu erkennen, dass wir niemals allein sind."

In diesem Kapitel werden wir die Meditation der liebenden Güte lernen, eine Übung, um freundliche, mitfühlende Geisteshaltungen zu stärken. Wie Sie sehen werden, ist es eine grundlegende Meditation, die jeder religiösen Glaubensrichtung gegenüber freundlich eingestellt ist.

Die Achtsamkeit hilft, jegliche vorhandenen gehässigen Gedanken oder Gefühle zu erkennen. Die Gehässigkeit kann Sie daran hindern, Ihre eigene tiefe Fähigkeit zu Freundlichkeit und zu Mitgefühl zu erleben. Sie können lernen, den Gefühlen von Zorn und Gehässigkeit mit mehr Güte zu begegnen. Sie können lernen, Furcht und Angst mit Mitgefühl zu begegnen. Das ist eine tief greifende innere Arbeit, die es Ihnen ermöglicht, Zugang zu einer äußerst heilenden Dimension in Ihrem Wesen zu finden.

Meditationsübung: Liebende Güte

Mit einem freundlichen, mitfühlenden Herzen wird alles, was Sie versuchen, leichter gehen – einschließlich Ihrer Achtsamkeitspraxis. Bei der Meditation der liebenden Güte werden wiederholt Sätze, Bilder und Gefühle benutzt, um Freundlichkeit und Mitgefühl wachzurufen. Es ist nicht direkt eine Achtsamkeitsübung, aber die Qualitäten, die dabei entwickelt werden, sind für die Praxis von Achtsamkeit von entscheidender Bedeutung.

Bei dieser Meditation geht es nicht um Sentimentalität oder das künstliche Hervorbringen „guter“ Gefühle. Es geht darum, den Kontakt zu Ihrer Fähigkeit zu Güte und Freundlichkeit herzustellen und diese zu pflegen. Anfangs mag sich das mechanisch oder unbeholfen anfühlen. Es kann schmerzhafte Gefühle wie Wut oder Trauer hervorrufen. Lassen Sie sich davon nicht stören. Machen Sie weiter mit Ihrer Praxis, und entdecken Sie, was als Nächstes passiert. Seien Sie sich selbst gegenüber freundlich und mitfühlend, wenn es schwierig wird.

Wenn Sie liebende Güte als formale Meditation üben, beginnen Sie mit Sitzungen von 15–20 Minuten. Verlängern Sie diese, sobald Sie können, auf 30–45 Minuten.

Meditationsanleitung: Liebende Güte

1. Nehmen Sie eine bequeme Haltung ein, entweder im Sitzen oder im Liegen

2. Werden Sie sich Ihres Atems und Ihres Körpers bewusst, so wie sie in diesem Moment sind.

3. Gestatten Sie Ihrem Körper, sich zu entspannen und auszuruhen. Lassen Sie Ihren Geist ruhig werden, so gut Sie können. Lassen Sie Pläne und geistige Beschäftigungen los.

4. Lassen Sie ein Gefühl von Güte und Freundlichkeit in Ihrem Innern aufsteigen. Die Erinnerung an eine geliebte Person oder ein Haustier kann dieses Gefühl unterstützen.

5. Fangen Sie damit an, dass Sie Freundlichkeit auf sich selbst richten. Es ist vielleicht hilfreich, wenn Sie in Ihrer Vorstellung ein Bild von sich selbst erzeugen oder still Ihren eigenen Namen sagen, während Sie die unten angeführten Sätze wiederholen. Ohne Freundlichkeit sich selbst gegenüber ist es fast unmöglich, anderen gegenüber freundlich und mitfühlend zu sein. Konzentrieren Sie sich auf sich selbst, und beginnen Sie folgende Sätze zu wiederholen:

   Möge ich glücklich sein.
   Möge ich Heilung finden und gesund sein.
   Möge ich erfüllt sein von Frieden und Wohlbefinden.
   Möge ich sicher sein.

6. Fahren Sie damit fort, die Sätze zu rezitieren. Lassen Sie sie einem Lied gleichen, das Sie sich leise vorsingen. Verändern Sie beim Wiederholen die Worte so, bis Sie genau die Worte und Sätze finden, die die Freundlichkeit in Ihrem Herzen am meisten nähren. Sie können auch folgende Sätze ausprobieren:

Möge ich frei sein von allem Schmerz und allem Kummer.
Möge ich mich wohlfühlen und in Frieden sein.
Möge ich frei sein von Furcht, Angst und Sorgen.
Möge ich gesund sein.

7. Wiederholen Sie die Sätze, die Ihnen am meisten helfen, immer wieder. Lassen Sie die Gefühle Ihren Körper und Ihren Geist durchströmen und erfüllen. Experimentieren Sie auch mit anderen Sätzen, wenn nötig. Benutzen Sie Sätze, die tief in Ihrem Innern einen Widerhall auslösen. Seien Sie dabei nicht zu „kopflastig". Benutzen Sie nur einen Satz, wenn das hilft. Bringen Sie all Ihre Aufmerksamkeit und Energie gleichzeitig in diesen einen Satz. Üben Sie entsprechend Ihrem eigenen Vermögen: sanft, freundlich, liebevoll.

8. Wenn Sie sich in der Meditationssitzung oder in einer anderen dazu bereit fühlen, dann weiten Sie den Fokus Ihrer Freundlichkeit auch auf andere aus: Auf jemanden, der Ihnen Gutes getan hat, auf jemanden, der Ihnen ein Freund ist, auf jemanden, für den Sie keine starken Gefühle empfinden oder den Sie nicht gut kennen, auf jemanden, der Ihnen Schmerz verursacht, und auf alles Lebende, einschließlich der Tiere und der Pflanzen. Experimentieren Sie. Haben Sie keine Angst.

9. Üben Sie, solange Sie möchten. Wenn Sie aufhören möchten, öffnen Sie langsam die Augen und strecken sich. Stellen Sie ohne Urteile und Kommentare fest, wie Sie sich fühlen. Gestatten Sie sich zu fühlen, was Sie fühlen.

Anregungen zur Praxis der liebenden Güte

Mit etwas Übung kann sich ein ständiges Gefühl von Freundlichkeit und Güte entwickeln. Sie werden fähig werden, Ihre Freundlichkeit auf alle Arten von Menschen zu richten – sogar auf schwierige.

Mit der Zeit können Sie lernen, überall liebende Güte zu üben. Wenn Sie üben, die Sätze liebender Freundlichkeit und Güte in der Schlange an der Supermarktkasse, im Wartezimmer des Arztes, im Straßenverkehr, inmitten von Menschenmassen, auf der Straße oder an tausend anderen Orten still zu wiederholen, wird ein tieferes Gefühl der Verbundenheit und mehr Mitgefühl mit allem Leben in Ihnen aufkommen. Ein tiefes Gefühl von Ruhe wird Ihr Leben erfüllen und Sie mit dem gegenwärtigen Moment verbinden.

Denken Sie daran

Achtsamkeit ist von willkommen heißendem, freundlichem Charakter. Es ist sehr wichtig, sich mit dem anzufreunden, was im Bewusstsein aufsteigt, um die Gewohnheiten von Gehässigkeit und Beurteilung zu vermeiden, welche zu Gefühlen von Isolation und von Leid führen. Sich mit Schmerz und Kummer, Furcht, Angst und sogar Panik anzufreunden, bedeutet, diesen mit Freundlichkeit, Mitgefühl und nicht leugnender Bewusstheit zu begegnen. Die Eigenschaften von Freundlichkeit und Mitgefühl – sich selbst und anderen gegenüber – können Sie dadurch entwickeln, dass Sie die Meditation der liebenden Güte in Ihre tägliche Praxis miteinbeziehen.

13

Dem Aufruhr Raum geben

Achtsamkeitsmeditation im Rahmen der Gesundheitsfürsorge, besonders bei Menschen, die von Angst, Furcht und Panik gequält werden, mündet immer wieder in eine wesentliche Frage:

„Ich bin so verstört durch diese aufwühlenden Ängste, dass ich mich gar nicht näher mit ihnen beschäftigen will. Ich habe Angst davor. Was kann ich tun?"

Diese heftige Reaktion ist verständlich, aber wir werden sehen, dass man damit arbeiten kann. Diese Abneigung wurzelt in den Erscheinungen von Angst, Furcht und Panik selbst.

Ihr inneres Leben – und Sie selbst – sind der Aufmerksamkeit wert.

Angst, Furcht und Panik sind in der Tat aufrührend und verwirrend. Sie sind daher auch ein zentrales Anliegen dieses Buches. Die meisten Menschen wissen wenig Bescheid über die Natur dieser Gefühle (sie sind *nicht Sie*, und sie sind *nicht* dauerhaft) und sie haben auch nie richtig gelernt haben, mit ihnen in einer angemessenen und *besonnenen* Weise umzugehen (gütige, nicht-urteilende Aufmerksamkeit einsetzen, um die gewohnten geistig-körperlichen Verhaltensweisen des Kämpfens und Reagierens zu verändern).

Das Resultat ist die Tendenz, sich mit ihnen zu identifizieren und sich in der Abneigung gegen sie zu verlieren, wenn sie entstehen, sich des Gewahrseins bemächtigen und jeden Moment das Bewusstsein antreiben.

Erinnern Sie sich an Allen, der nachts mit panischer Angst vor einem erneuten Herzinfarkt aufwachte? Oder Ellen, die die Kritik ihres geschiedenen Mannes verinnerlichte und immer dann, wenn irgendetwas in ihrem Leben schiefging, mit Angst und negativen Selbstgesprächen reagierte?

Jeder von uns könnte so sein wie sie. Sie hatten sich mit übermächtigen Gefühlen und Geschichten identifiziert und befanden sich deshalb im Krieg gegen sich selbst. Angesichts dieses Aufruhrs ist es nur hilfreich, dieser inneren Erfahrung anders zu begegnen, um nicht von unseren Geschichten abzuhängen oder die unerfreuliche, aufrührende Erfahrung zu bekämpfen.

Es ist hilfreich, sich daran zu erinnern, dass Ihr inneres Leben – sei es bedrückend oder nicht – der Aufmerksamkeit wert ist, ebenso wie Sie selbst. Vertrauen Sie darauf, dass das Zulassen der Erfahrung die beste Möglichkeit bietet, die Bedrückung und Qual zu verändern und wieder zu sich selbst zu finden. Durch Angst, Furcht und Panik können Zweifel und Entmutigung entstehen. Sie behindern die Hinwendung zur direkten Erfahrung, doch lassen Sie sich nicht narren! Es gibt einen anderen Weg, den Qualen der Angst, der Furcht und der Panik entgegenzutreten, als sie als Identitäten aufzufassen und sie zu bekämpfen.

Um Ihr Verhältnis zur inneren Erfahrung zu ändern, ist es wichtig, sich jenem inneren Raum zu öffnen, der es vermag, selbst den schlimmsten Aufruhr aufzunehmen. Diese innere Räumlichkeit zu finden bedeutet in einem gewissen Sinne, mehr Raum zu schaffen für das, was im Inneren gerade stattfindet.

Es bedarf des Vertrauens, dass dies Sie nicht zerstören wird – und wichtiger noch: Dem Aufruhr diesen Raum zu geben, hängt weniger von Willenskraft und Duldsamkeit ab, als vielmehr davon, freundlich und mitfühlend zu sein.

Wie können Sie diesen Raum schaffen? Stellen Sie sich vor, wie Sie für einen geliebten Menschen Platz an ihrem Essenstisch machen. Es beginnt mit der herzlichen Begrüßung der Person, also mit ihrer Wertschätzung. Alle machen freundlich Platz, rücken zusammen oder beiseite, um den Neuankömmling aufzunehmen.

Können Sie sich vorstellen, wie Sie – ganz wörtlich genommen – in dieser Art inneren Raum für den Aufruhr schaffen, wenn Sie mit diesen intensiven, aufwühlenden Erfahrungen konfrontiert werden?

Wie wäre es, wenn Sie die Abneigung und den Hass loslassen und empfänglich werden? Können Sie durch das Ausatmen Leichtigkeit und Ruhe erfahren? Sich der immer gegenwärtigen Realität des inneren Raumes öffnen – durch Ihre Konzentration auf den Raum zwischen den Atemzügen, Tönen oder Objekten in Ihrem Sichtfeld? Lassen Sie vor allem aber die Dinge, so wie sie sind, versuchen Sie nicht, sie zu verändern.

Wenn Sie Ihre eigene Meditationspraxis nutzen, ist das gar nicht so schwer. Wann immer Sie meditieren, schaffen Sie Raum, indem Sie Aufmerksamkeit zulassen und freundliches Empfangen jeglicher Erfahrung.

Die Zeit ist jetzt. Der Ort ist hier. So sind die Dinge.

Raum für Dinge zu schaffen bedeutet, sie zu benennen und sie so zu belassen, wie sie sind. Achtsam sein bedeutet hier und jetzt zu sein, und klar zu sehen, was um uns herum geschieht.

In den Worten des Dichters David Budbill klingt das so:

Rede nicht abstrakt
Sag lieber:
Es ist ein schöner Tag.
Gibst du mir bitte den Kartoffelbrei?
Sieh dort, eine Meise.
Deine Stimme verzückt mich.
Lass uns die Bohnen pflanzen.
Heute vermisse ich meine verstorbene Mutter besonders.
Ich möchte dein Gesicht berühren.
Räum dieses Durcheinander auf!
Was gibt es Schöneres als ein kühles Glas Wasser?
Ich bin so traurig, ich möchte nur noch weinen.

Wie spät ist es?
Ich möchte dich überall berühren.
Lass uns einen Spaziergang machen.
Magst du einen Tee mit mir trinken?
Lass uns Musik hören.
Ich will nicht sterben.
Besuch mich bald wieder.

Jetzt – hier –dies – so sind die Dinge. Achtsamkeit mit empfangender Freundlichkeit und Mitgefühl bringt Sie in Berührung mit Ihrem ganzen Selbst. Es verbindet Sie in jedem Augenblick mit allem, was Sie sind. Die Bereitschaft anzuerkennen, was geschieht, die wiederholte achtsame Hinwendung dazu und die Härte des Widerstandes in Geist und Körper zu mildern – all das erfordert Vertrauen, Mut und Geduld. Die Belohnung dafür ist ein wachsendes Vertrauen, dass Sie mehr sind als Ihre schlimmsten Ängste, und die Gewissheit, dass ein Raum, eine Leichtigkeit und ein Friede in Ihnen sind, die auch den stärksten Aufruhr aufnehmen können.

Den Krieg gegen Angst, Furcht und Panik beenden

Erinnern Sie sich an Sam, der als Kind durch Zahnarztbesuche traumatisiert war und den diese Angst auch noch als Erwachsenen bei jedem Besuch begleitete? Alles besserte sich ein wenig für ihn, als er fähig war, auf seinen Atem zu achten, sich zu entspannen und nicht mehr anzukämpfen gegen die Erlebnisse, die beim Zahnarzt aufkamen.

Dem Erleben Raum geben, besonders wenn es unangenehm ist, erfordert gewöhnlich das Eingeständnis, dass man es eigentlich bekämpft, um es loszuwerden. Diese unangenehmen Gefühle, verbunden mit Angst, Furcht und Panik, rufen den starken Wunsch hervor, Mittel und Wege zu finden, um sich von ihnen zu befreien. Der gleiche Prozess spielt sich auf verschiedenen Ebenen ab: vom physischen Schmerz über zwischenmenschliche Beziehungen bis zu internationalen Konflikten.

Wenn Sie Aversion oder Hass gegen etwas Unangenehmes bei sich feststellen, dann ist es wichtig, sich klarzumachen, dass Sie nichts Falsches getan haben. Es ist lediglich eine gewohnheitsmäßige geistige und körperliche Erwiderung auf das Unangenehme einer Situation. Sie werden aber Probleme bekommen, wenn auf den Hass und die Aversion Handlungen folgen, die die Situation verhärten oder verschlimmern. Erkennen Sie aber die Aversion, so ist dies ein entscheidender Moment der Achtsamkeit und der erste Schritt in eine andere Richtung, zur Freiheit hin.

Es ist wichtig, der starken Abneigung Raum zu geben, sie anzuerkennen und innen Raum zu finden, um sie aufzunehmen. Wenn Sie Ihr achtsames Gewahrsein weiterhin auf den Fluss der Erfahrung richten, werden Sie erkennen, wie mächtig unkontrollierter Hass und Abneigung tatsächlich sind und wie leicht sie uns zu zerstörerischen Reaktionen verleiten.

Die wesentlichen Haltungen der Akzeptanz (die Dinge so sehen zu wollen, wie sie sind), des Nicht-Urteilens und Nicht-Strebens (nicht zu versuchen, die Dinge zu verändern) werden nun gute Verbündete, um den Kampf gegen Angst, Furcht und Panik zu beenden. Diese Haltungen haben eine stark transformierende Wirkung.

Die folgenden Meditationsübungen – *Raum wahrnehmen* und *die Ja-Übung* – sind hilfreich, um die Übung der Achtsamkeit weiterzuentwickeln, besonders angesichts intensiver und verwirrender Erfahrungen wie Angst, Furcht und Panik. Beide werden – wie alle Achtsamkeitsübungen – im Geiste der Akzeptanz, des Nicht-Urteilens und des Nicht-Strebens Augenblick für Augenblick und Atemzug um Atemzug geübt.

Meditationsübung: Raum wahrnehmen

Raum ist in jedem Moment gegenwärtig: zwischen den sichtbaren Dingen in einem Raum oder zwischen Blättern und Ästen an einem Baum. Er ist auch zwischen Tönen, Worten und äußeren Geräuschen. Und er ist zwischen Ihren inneren Erfahrungen, zwischen den Atemzügen oder den Gedanken.

Entspannen Sie sich sowohl bei formaler als auch formloser Meditation, und versuchen Sie nicht, etwas bewirken zu wollen. Richten Sie Ihre Aufmerksamkeit ganz ruhig auf den Raum um Sie herum und in Ihrem Inneren. Nehmen Sie den Raum bewusst wahr, wann immer Sie ihn spüren können.

Es ist normal und leichter, mit offenen Augen um uns herum wahrzunehmen, zuerst also Dinge zu sehen. Versuchen Sie dann, Ihre Aufmerksamkeit auf den Raum zwischen den Dingen zu richten, beachten Sie engere oder ausgedehntere Zwischenräume und wie diese sich durch Bewegung der Dinge verändern.

Dann schließen Sie Ihre Augen und nehmen den inneren Raum wahr. Konzentrieren Sie sich auf den Raum zwischen Ein- und Ausatmung, zwischen den Tönen, die Sie hören. Entspannen Sie sich dabei. Es ist keine Eile. Sie müssen nirgendwohin gehen. Ruhen Sie in diesen Räumen, kehren Sie so oft wie möglich dorthin zurück. Je mehr Aufmerksamkeit Sie auf den Raum in Ihrem Leben richten, desto mehr werden Sie erkennen, dass Sie einen tiefen, ruhigen Innenraum betreten. Er ist beständig und in der Lage, Störungen und Aufruhr wie Angst, Furcht und Panik aufzunehmen.

Wenn Ängste, Furcht oder Panik Sie heimsuchen, versuchen Sie ihre „Begrenzung", ihren „Rand" auszumachen. Achten Sie auf den Raum, der sie umhüllt. Statt das Unangenehme, den Aufruhr zu bekriegen und loswerden zu wollen, richten Sie sich genau *darauf* und lassen Sie diese Gefühle in einem größeren Raum existieren. Schauen Sie, was kommt, wenn Sie mit Raum, Akzeptanz und Aufmerksamkeit arbeiten.

Meditationsübung: Ja-sagen

Aversion und Übelwollen sind tief verwurzelte Gewohnheiten, sie entstehen spontan und oft unbewusst. Manchmal ist man so tief in den Kampf mit ihnen verwickelt, dass man gar nicht mehr weiß, wann und wie er begann.

Die einfache Übung „Ja“ zu Erfahrungen zu sagen und sich ihnen achtsam zuzuwenden, kann von den tief verwurzelten Gewohnheiten reaktiver Aversion befreien und die Verbindung zum gegenwärtigen Moment aufrechterhalten.

Die Anleitung ist sehr einfach: Wenn Sie Achtsamkeit üben und irgendein Schmerz oder Widerstand aufsteigt, benennen Sie ihn und nehmen ihn mit einem freundlichen „Ja“ an, so als würden Sie direkt mit ihm sprechen: „Angst um meine Gesundheit – Ja!“ „Zahnschmerzen –Ja!“ „Sorge um meine Arbeit – Ja!“ Versuchen Sie es als formlose Übung im Alltag: „Stau, nichts geht mehr – Ja!“, „Ärger mit meinem Kollegen – Ja!“, „Angst vor den Leuten, denen ich begegne – Ja!“ „Ja“ zu einer Erfahrung zu sagen setzt voraus, dass Sie in einer angemessenen Weise getan haben oder tun werden, was wirklich getan werden muss. Es bedeutet aber nicht, wie ein „Fußabtreter“ zu sein.

Diese Übung des „Ja“ ist ein Weg, Offenherzigkeit in jedem Augenblick zu schaffen. Achtsam sein auf alles, was gerade geschieht, bedeutet auch Raum zu geben, anzunehmen, sich nicht in Widerstand und Aversion zu verlieren. Sagen Sie „Ja“ zu einer Erfahrung, und Sie können das Urteilen und das Streben nach etwas anderem loslassen und wirkliche Achtsamkeit tief erleben.

Denken Sie daran

Das Widerstreben, sich Angst, Furcht und Panik zuzuwenden, ist eine natürliche Begleiterscheinung dieser Gefühle. Die Weisheit, die Heilung und die Freiheit von diesen Gewohnheiten des Widerstands und der Abneigung liegen letztlich in der Fähigkeit, inneren Raum für den Aufruhr schaffen zu können und den Kampf gegen den Schmerz zu beenden.

14

Verbreitete Schwierigkeiten bei diesen Meditationspraktiken

Sie haben Gelegenheit gehabt, eine Meditation mit Achtsamkeit und Freundlichkeit zu üben. Wahrscheinlich stellen sich Ihnen aufgrund Ihrer direkten Erfahrung mit diesen Meditationspraktiken einige Fragen. Das ist gut. Es zeigt, dass Sie geübt haben! Sie sind dabei, mittels Aufmerksamkeit und Bewusstheit Vertrautheit mit Ihrem Innenleben zu erlangen.

Eines der zentralen Themen dieses Buches handelt davon, dass Sie besser mit Furcht, Angst und Panik zurechtkommen werden, wenn Sie lernen können, jeden dieser unangenehmen Zustände zum Objekt Ihrer Achtsamkeit zu machen.

Am erfolgreichsten werden Sie sein, wenn Sie Achtsamkeit zu einer Lebensweise machen. Sie sollte eine Herangehensweise an das Leben selbst werden statt einer „Technik", die Sie nur anwenden, wenn Furcht, Angst oder Panik auftreten. Wenn Sie Achtsamkeit und Freundlichkeit zu Alltagsgewohnheiten gemacht haben, werden Sie es viel leichter finden, Furcht, Angst oder Panik bei ihrem Erscheinen einfach als weitere Übungsobjekte zu behandeln. Der beste Weg, Achtsamkeit zu einer Lebensweise zu machen, ist eine tägliche Meditationspraxis.

Wenn Sie Meditation und Achtsamkeit konsequent und kontinuierlich praktizieren, werden Sie natürlich Fragen haben. Wenn Sie Ihre eigenen Fragen stellen und angemessene Antworten darauf finden, wird das Ihre Meditationspraxis vertiefen. Fragen und Praxis zusammen werden Sie auch stärken und zuversichtlicher machen bei Ihrer Begegnung mit Furcht, Angst oder Panik und allen anderen Belastungen oder Herausforderungen im Leben sowie bei deren Bewältigung.

Das Lesen weiterer Bücher, das Anhören von Kassetten sowie Gespräche mit anderen Meditierenden und Meditationslehrern sind Wege, um Antworten auf Ihre Fragen zu bekommen. Merken Sie sich aber: Die besten Antworten werden immer von Ihrer eigenen Praxiserfahrung mit Achtsamkeit kommen, sowohl in der formalen Meditation als auch in der formlosen im Alltag. Überprüfen Sie die Antworten von anderen Menschen immer anhand eigener Erfahrung. Was hilft Ihnen?

Ein achtsames Leben zu entwickeln erfordert wirkliche Übung und Hingabe. Wir brauchen Hingabe und die dazu gehörige Geduld, Akzeptanz und Entschlossenheit, um die machtvollen Gewohnheiten unserer Wahrnehmung und die fest gefügten Einstellungen, die wir als Menschen im Laufe des Lebens entwickeln, zu hinterfragen.

Meditationslehrer sagen gerne, dass Meditation ein Geistes- und ein Herzenstraining sei. Wenn Sie konsequent und mit den richtigen Anweisungen und der richtigen Bemühung meditieren, üben Sie sich darin, die Macht alter Gewohnheiten zu überwinden. Insbesondere die Gewohnheiten der Unaufmerksamkeit, der Ablenkung und der Geistesabwesenheit sowie die der Kritiksucht und des ständigen Kommentierens können große Hindernisse sein. Es ist wichtig, sie zu überwinden. Dieses Training des Geistes und des Herzens wird Ihnen auch dabei helfen, gewohnheitsmäßige Reaktionen auf Furcht, Angst und Panik zu überwinden.

Wenn Sie meditieren lernen, üben Sie Ihren Geist in friedvollem Verweilen. Das bedeutet, dass Sie Ihren Geist, Ihr Herz und Ihren Körper darin trainieren, im gegenwärtigen Moment ruhig, friedlich und bewusst zu bleiben.

Denken Sie daran, dass Sie bereits alles besitzen, was für ein friedliches Verweilen notwendig ist. Aus der Perspektive der Achtsamkeit besitzen Sie bereits einen Geist und ein Herz, die freudig, ruhig und klar sind. Gleichgültig, was Sie an sich selbst bemängeln, es ist mehr Richtiges als Falsches vorhanden.

Leider stimmen Sie dem vielleicht nicht immer zu. Das liegt wahrscheinlich daran, dass Sie sowohl im Leben als auch in der Meditation auf Hindernisse gestoßen sind. Diese Hindernisse entstehen durch Gewohnheiten und Konditionierungen, die Ihre Verbindung zu den tiefen, machtvollen inneren Eigenschaften von Ruhe und Klarheit und den vollen Ausdruck derselben blockieren.

Es ist wichtig, dass Sie diese Hindernisse als das erkennen, was sie sind: Sie sind nicht Sie. Sie sind nicht dauerhaft. Nur durch die Meditationspraxis und die verschiedenen Achtsamkeitsmethoden werden Sie sich der Hindernisse und der einschränkenden Gewohnheiten in Ihrem Leben bewusst werden. Aus diesem Blickwinkel ist jede Frage, die Sie haben, eine gute. Interessant an diesen Hindernissen und Gewohnheiten ist, dass wir sie alle haben.

Die Fragen und Schwierigkeiten, von denen Sie gleich lesen werden, sind derart, wie sie die Leute immer haben, wenn Sie mit der Achtsamkeitsmeditation beginnen (ja, eigentlich auch mit vielen anderen Arten von Meditation). Sie spiegeln die grundlegende menschliche Erfahrung vom Herumwandern des Geistes wider, vom Verlangen nach angenehmen Dingen und von der Aversion oder der Wut gegenüber unangenehmen Dingen. Die Häufigkeit dieser Schwierigkeiten zeigt, dass wir uns als menschliche Wesen mehr ähneln als unterscheiden.

Verbreitete Schwierigkeiten in Bezug auf die Meditationspraxis

„Ich habe keine Zeit zu meditieren. Was soll ich tun?"

„Haben Sie der Meditation Priorität eingeräumt? Eine Meditationspraxis ist wie jede andere verpflichtende Aufgabe, die Sie im Leben haben. Sie müssen sie zur Priorität erklären. Es hilft Ihnen vielleicht, wenn Sie sich an Ihre ursprüngliche Motivation erinnern. Warum wollten Sie meditieren? Wenn Sie meditieren möchten, müssen Sie sich Zeit dafür einrichten. Haben Sie Zeit, um Ihr Leben zu heilen?"

„Meditation ist zu langweilig."

„Wenn sich Menschen beschweren, dass Meditation zu langweilig sei, haben sie gewöhnlich unvernünftige Erwartungen in Bezug darauf, wie ihnen die Meditation helfen kann. Oder sie haben eine falsche Vorstellung davon, was Meditation ist.

Bei der Achtsamkeitspraxis sollten Sie alles untersuchen, was vorhanden ist. Das erfordert die Bereitschaft, die Erfahrung dessen, was geschieht, zuzulassen, auch das Gefühl von Langeweile. Können Sie in die Erfahrung hineinatmen und dabeibleiben? Erlauben Sie ihr, sich zu entfalten und sich zu zeigen. Langeweile beinhaltet häufig Elemente von negativen Urteilen und von Selbstgesprächen. Es ist eine Frustration da, die wirklich im Körper gefühlt werden kann, sowie eine Aversion gegen irgendeinen Aspekt dessen, was vorhanden ist. Versuchen Sie das nächste Mal, wenn Sie bei Ihrer Meditation Langeweile empfinden, das, was da abläuft, genauer zu betrachten. Was Sie entdecken werden, wird nicht langweilig sein."

„Wenn ich still dasitze und meditiere, macht mich das noch ängstlicher."

„Ist das nicht interessant? Halten Sie es für möglich, dass Sie in Wirklichkeit nicht ängstlicher werden, sondern dass Sie sich dadurch, dass Sie innehalten und still sitzen, der schon vorhandenen Angst bewusster werden? Bei der Meditation haben Sie die Gewohnheiten der Unaufmerksamkeit, der Ablenkung und der Geistesabwesenheit abgelegt, die Sie nicht mit der Angst haben in Berührung kommen lassen. Jetzt sind Sie sich ihrer bewusster.

Um die Gefühle von Sorge, Angst und Panik zu meistern, muss man sie verstehen. Das bedeutet nicht, dass man sich einfach nur mehr Gedanken über die Gefühle macht oder sich mehr Informationen darüber beschafft. Einige Gedanken und Informationen sind notwendig, aber man muss die Erfahrung auch bei ihrem Aufkommen und ihrer weiteren Entwicklung direkt von innen heraus verstehen. Dieser Aspekt des Lernens durch Erfahrung ist von großer Bedeutung beim Achtsamkeitsansatz. Man lernt, was es bedeutet, mit dem aufgewühlten Geist zu arbeiten, indem man in solch einem Zustand mit gütiger, konzentrierter Bewusstheit präsent ist. Man lernt, die Reaktionsweise des eigenen Geistes angesichts solch intensiver Zustände wie Bekümmerung und Angst zu erkennen und ihr nicht mehr zum Opfer zu fallen. Wenn Sie während Ihrer Meditation Angst bekommen, erinnern Sie sich also daran, dass Sie nichts falsch gemacht haben. Atmen Sie einfach in die Angst und in die Situation hinein, und machen Sie die Angsterfahrung selbst zum Objekt Ihrer Aufmerksamkeit und Ihrer Bewusstheit. Schauen Sie, ob Sie um das Erleben herum genug inneren Raum schaffen können, damit es sich ausbreiten kann."

„Ich mag aber das Gefühl nicht.
Ich möchte wegkommen davon. Ich möchte es nicht mehr haben."

„Das ist verständlich. Jeder, der sich mit den unangenehmen, beunruhigenden Zuständen von chronischer Angst und Furcht auseinandersetzen muss, hat diese Gefühle von Aversion und Sehnsucht nach Erleichterung. Aber konnten Sie wirklich jemals von der Angst wegkommen? Oder ist Ihr Leben zu einer ständigen Beobachtung von Körper und Geist auf jede Spur von zurückkehrender Angst geworden? Haben Sie Angst vor der Angst entwickelt? Ist die Angst, in welcher Form auch immer, zu einem Feind in Ihrem eigenen Geist und Körper geworden? Haben Sie das Gefühl, in Ihrem eigenen Geist und Körper herrsche Krieg?

An irgendeinem Punkt fühlt sich fast jeder so, wenn er sich mit chronischen Schmerzzuständen, mit Stress, Furcht oder Angst auseinandersetzen muss. Hier können die Übungen von Güte und Mitgefühl für sich selbst und die Fähigkeit zu tiefer Entspannung und Erleichterung durch die Konzentration auf den Atem und die auf den Körper ausgerichteten Übungen sehr nützlich sein.

Wenn eine solche Abneigung und ein solcher Widerwillen gegen die Angst vorhanden sind, dann machen Sie sich klar, dass sich Ihre Beziehung zur Angst verändern muss, bevor sich irgendetwas anderes verändern kann. Das bedeutet, den Krieg einzustellen, bereit zur Präsenz zu sein und das, was geschieht, zuzulassen.

Es ist hilfreich, sich einmal klar zu machen, dass die Abneigung und der Widerwille gegen das, was geschieht, oft die problematischste Energie überhaupt ist – stärker noch als das Ungemach des Schmerzes oder der Angst.

Wenn Sie merken, dass Sie nicht mögen, was gerade geschieht oder wenn Sie davon weg wollen, dann achten Sie einmal genau auf dieses Gefühl „nicht mögen" oder „weg wollen". Versuchen Sie, „Abneigung" oder „Widerwille" zu benennen, und sehen Sie, ob Sie diese *Energie* als getrennt von den anderen gegenwärtigen Erfahrungen unterscheiden können. Bemerken Sie, wo in Ihrem Körper sie sich befindet und wie sie sich anfühlt; versuchen Sie, ihr Raum zu geben und erlauben Sie ihr, sich Ihnen tiefer zu offenbaren.

Eine Art und Weise, auf die ich Achtsamkeit praktiziere, ist die mit der simplen Anweisung: „Entspanne dich und sei präsent".

Die erste und schwierigste Aufgabe, wenn man mit solch intensiven Störfaktoren wie der Angst und der Panik arbeitet, besteht einfach nur darin, auf entspannte, ruhige weise Aufmerksamkeit zu entwickeln und aufrechtzuerhalten. Es ist sehr schwer, präsent und achtsam zu sein, wenn man unruhig ist und unter großer Spannung steht.

Stellen Sie die Unruhe einfach fest. Benennen Sie jegliche Abneigung, die Sie dagegen empfinden. Entspannen Sie sich und öffnen Sie sich diesen Gefühlen, so gut Sie können. Konzentrieren Sie Ihre Aufmerksamkeit. Seien Sie in dieser Situation geduldig und hochherzig mit sich selbst.

Wenn man die eigene Aufmerksamkeit konzentriert und sich selbst gegenüber auf geschickte Weise freundlich und mitfühlend ist, kann man die Entspannung und Aufmerksamkeit vertiefen – und die Bewusstheit kann klarer werden.

Erkennen und akzeptieren Sie, dass die Dinge – jetzt – so sind.

Arbeiten Sie dann praktisch daran, für sich selbst zu sorgen und sich selbst so zu trösten, wie Sie das mit Ihrem eigenen verzweifelten Kind oder einem Freund machen würden. Stoppen Sie die negativen Selbstgespräche und die kritischen Kommentare. Wenn diese nicht aufhören, dann lassen Sie sie zu. Betrachten Sie sie einfach nur als weitere Gedanken – und als nichts anderes. Benutzen Sie dann den Bodyscan, die Gehmeditation, andere Arten der achtsamen Bewegung oder die Atembewusstheit, um Ihre Aufmerksamkeit zu konzentrieren und die Stille und den Raum zu finden, die auch in diesem Moment vorhanden sind.

Üben Sie achtsames Atmen in der Situation. Atmen Sie voller Bewusstheit ein und aus, über, unter und durch die Angst hindurch, und lassen Sie alles Vorhandene in der Wiege des Atems ruhen. Machen Sie diesen Ort der inneren Stille zu einem Behältnis für den aufgewühlten Geist und all die Aversion und Verzweiflung, die sich dort angesammelt haben."

„Tut mir leid, aber ich kann anscheinend nicht still sitzen. Ich habe einfach so große Angst. Habe ich zu viel Angst, um zu meditieren?"

„Das ist kein ungewöhnliches Gefühl und keine ungewöhnliche Frage. Die kurze Antwort lautet „nein", Sie haben nicht zu viel Angst, um meditieren zu können. Die lange Antwort ist etwas umfassender. Sie hat einen Bezug zu dem, was wir bei der vorhergehenden Frage besprochen haben.

Die Angst, die Besorgtheit und selbst die Panik: Das sind nicht Sie! Daran sollten Sie sich zuerst erinnern. Es sind nur Zustände, die in den gegenwärtigen Moment ein- und wieder aus ihm heraustreten. Verwirrung entsteht, wenn die Intensität dieser Zustände dazu führt, dass Sie sich mit Ihnen zu identifizieren beginnen und sich in einer Reaktion darauf verlieren. Erinnern Sie sich daran, wie Geist und Körper miteinander kommunizieren und einander verstärken? Genau das passiert hier.

Es ist ein Kernprinzip meditativer Disziplinen, ruhige, konzentrierte Aufmerksamkeit herzustellen. Das bedeutet, wenn Sie sich von Angst überwältigt fühlen, müssen Sie einen Weg finden, wie Sie achtsame Aufmerksamkeit auf den gegenwärtigen Moment ausrichten. Das heißt gewöhnlich, Aufmerksamkeit zu entwickeln und immer wieder neu herzustellen.

Wenn Sie mit Ihrer schärfer werdenden Aufmerksamkeit arbeiten, denken Sie immer wieder daran, jeglichen Wunsch loszulassen, etwas verändern zu wollen. Vielleicht hilft Ihnen die Neugier, sich zu konzentrieren. Halten Sie den Bauch weich und entspannt und seien Sie so offen und aufnahmebereit der Erfahrung gegenüber, wie es Ihnen nur möglich ist.

Der Unruhe Raum zu geben bedeutet, jede Abneigung dagegen zu erkennen und den Kampf zu beenden, während Sie Ihre Aufmerksamkeit wieder und wieder konzentrieren.

In diesem Buch haben wir umfassend damit gearbeitet, die Bewusstheit der Atemwahrnehmung als Mittel dafür zu benutzen, die Verbindung mit dem gegenwärtigen Moment herzustellen und aufrechtzuerhalten. Sie haben sich darin geübt, zusammen mit allem, was passiert, ein- und auszuatmen. Dieses bewusste Atmen, geübt im Zusammenhang mit dem, was passiert, richtet die Aufmerksamkeit auf den jetzigen Moment und verbindet Körper und Geist mit der gegenwärtigen Erfahrung. Es ermöglicht ein Sanftwerden und ein Sich-Öffnen, welches die Erfahrung nicht zu verändern versucht, sondern ihr erlaubt, so zu sein, wie sie ist.

Die Methode, die Sie anwenden, um ruhige, konzentrierte Aufmerksamkeit zu entwickeln, ist nicht so wichtig wie die Tatsache, dass Sie sie überhaupt entwickeln. Manchmal können Sie Aufmerksamkeit entwickeln, indem Sie die Praxis achtsamen Atmens anwenden. Ein anderes Mal müssen Sie vielleicht irgendeine Art der achtsamen Bewegung wie eine Gehmeditation oder Yoga durchführen, ehe Sie die Aufmerksamkeit auf das momentane Erleben konzentrieren können.

Wenn Sie in der Lage sind, die Angst konzentrierter zu beobachten, kann sie selbst zum Objekt der Achtsamkeit werden. Sie werden die Empfindungen und Gedanken leichter zulassen können, ohne sich in ihnen zu verlieren oder unbewusst darauf zu reagieren. Sie werden Ihre Identifikation mit ihnen durchbrechen, und dies wird es Ihnen ermöglichen, bewusst darauf zu reagieren.

Alles beginnt mit der Entwicklung ruhiger, konzentrierter Aufmerksamkeit."

*„Ich glaube nicht, dass ich die Disziplin habe,
um meditieren zu können. Das ist einfach nichts für mich."*

„Bemühen Sie sich, einmal genauer hinzusehen, was Sie zu sich selbst sagen. Was ist in Ihrem Geist und in Ihrem Herzen präsent, wenn diese Gedanken aufkommen?

Wenn jemand sagt, er habe nicht die Disziplin, zu meditieren, ist es gewöhnlich deshalb, weil er zu meditieren versucht hat, aber dabei Hindernisse aufgetreten sind. Die Anforderungen seines Lebens und die Gewohnheit, unaufmerksam, abgelenkt und geistesabwesend zu sein, haben lautstark ihr Haupt erhoben. Diesem Lärm folgen gewöhnlich Selbstzweifel. Dann beginnen die Menschen an Ihrer eigenen Fähigkeit und Stärke zu zweifeln, mit den Hindernissen fertig zu werden.

Denken Sie daran, dass Achtsamkeit, Güte und Mitgefühl Ihre Verbündeten sind. Sie sind Freunde, die Sie begleiten und Ihnen helfen, mit den Herausforderungen Ihres Lebens zurechtzukommen. Sie brauchen nicht „perfekt" zu meditieren. Es gibt nichts zu erreichen. Es ist genug, wenn Sie die Übungen einfach machen. Arbeiten Sie damit, und lernen Sie, wie und wo sie in Ihr Leben passen. Sie selbst werden sich verändern, die Übungen werden sich verändern, die Umstände werden sich verändern. Entspannen Sie sich einfach, und arbeiten Sie jetzt damit, so gut es Ihnen möglich ist.

Lassen Sie jegliche Gedanken an Perfektion und Glückseligkeit los oder daran, die/der perfekte Achtsamkeitsmeditierende zu werden. Lernen Sie eventuell auftretende Hindernisse zu bemerken. Lassen Sie sie zu, ohne sich mit ihnen zu identifizieren oder ihnen zu glauben. Das ist wirklich alles, was Sie tun müssen."

„Bei mir funktioniert es nicht. Ich kann es nicht richtig machen."

„Hören Sie sich selbst achtsam zu. Wie ist der Ton dieser Behauptung? Was für Gefühle sind in Ihnen vorhanden, wenn Sie mit gütiger Bewusstheit tief in Ihr Inneres blicken?

Diese Besorgtheit ist typisch für nahezu jeden, der mit der Meditation (oder irgendetwas anderem) beginnt. Es ist eine jener unangebrachten und unrealistischen Erwartungen, denen harte Selbstverurteilung und Wellen von Selbstkritik, Frustration und Verzweiflung folgen.

Dies sind einige weitere jener starken Gewohnheiten, die vom Licht der Achtsamkeit vollständig aufgedeckt werden. Bemerken Sie es einfach nur, wenn sie in Ihnen aufkommen. Lassen Sie sie zu. Lassen Sie die Gedanken, Empfindungen – oder was auch immer – zum Objekt der Achtsamkeit werden. Praktizieren Sie Freundlichkeit und Annahme dem gegenüber, was in diesem Moment in Ihrem Innern vorhanden ist."

Fragen zu bestimmten Meditationsübungen

„Ich habe keine Zeit dazu, alles so langsam zu machen, wie ich diese Rosine gegessen habe. Bedeutet das, dass ich nicht achtsam sein kann?"

„Achtsamkeit hängt nicht von Geschwindigkeit ab. Die Fähigkeit, präsent zu sein, wohnt Ihnen bereits inne. In den Übungen wie der Rosinen-Meditation leiten wir Sie aus einem anderen Grund sehr langsam an.

Obwohl Ihnen Achtsamkeit bereits innewohnt, sind auch die Gewohnheiten der Unaufmerksamkeit und der Geistesabwesenheit vorhanden. Die Geschwindigkeit, mit der Sie Aktivitäten und Erfahrungen durchlaufen, spiegelt die Unaufmerksamkeit und die Gehetztheit wider, die zu Lebensgewohnheiten geworden sind. Wir haben uns angewöhnt, unaufmerksam zu sein, was die Achtsamkeit beeinträchtigt. Wenn Sie nicht aufmerksam sind, werden Sie es schwer finden, sich des Vorhandenen bewusst zu werden.

Aufmerksamkeit zu entwickeln und aufrechtzuerhalten erfordert einige Mühe. Wenn Sie alles ein bisschen langsamer machen und die Aufmerksamkeit so genau wie möglich darauf konzentrieren, lernen Sie, präsenter zu sein. Wenn Sie die Kunst der Aufmerksamkeit entwickeln, werden Sie entdecken, dass Sie auch bei höherer Geschwindigkeit präsent sein können. Sie können immer achtsam sein, bei jeder Aktivität und jeder Geschwindigkeit. Aufmerksamkeit steht am Anfang."

„Es stört mich, dass mein Geist total zerstreut ist, wenn ich Bewusstheit auf den Atem, den Bodyscan oder auch die Gehmeditation übe. Ich scheine meine Gedanken nicht kontrollieren zu können."

„Ist das nicht interessant? Woher haben Sie die Idee, dass Sie Ihre Gedanken kontrollieren sollten?

Bei Achtsamkeitsübungen reicht es aus, wenn Sie erkennen, dass Sie Gedanken haben. Das ist ein Augenblick der Achtsamkeit. Arbeiten Sie mit den Gedanken, indem Sie sie einfach nur erkennen. Bei den von Ihnen erwähnten Übungen übt man, die Aufmerksamkeit auf den Atem, den Körper oder die Aktivität des Gehens ausgerichtet zu halten. Nehmen Sie aufkommende Gedanken (oder andere Ablenkungen) einfach nur wahr, lassen Sie sie los und wenden Sie sich wieder Ihrem primären Meditationsobjekt zu.

Bei der Meditationspraxis werden Gedanken wie alles andere behandelt: einfach nur als etwas, was man wahrnimmt. Bei der Aufmerksamkeitsübung ohne bestimmtes Objekt macht man sogar die gegenwärtigen Gedanken selbst zum Objekt. Halten Sie den Kommentar, die Bilder oder jegliche Form, welche die Gedanken annehmen, ins Licht der Achtsamkeit, und atmen Sie mit ihnen ein und aus, wobei Sie ihnen gleichzeitig zuhören und sie beobachten. Sie können erleben, wie sie aufkommen, sich verändern und verschwinden. Sie sind nicht Sie selbst, ganz gleich, wie dramatisch, zwingend oder wichtig sie auch erscheinen mögen.

Ob Sie die Gedanken nun loslassen und mit der Aufmerksamkeit zum Atem oder zum Körper zurückkehren oder ob Sie die Gedanken selbst zum Objekt machen – in jedem Falle identifizieren Sie sich nicht mehr mit ihnen. Und Sie vermehren sie auch nicht durch noch mehr Gedanken. Sie stellen einfach nur fest, dass sie auftreten, und lassen sie sein."

„Den Bodyscan liebe ich manchmal, weil ich mich dabei so sehr entspanne. Ein anderes Mal hasse ich ihn, weil ich nicht still sitzen kann, weil ich einschlafe oder glaube, dass er nicht funktioniert."

„Sehen Sie, wie sehr Mögen und Nicht-Mögen davon abhängen, dass man sich wohlfühlt, oder davon, dass die Dinge so laufen, wie man es sich vorstellt? Es ist in Ordnung, sich wohl zu fühlen und gewisse Vorstellungen zu haben. Aber können Sie auch tiefer schauen?

Die Meditationspraxis befähigt Sie zu erkennen, wie diese Gewohnheiten, Wohlgefühl und Antworten zu suchen, zusammen mit dem Beurteilen, das sie erfordern, eine Quelle des Schmerzes sein können. Der Schmerz kann auftreten als Furcht davor, die Sicherheit zu verlieren, als Sorge oder Angst, ob man seine Sicherheit bewahren kann, oder als eine Variation dieser beiden.

Bei der Bodyscan-Übung geht es darum, einen Bezug zum Körper herzustellen und sich seiner, so wie er ist, bewusster zu werden. Das führt zwar zu Entspannung – und diese ist auch wichtig –, aber Entspannung ist nicht das eigentliche Ziel. Dieses ist Bewusstheit. Versuchen Sie, Ihre Praxis nicht danach zu beurteilen, wie entspannt oder wie „gut" Sie sich fühlen. Versuchen Sie, sie überhaupt nicht zu beurteilen. Versuchen Sie einfach nur, präsent zu sein und das, was da ist, zu erkennen und zu akzeptieren. Beobachten Sie, wie sich die Dinge von Tag zu Tag und von Übung zu Übung verändern. Versuchen Sie nicht, etwas festzuhalten oder etwas herbeizuführen."

„Wenn ich Bewusstheit ohne ein bestimmtes Objekt praktiziere, verliere ich mich leicht. Die Angst ist groß, mein Geist füllt sich mit furchterregenden Gedanken, und ich mache mir Sorgen, dass ich die Kontrolle über alles verliere. Was soll ich tun?"

„Das ist eine sehr gute Frage. Sich verloren, von Angst erfüllt und ohne Kontrolle zu fühlen, ist eine weitverbreitete, intensive Erfahrung. Lassen Sie sich nicht entmutigen. So geht es praktisch jedem gelegentlich, der zu meditieren beginnt.

Aber die Meditation soll Ihnen ja helfen, genau mit diesen Situationen zurechtzukommen. Wenn Sie üben und bei der Meditation diesen schwierigen Besuchern begegnen, lernen Sie, bewusst und freundlich mit ihnen umzugehen. Was Sie im Laufe der Zeit lernen, wird Ihnen immer dann helfen, wenn die schwierigen Besucher erscheinen.

Wie man mit Furcht, Angst und Panik arbeitet, werden wir im Kapitel 16 genauer besprechen. Die Grundprinzipien sind simpel, aber nicht immer leicht!

- Stellen Sie im gegenwärtigen Moment Aufmerksamkeit her, und halten Sie diese aufrecht. So wie wir geübt haben, bedeutet das, die Aufmerksamkeit auf den Atem zu richten und dann mit allem, was auftritt, ein- und auszuatmen. Wir haben das als „es in der Wiege des Atems halten" bezeichnet.
- Wenn Sie Aufmerksamkeit hergestellt haben und Ihr Geist und Ihr Körper durch bewusstes Atmen mit dem gegenwärtigen Moment verbunden sind, machen Sie das ablaufende Erleben selbst zum Objekt der Achtsamkeit. Richten Sie Ihre zulassende Aufmerksamkeit tief auf jegliche Erfahrung, die vorhanden ist.

Wenn Sie die Aufmerksamkeit auf den Atem ausgerichtet haben, sind Sie nicht mehr hilflos. Beginnen Sie in die Angstgefühle im Körper hineinzuatmen, und lassen Sie die Gefühle selbst zum Objekt der Achtsamkeit werden. Hören Sie den Gedanken der Sorge und der Angst zu, lassen Sie sie stehen und richten Sie als Nächstes freundliche Bewusstheit auf die Angst, die Kontrolle zu verlieren.

Erinnern Sie sich daran, dass all das im gegenwärtigen Moment aufkommt, sich verändert und wieder vergeht. Ihre Übung besteht darin, mit freundlicher Aufmerksamkeit präsent zu bleiben, während diese Besucher kommen und gehen. Das ist friedvolles Verweilen. Es erfordert Übung! Es kann Zeit und Mühe erfordern, bis die Konzentration und die Achtsamkeit stark genug sind, dass Sie sich nicht in den vielen Gedanken und Gefühlen verlieren oder von ihnen überwältigt werden. Das ist aber in Ordnung. Nehmen Sie sich all die Zeit, die Sie brauchen. Üben Sie einfach nur weiter."

„Wenn ich die Meditation der liebenden Güte praktiziere, empfinde ich gewöhnlich nicht viel. Es kommt mir so künstlich vor. Ich werde sogar wütend und manchmal traurig. Ich verstehe es nicht. Stimmt etwas nicht mit mir?"

„Das sind hervorragende Beobachtungen und eine sehr gute Frage. Doch, es stimmt absolut alles mit Ihnen. Das sind weitverbreitete Gefühle, die aufkommen, wenn man mit den Meditationen der Güte und des Mitgefühls anfängt.

Bei dieser Praxis der liebenden Güte geht es darum, eine Verbindung zu etwas herzustellen, was Sie bereits besitzen. Die Qualitäten der Güte und des Mitgefühls sind in jedem Menschen vorhanden. Dass es einem schwerfällt, sie zu spüren, ist in der Tat sehr verbreitet.

Die gleichen Gewohnheiten von Unaufmerksamkeit und Geistesabwesenheit, die die Achtsamkeit beeinträchtigen, hindern Sie auch daran, Ihre eigene Fähigkeit zur Güte und Ihre mitfühlende Verbindung zum Leben wahrzunehmen. Des Weiteren ist die Gewohnheit der Gehässigkeit, getrieben von Zorn und Feindseligkeit, tief verwurzelt. Zorn und Feindseligkeit werden oft auf einer tieferen Ebene von Angst und Gefühlen des Getrennt- und des Verlassenseins gespeist.

Wenn Sie die Kunst der Aufmerksamkeit erlernen und eine tiefere Beziehung zum gegenwärtigen Moment herstellen können, werden Sie feststellen, dass Sie die Worte der Gütemeditation immer klarer hören können, und Sie werden sie auch leichter in Ihrem Geist und in Ihrem Körper spüren. Es erfordert einfach Übung.

Wundern Sie sich auch nicht, wenn noch mehr Gefühle von Wut oder Traurigkeit während Ihrer Meditationspraxis auftauchen. Mit dem tiefen Hinhören und Sich-Verbinden kommen eine tiefe Befreiung und Heilung. Starke Gefühle von Wut oder Traurigkeit warten oft einfach nur darauf, befreit zu werden. Ihre gütige, mitfühlende Aufmerksamkeit lässt sie frei. Heilung und Transformation finden statt."

„Es fällt mir schwer, ein Bild von mir selbst zu finden, wenn ich die Übung liebender Güte mache. Was soll ich tun?"

„Das ist eine hervorragende Frage. Fast jedem, der mit der Praxis der liebenden Güte beginnt, fällt es schwer, sich selbst Güte zuzuwenden.

Versuchen Sie, sich zu entspannen und sich mit irgendeinem Teil Ihrer selbst zu verbinden, einem Teil, den Sie fühlen oder sich bildlich vorstellen können. Wenn Ihnen das schwerfällt, kann es hilfreich sein, wenn Sie bei der Übung die Aufmerksamkeit auf Ihren Körper richten. Schicken Sie einfach Güte dorthin.

Sie müssen auch nicht unbedingt ein „ganzes" Bild von sich selbst verwenden. Sie können sich auf einen bestimmten Bereich Ihres Körpers konzentrieren, vielleicht einen verletzten oder kranken. Oder Sie können sich auf einen Teil Ihres emotionalen oder kognitiven Körpers konzentrieren, wie etwa die Wut, die Angst oder das ständige Urteilen.

Wenn sich Ihre Praxis vertieft und Ihre Sensibilität zunimmt, werden Sie neue Dimensionen in Ihrem Innern entdecken. Das wird Sie zu neuen Wegen führen, Güte sich selbst und anderen gegenüber zu entwickeln."

Weitere Fragen

„Ich bin verwirrt durch die vielen verschiedenen Übungen. Manchmal weiß ich überhaupt nicht mehr, was es bedeutet, achtsam zu sein."

„Nun, das ist ein wichtiges Problem und kommt recht häufig vor. Ich erinnere mich, genau das gleiche Gefühl gehabt zu haben, als ich an verschiedenen Meditations-Retreats mit verschiedenen Lehrern teilnahm: Sie lehrten unterschiedliche Methoden oder gaben unterschiedliche Anleitungen für dieselbe Meditation. Vielen Dank, dass Sie dieses Problem ansprechen!

Es ist so: Bei der Achtsamkeit geht es darum, genügend entspannt zu sein, um hier und jetzt mit Zuneigung und ohne zu urteilen Aufmerksamkeit zu üben. Weisheit und Freiheit entwickeln sich dann durch solche Aufmerksamkeit.

Achtsamkeit richtet sich *nicht nur* auf den Atem!

Die verschiedenen Meditationsübungen (auch die in diesem Buch) sind lediglich unterschiedliche Methoden, um Ihnen die ganze Fülle der Erfahrungen zu zeigen, die der Achtsamkeit zugänglich sind. Sie sollen Sie darin unterstützen, Aufmerksamkeit für alle Ihre Erlebnisse und Erfahrungen zu entwickeln und aufrechtzuerhalten.

Sie können beispielsweise achtsam sein beim Essen einer Rosine, oder wie Sie gehen, wie sich der Atem anfühlt oder wenn Sie Geräusche hören. Sie können auch achtsam sein auf den dauernden Fluss Ihrer inneren Erfahrung: auf Ihre Gedanken, Gefühle und Empfindungen. Die gemeinsame Grundlage ist Ihre freundliche, zulassende Aufmerksamkeit und die in jedem Moment entstehende Bewusstheit von allem.

Die Meditation der liebenden Güte schafft und stärkt die Gefühle der Freundlichkeit – sie sind das Herz jeder Achtsamkeitsmeditation. Sie ermöglicht außerdem tiefe Einsichten sowie die tiefe Verbindung zu innewohnenden Energien von Güte und Mitgefühl.

Es ist also gut möglich, dass Sie tatsächlich wissen, was es bedeutet, achtsam zu sein. Die meisten Menschen sind es zu irgendeiner Zeit in ihrem Leben gewesen, auch wenn sie es nicht so bezeichnet haben. Vielleicht brauchen Sie lediglich ein bisschen mehr Selbstvertrauen und ein wenig Neugierde, wie man die Übungen am sinnvollsten anwendet, um von Furcht, Angst und Panik frei zu werden."

„Ich bemühe mich so sehr zu meditieren, aber sowie ich Furcht und Angst empfinde, überkommen mich Zweifel und es fehlt mir an Selbstvertrauen bei dem, was ich tue."

„Die traditionellen Meditationslehren betrachten den Zweifel als das häufigste Hindernis. Ein entscheidendes Problem ist die Unfähigkeit des Geistes, sich auf irgendetwas zu konzentrieren, wenn er vom Zweifel beherrscht wird. Kommt Ihnen das irgendwie bekannt vor?

Was ist Zweifel? Oft ist es eine Kette von Gedanken, verbunden mit steigender Angst und einem Widerstand gegen die Erfahrung. Wenn Sie den Zweifel erkennen und benennen, können Sie eine Menge darüber lernen, wie Sie in bestimmte Stimmungen und Geistesverfassungen geraten und darüber, wie Sie sich von ihnen befreien können.

Eine Antwort auf den Zweifel ist, ihn immer und immer wieder zu benennen, ihm Raum zu gewähren, ohne sich mit ihm zu identifizieren oder mit ihm zu argumentieren. Und es ist sehr wichtig, weder den Zweifel noch sich selbst zu hassen. Mit Entschlossenheit und festem Geist zum gegenwärtigen Moment zurückkehren, konzentrierte Aufmerksamkeit und Raum geben – all dies kann helfen.

Wenn der Zweifel so stark ist, dass Sie sich wirr fühlen, dann sollten Sie sich eher auf einfaches Vertrauen und Mut verlassen.

Wenn Sie daran denken, dass zahllose Menschen in gleicher Weise durch Zweifel verwirrt waren oder es sind, so ist das gewiss tröstlich. Erhebende Geschichten von Menschen, die überall und zu allen Zeiten durch Glauben und Überzeugung dem Zweifel entgegengetreten sind und ihren Weg gefunden haben, können Sie inspirieren und Sie durch Ihre eigenen Zweifelstürme geleiten.

Lassen Sie sich vom Zweifel also nicht unterkriegen. Er ist nicht Ihr Feind, solange Sie ihn nicht dazu machen.

Wenn Sie lernen, den Zweifel schon bei seinem Entstehen zu erkennen, wenn Sie neugierig und aufmerksam ihm gegenüber sind – so wie bei der Rosine oder den Gefühlen des Atems –, dann können Sie die wahre Macht der Achtsamkeit entdecken, Sie von Schmerz, Furcht und Angst zu befreien."

„Wenn ich liebende Güte übe, merke ich manchmal, dass ich vergeben muss, bevor ich Freundlichkeit aufbringen kann. Können Sie etwas zur Vergebung sagen, und gibt es dazu eine Meditationsübung, die hilft?"

„Vielen Dank. Das sind tiefe Gedanken und sie zeigen Ihre Weisheit und Aufmerksamkeit für Ihr inneres Leben. Vielen Menschen geht es genauso, wenn sie die Meditation der liebenden Güte beginnen.

Es gibt natürlich Autoritäten zum Thema Vergebung und Meditation. Ich selbst habe erfahren, dass Vergebung das Ende von Groll und Verstimmung bedeutet. Zu vergeben bedeutet also, dass man den Groll loslässt – so gut es einem eben möglich ist. Das erfordert natürlich einige Hingabe, Geduld und auch Mut.

Ich habe von Meditationslehrern verschiedene wundervolle Methoden gelernt, um Vergebung zu praktizieren – und besonders die großen Glaubensrichtungen bieten viele Wege dazu an.

Eine besonders wirksame Methode möchte ich Ihnen hier vorstellen, vor allem wegen ihrer Schlichtheit, Tiefe und Universalität.

Erinnern Sie sich zunächst an jemanden, der Sie irgendwie verletzt hat. Sprechen Sie im Geist zu dieser Person: „Allen Schmerz und Schaden, den du mir absichtlich oder unabsichtlich zugefügt hast, vergebe und verzeihe ich dir."

Dann denken Sie an jemanden, dem Sie auf irgendeine Weise Schaden zugefügt haben. Sprechen Sie in Ihrer Vorstellung zu dieser Person: ‚Für alles Leid und Übel, das ich dir absichtlich oder ohne Absicht zugefügt habe, bitte ich um Vergebung und Verzeihung.'

Schließlich richten Sie den Blick auf sich selbst in einer bestimmten Situation oder mit einer bestimmten Person. Sprechen Sie besonders freundlich und liebevoll zu sich: „Für alles Übel und allen Schmerz, den ich dir zugefügt habe oder den ich in dieser Situation verursacht habe – dafür vergebe ich mir selbst."

Während Sie dies üben, achten Sie genau auf alles, was in Ihnen entsteht. Haben Sie mit allem Geduld und Mitgefühl – vor allem mit sich selbst.

Seien Sie bereit und willens, mit allen entstehenden Einsichten und allem aufkommenden Schmerz zu arbeiten.

Dieses Sprechen betont also das Vergeben. Ich mag das sehr, denn wir haben ja in Wirklichkeit keine Kontrolle über andere Menschen oder ihre Gefühle. Das Beste, das wir tun können, ist also Vergebung zu gewähren und selbst darum zu bitten.

Wir haben gesehen, dass der Schmerz oder der Schaden absichtlich oder unabsichtlich verursacht sein kann.

Ein weiterer wichtiger Punkt ist, dass Vergebung uns tatsächlich mehr nützt als dem anderen! Wenn wir also den Groll von uns abwerfen können, dann wird unser eigenes Leben freier. Und wenn wir freier und zugänglicher werden, öffnet sich eine Welt von Möglichkeiten in unseren Beziehungen und in unserem Leben.

Und schließlich mache ich mir klar, dass ich mich nicht selbst zum Fußabtreter mache, wenn ich Verzeihung gewähre und dass ich die Person dadurch nicht auffordere, sich weiterhin übel mir gegenüber zu verhalten.

Indem ich meinen Groll loslasse, schütze ich mich selbst. Ich beziehe mich auf eine gesündere Weise auf diese Person und habe mehr Mitgefühl für ihr Getriebensein, so zu handeln, wie sie es tut."

„Wenn ich die Meditation der liebenden Güte übe, habe ich oft das Gefühl, das Glück und die schönen Dinge gar nicht zu verdienen. Ich fühle mich selbstsüchtig, wenn ich liebende Güte übe."

„Vielen Dank für Ihre Aufrichtigkeit. Unglücklicherweise ist dies eine häufige Reaktion auf die Praxis der liebenden Güte.

Ich sage „unglücklicherweise", denn ich denke, es zeigt, wie viel unbewusste „Minderwertigkeit" wir in unserer Gesellschaft entwickelt haben.

Ich ziehe es vor, die Übungen der Achtsamkeit und der liebenden Güte als Schritte zur Selbstverwirklichung, zur Ganzheit zu betrachten.

Es sind Wege, die uns in Einklang und Harmonie bringen mit unserem wahren Menschsein. Wenn Sie zum Beispiel freundlich und gütig zu einem völlig fremden Menschen sein können – warum dann nicht auch zu sich selbst? Gefühle der Freundlichkeit und Güte sind Teil der menschlichen Natur.

Der Widerstand gegen die Freundlichkeit sich selbst gegenüber gründet bei den meisten Menschen, mehr als alles andere, in innerem Gerede und Strukturen, die auf Selbstkritik und Gefühlen der Niedrigkeit und Minderwertigkeit basieren.

Indem Sie liebende Güte zu sich selbst entfalten und pflegen, können Sie die alten und tief verwurzelten Gewohnheiten der Selbstgespräche und Selbstkritik ans Licht bringen. Dann können Sie selbst bewusst überlegen, ob solche Urteile tatsächlich wahr sind und ob Sie irgendwie positiv damit umgehen können.

Sie fragten: ‚Verdiene ich selbst liebende Güte?'

Ich sage Ihnen: ‚ Selbstverständlich! Warum glauben Sie, dass Sie es nicht verdienen?'„

15

Sich sicher fühlen und in der Stille ruhen

Man mag sich gegen Ende eines Buches über Angst, Furcht und Panik ein wenig verwirrt fühlen angesichts all der Ideen und Anleitungen. Vielleicht haben Sie das manchmal beim Lesen ebenso empfunden. Sie mögen Zweifel in Ihrem Geist und in Ihrem Herzen haben an Ihrer Fähigkeit, die Übungen dieses Buches beim Auftreten von Furcht, Angst und Panik anzuwenden. Sie wären damit nicht allein!

Dies ist eine gute Gelegenheit, sich noch einmal daran zu erinnern, dass es in diesem Buch um mehr geht als um bloße Information. Es geht um Sie und darum, wie Sie weiser und freundlicher in Bezug auf die Erfahrungen in Ihrem Leben werden können.

Wir Menschen unterliegen einem andauernden Prozess der Veränderung und Wiedergeburt. Nur unsere Meinungen und Urteile sind relativ beständig – bis sie sich schließlich auch ändern. Wir sind weit mehr als unsere Meinungen und Urteile oder die Kräfte unserer Furcht, Angst und Panik. Sie sind nur ein Teil unserer Ganzheit, unseres geheimnisvollen und Ehrfurcht gebietenden Menschseins.

Sie werden bestimmt gemerkt haben, dass das Buch eine Art von Landkarte darstellt. Es enthält verschiedene Meditationsanleitungen, um Sie durch Ihre innere Landschaft zu führen, einschließlich der Gebiete heftigen Aufruhrs wie Angst, Furcht und Panik. Die Kunst „einfühlsamer Aufmerksamkeit" allem gegenüber, was das Leben bringt, ist erforderlich, um diese Karte nutzen zu können. Und Sie werden zweifellos erkannt haben, dass

Achtsamkeit ein Training ist und dass alte Gewohnheiten der Unaufmerksamkeit und Zerstreuung tief verwurzelt sind!

In diesem Kapitel wollen wir etwas tiefer zwei grundlegende Ideen erforschen und mehr darüber erfahren, wie sie jede Meditationsmethode unterstützen, die Sie gewählt haben: *Sicherheit* und *Stille.*

Das Gefühl der Sicherheit zu erlangen und im großen Raum der inneren Stille zu ruhen ermöglicht es Ihnen, in das Herz der Bewusstheit einzutreten und dort sicherer zu verweilen. Von dort aus wird es Ihnen möglich sein, Freiheit und Weisheit angesichts von Furcht, Angst und Panik zu erlangen. Und vielleicht wird es Ihnen möglich sein, ungeahntes Staunen und Wertschätzung für alle Geschenke des Lebens in sich zu entdecken.

Wie Sie zuhören, ist wichtig.

Betrachten Sie das folgende Gedicht von William Stafford:

Ein Mensch sein

Sei ein Mensch, hier. Steh am Fluss, beschwöre
Die Eulen. Beschwöre Winter, dann Frühling.
Lass jede Jahreszeit, die hier sein möchte,
Rufen. Ist der Laut verschwunden, warte.
Eine Blase quillt langsam in der Erde hoch
und schließt allmählich Himmel, Sterne, Weltraum ein,
sogar den rasend ausgreifenden Gedanken.
Komm zurück und hör den leisen Ruf wieder.
Plötzlich passt, was du erträumt,
Zu jedem Traum, und es entsteht die Welt.
Käme ein anderer Ruf, so gäbe es nicht
die Welt, nicht dich, nicht Fluss, nicht Eulenruf.
Wie du da stehst, ist wichtig. Wie du
Lauschst auf die nächsten Dinge. Wie du atmest.

(übersetzt von Michael Schaefer)

Wenn Sie Achtsamkeit üben, sei es auf den Atem, den Körper, eine Sinneserfahrung oder auf das innere „Wetter" von Angst, Furcht und Panik, dann ist es wirklich wichtig, *wie Sie zuhören.*

Hören Sie mit Ihrem ganzen Wesen zu und nicht nur mit Ihrem denkenden Geist? Hören Sie so zu, dass Sie einen größeren Bereich von Bewusstheit bewohnen, einen, der das Gefühl wirklicher Tiefe und Gegenwart umfasst?

Hören Sie auf eine Weise zu, dass Sie nichts anderes mehr erwarten, sondern völlig darauf konzentriert sind, was hier und jetzt im Moment geschieht?

Eckhart Tolle, der Autor solch populärer Bücher wie „Jetzt! Die Kraft der Gegenwart", „Stille spricht" und „Eine neue Erde", weist immer wieder darauf hin, wie die Natur uns lehren kann, präsent, im gegenwärtigen Moment zu sein.

Tolle lässt uns eine Katze vor einem Mauseloch beobachten. Die Katze wartet einfach. Sie ist nicht damit beschäftigt, was sie später tun wird, noch sorgt sie sich wegen der Vergangenheit. Sie wartet in entspannter, aber vollkommener Haltung. Sie wartet mit ihrem ganzen Wesen, nicht nur mit dem denkenden Geist (denken Katzen?). Ohne Eile, interessiert und wachsam, bewusst und *gegenwärtig.*

Wie wäre es, wenn Sie Achtsamkeit in dieser Weise üben würden? Aus Ihrem ganzen Sein heraus?

In Ihrem Körper, mit wachen Sinnen, mit Aufmerksamkeit und offener Bewusstheit den gegenwärtigen Moment tief durchdringend! Entspannt, ohne Ziel, interessiert, neugierig, freundlich und empfangend (anders als die Katze der Maus gegenüber!).

Ohne es zu wissen, scheint die Katze die sieben grundlegenden Haltungen der Achtsamkeit zu verkörpern: *Nicht-Urteilen, Geduld, Anfänger-Geist, Vertrauen, Nicht-Streben, Akzeptanz* und *Loslassen.* Natürlich muss sie an diese nicht denken, während sie wartet. Aufmerksamkeit am Mauseloch entsteht ganz natürlich für sie. Als Menschen können wir lernen in unserer Ganzheit zu weilen und unsere Erfahrung des Lebens nicht zu begrenzen durch die Gewohnheit, unsere Aufmerksamkeit auf die Vergangenheit und die Zukunft zu richten.

Erinnern Sie sich an die Übungen in diesem Buch: In Ihrer *Ganzheit* ruhen, wenn Sie Achtsamkeit üben, bedeutet, sich zu entspannen und den gegenwärtigen Moment sich entfalten zu lassen durch freundliche Aufmerksamkeit allen Sinneserfahrungen gegenüber, wenn sie entstehen und sich verändern.

Bewusstheit entsteht durch absichtliche, wachsame Entspannung des Körpers. Eingebunden dabei sind Nicht-Urteilen, Nicht-Streben und eine aufnahmebereite, empfangende Haltung gegenüber der sich entfaltenden Erfahrung. Nicht-Streben beinhaltet besonders, nicht irgendetwas zu wollen oder darauf zu warten, sondern sich mit dem zu verbinden, was im Moment da ist. Der Anfänger-Geist und das Loslassen unterstützen Sie, wirklich hier zu sein und das Leben in allen Formen kommen zu lassen, ohne dabei in Eile zu geraten.

Vertrauen und Akzeptanz helfen Ihnen gegenwärtig zu bleiben für alle Höhen und Tiefen, die entstehen, wenn Sie aufmerksam sind und die Achtsamkeit immer wieder auf den gegenwärtigen Moment richten.

Die Erfahrungen liebevoll willkommen heißen, sich selbst und die inneren und äußeren Bedingungen annehmen, Freundlichkeit und Geduld bewahren – all diese wesentlichen Aspekte der Achtsamkeit helfen Ihnen, hier und jetzt zu sein.

Sich sicher fühlen

Es ist wichtig, wie Sie atmen.

Fühlen Sie sich sicher, wenn Sie atmen, oder fühlen Sie etwas anderes? Wie atmet Furcht? Wie Angst? Und Panik? Wie fühlt sich Ihr Körper während dieser Zeiten? Wie würde sich Sicherheit *anfühlen*?

Ohne es überhaupt zu bemerken, wirken Sie vielleicht in der Welt aus einer tiefen Unsicherheit heraus. Angst, Furcht und Panik sind natürlich die wichtigsten Beispiele von äußerster Unsicherheit und Bedrohung, aber ich möchte hier von Grundlegenderem sprechen.

Sie können es als ein Feld oder den Hintergrund für alle Erfahrungen bezeichnen. Vielen Menschen wird das zugrundeliegende Gefühl des Unbehagens und der Unsicherheit erst nach einer gewissen Zeit der Meditationsübung bewusst. Dieses Gefühl wirkt im Hintergrund, beeinflusst aber sehr stark Ihre Erfahrung.

In einigen meiner Kurse habe ich die Teilnehmer aufgefordert, darauf zu achten, ob sie sich nicht doch irgendwie unwohl fühlen bei der Entspannung während der Meditation. Einige meinen, sie wollen nicht „zu entspannt“ sein. Wenn dies geschehe, fühlten sie sich ängstlich, zumindest aber besorgt.

Sie bemerken, dass sie eigentlich nie fähig waren, sich zu entspannen. Bei tieferer Betrachtung stellen sie dann so etwas fest wie: Sie dürften sich nicht zu sehr entspannen. Wenn Sie auf ihr Leben zurückschauen, können sie erkennen, dass sie tatsächlich einen großen Teil ihres wachen Lebens getrieben sind von einem Gefühl der Furcht, der Unsicherheit und der Überzeugung, dass zu intensive Entspannung gefährlich sein könnte.

Wenn ich sie frage, was es denn sei, was sie so ängstlich mache bei der Entspannung, kommt oft die Antwort: „Ich habe mich nicht unter Kontrolle.“ Auf meine Nachfrage, warum sie sich denn unbedingt unter Kontrolle haben müssten, nehmen sie immer Bezug auf eine Zeit oder einen Ort in ihrem Leben, als ihnen Gefahr drohte und sie sich nicht sicher fühlten. Dieses Gefühl der Bedrohung blieb in ihrem Körper und Geist bis auf den heutigen Tag.

Interessant ist, dass sie dann auch weiterhin so reagieren, als sei die Gefahr gegenwärtig, obwohl sie genau wissen, dass die Bedrohung nicht mehr existiert (tatsächlich kann sie schon Jahre nicht mehr existent sein). Hier ist nicht der Ort, in allen Einzelheiten die Ursachen der Furcht und der Unsicherheit im Leben zu erörtern. Es ist aber wichtig, sich die Meditationsübungen ins Gedächtnis zu rufen, die hilfreich sind, um solche Furcht zu überwinden: Achtsamkeit, liebende Güte und Mitgefühl mit sich selbst.

Die Meditation der liebenden Güte – sich bewusst Sicherheit und Wohl wünschen, besonders bei Furcht und Bedrohung – ist ein wirksamer Weg, Ihre Aufmerksamkeit zu festigen und die Achtsamkeit in Zeiten von Stress und Herausforderungen zu unterstützen.

Meditationsübung: Liebende Güte für sich selbst

Diese Übung kann ausgeführt werden als formale Meditation, formlos in verschiedenen Situationen des Alltags oder zu Beginn bzw. am Ende anderer Meditationsübungen (beispielsweise für die ersten oder letzten Minuten Ihrer formalen Übung der Atemachtsamkeit oder des Bodyscans).

Sie haben diese Übung im Kapitel 12 kennengelernt („Wie Sie sich mit Ihrem ängstlichen Geist anfreunden"). Hier sollen Sie an diese Übung erinnert werden und diese damit beginnen, dass Sie sich auf Formulierungen und Wünsche der Sicherheit und des Wohlergehens konzentrieren. Ihre Wünsche sollten Sie während des Tages so oft wie möglich wiederholen, auch in Verbindung mit anderen Meditationsübungen.

Geben Sie wie immer bei dieser Übung den Wunsch auf, etwas zu bewirken oder etwas zu erreichen. Wünschen Sie sich selbst (und natürlich auch anderen) von Herzen Sicherheit, Geborgenheit, Frieden, Glück und Wohl im Geist und Körper.

Wann immer Sie wollen und in welcher Situation auch immer: Richten Sie Güte und Wohlwollen auf sich selbst. Wählen Sie dabei einfache Sätze, die Ihnen zusagen, wie:

Möge ich sicher und erfüllt von Frieden leben.
Möge ich bewahrt bleiben
vor innerem und äußerem Schaden.
Möge es mir geistig und körperlich wohlergehen.
Möge ich in Frieden leben.
Möge ich in Sicherheit und Geborgenheit leben.

Richten Sie sich mit Ihrer ganzen Aufmerksamkeit auf einen Wunsch. Sprechen Sie diese Wünsche für sich selbst aus tiefstem Herzen. Nach jedem Satz halten Sie bitte kurz inne und spüren Sie ihn mit Ihrem ganzen Wesen. Arbeiten Sie mit Ihrem Satz, solange sie mögen.

Versuchen Sie es auch mit einem anderen Satz: Richten Sie wieder Ihre ganze Aufmerksamkeit darauf.

Stellen Sie sich während der Übung vor, Sie würden tief aus Ihrem Herzen zu einem lieben Freund sprechen. Seien Sie aber immer darauf gefasst, dass starke Gefühle, angenehme oder unangenehme, dabei entstehen können. Geschieht dies, dann machen Sie sich bewusst, dass Sie *nichts* falsch gemacht haben. Behandeln Sie jedes Gefühl, jeden Gedanken, alles, was entsteht, mit gleichbleibender Freundlichkeit.

Denken Sie daran, dass Freundlichkeit und Liebenswürdigkeit in der Übung der Achtsamkeit gründen. Die Übung der liebenden Güte kann die Übung der Achtsamkeit selbst erhellen und stärken. Sie wird Ihnen auch helfen, die Verzerrungen, die durch Angst und Bedrohung entstehen, zu korrigieren.

In der Stille ruhen

So wie das Gefühl der Unsicherheit die Entspannung und Achtsamkeit empfindlich stören kann, so ist es auch mit dem Lärm – sei er nun im Inneren oder komme er von außen.

So wie Freundlichkeit zu sich selbst Gefühle der Angst überwinden kann, ebenso kann Aufmerksamkeit auf die Stille Sie mit dem weiten unterstützenden Bereich der inneren Stille verbinden. Sich mit der Tiefe dieser Stille zu verbinden ist jedem möglich – es ist einfacher, als Sie denken! Wenn Sie lernen, sich mit dieser Stille zu verbinden, wird es Ihnen helfen, aus Ihrer Ganzheit heraus zu üben, ohne dass Sie am Denken und Urteilen haften. So können Sie die Vollständigkeit und Weite des Menschseins erfahren.

Die Hast und Rastlosigkeit der Welt kann leicht zur Unruhe und zum Lärm in Ihrem Geist werden. Die Übung der Meditation bietet die Möglichkeit, still zu sein, tief zuzuhören und gegenwärtig zu sein.

Die Meditationslehrerin Christina Feldmann schreibt in ihrem Buch „Silence" (Stille), dass Stille nicht das Gegenteil von Geräusch ist, sondern eine Dimension des Bewusstseins, die Töne und Geräusche enthält. Unsere Aufgabe ist es, uns wieder mit der Stille – vor allem auch der inneren – zu verbinden. Sie deutet auf unsere Zwiespältigkeit der Stille gegenüber: Wir wollen Gelassenheit, sind aber in das Dramatische vernarrt, wir sehnen uns nach Ganzheit, fürchten aber das Unbekannte.

Meditation lehrt uns, still und gegenwärtig zu sein, geduldiger und einfühlsamer bei allen Geräuschen und Bewegungen in unserem Leben. Feldmann vergleicht die Stille mit einem neuen Land, das es zu erkunden und zu bewohnen gilt, und mit dem vertraut zu sein wir lernen müssen. Solche Vertrautheit entsteht durch Übung: still zu werden, einfühlsam und geduldig und zu erkennen, wie der Raum der Stille in unserem Bewusstsein entsteht. Der Gewinn dabei ist erheblich.

„Wir beginnen zu verstehen, dass Stille keine Verneinung des Lebens, der Liebe oder der Gemeinschaft ist. Sie lehrt uns vielmehr, die Schönheit jedes Augenblicks zu würdigen. Stille stärkt und baut uns auf. Können wir das Geschwätz und den Lärm in unserem Geist und unsere Sorgen im Leben beruhigen, so finden wir das Zentrum und die Klarheit, die wir benötigen, um das Leid, die Entfremdung, Bedrückung und Angst zu beenden“ (Feldmann).

Ich habe erfahren, dass diese Sicht der Stille (der Bereich, den wir bewohnen müssen) sehr nützlich ist sowohl für meine eigene Praxis als auch für das Lehren der Meditation. Sie ist so mächtig, dass ich hier, gegen Ende des Buches, besonderen Nachdruck darauf legen möchte: Besonders möchte ich Sie auch an ihre Kraft erinnern, all die verschiedenen Übungen, die wir kennengelernt haben, zu unterstützen. Welcher Übung Sie sich auch immer zuwenden, bemühen Sie sich darum, dass diese Stille in Ihnen aufsteigt, Sie umgibt und Ihnen klares Sehen und Verweilen in der Gegenwart ermöglicht.

Ich liebe die Vorstellung, mich beim Üben in diesen Bereich zurückzubegeben und zu entspannen, mich davon halten und tragen zu lassen – zu sehen und zu spüren, dass diese Ruhe und Stille immer da ist und lediglich unserer freundlichen Aufmerksamkeit bedarf. Die folgende Übung hilft Ihnen vielleicht, sich dieser Stille zuzuwenden und sie zu erfahren.

Meditationsübung: In der Stille ruhen

Wenn Sie Ihre formale Meditation üben oder wenn Sie während der Aktivitäten des Alltags innehalten und aufmerksam sind: Erinnern Sie sich immer daran, dass Stille als weiter verfügbarer Raum existiert, als Grund und Hintergrund für alle Ihre Erfahrungen.

Wenn Sie Achtsamkeit üben und sich auf freundliche, nicht-urteilende Weise konzentrieren, dann befinden Sie sich schon in diesem grenzenlosen Raum der Stille und Ruhe. Richten Sie Ihre Aufmerksamkeit auf die Orte und Bereiche der Stille, sobald Sie sie wahrnehmen. Entspannen Sie sich, bleiben Sie wach und aufmerksam und nehmen Sie die Stille vor und nach Geräuschen, Gedanken, Gefühlen und allen Erfahrungen wahr. Vielleicht entdecken Sie, wie bestimmte Töne und Klänge aus der Stille entstehen und wieder in sie zurückkehren. Vielleicht hören Sie das Strömen Ihres Atems, aus der Stille aufsteigend und wieder dorthin zurückkehrend.

Lassen Sie sich von der Erfahrung der Ruhe und Stille während Ihrer Übung tragen und halten. Vertrauen Sie darauf, dass sie all Ihre Ängste, Sorgen und Befürchtungen umfasst. Öffnen Sie sich dieser Erfahrung von innerer Ruhe und Stille. Nehmen Sie wahr, wie sie natürlich entsteht und alle Verkrampfungen in Ihrem Körper und alle Unruhe in Ihrem Herzen und Ihrem Geist umfasst. Öffnen Sie sich der Stille und Ruhe und verweilen Sie darin – vielleicht werden Sie dann direkt erfahren, dass Ihre Bewusstheit heller wird, gegenwärtiger bleibt und Sie den Strom der Erfahrung mit den Gefühlen der Furcht und Angst deutlicher und klarer wahrnehmen.

Üben Sie weiter, solange Sie mögen. Entdecken Sie, wie Aufmerksamkeit auf die Ruhe und Stille Sie belohnt und stärkt in jedem Augenblick Ihres Lebens.

Denken Sie daran

In diesem Kapitel haben wir Schlüsselbereiche kennengelernt und erkundet: Sicherheit und Stille. Ich lade Sie ein, diese während Ihrer Achtsamkeitspraxis tiefer zu ergründen und in sie einzutreten.

16

Achtsamkeit auf Furcht und Angst anwenden

In einem Interview mit Jon Kabat-Zinn, das 1993 in *Healing and the Mind* (Heilen und Geist) veröffentlicht wurde, fragte Bill Moyers nach dem Zweck von Meditation. Kabat-Zinn antwortete: „Es gibt keinen Zweck bei der Meditation. Sobald man der Meditation einen Zweck zuweist, hat man sie einfach nur zu einer weiteren Aktivität gemacht, mit der man versucht, irgendwohin zu gelangen oder irgendetwas zu erreichen."

Auf weiteres Fragen hin erklärte Kabat-Zinn, jeder im Programm für Stressbewältigung-durch-Achtsamkeit habe einen Grund, weshalb er dort sei, „aber paradoxerweise machen die Menschen mit höchster Wahrscheinlichkeit den größten Fortschritt auf diesem Gebiet, wenn sie nichts mehr zu erreichen versuchen, sondern durch die Meditationspraxis einfach nur lernen, jeden Augenblick zu erleben, so wie er sich zeigt."

Einen geschickten Umgang mit Furcht und Angst entwickeln

Wahrscheinlich lesen Sie dieses Buch, weil Sie Hilfe bei Ihrer Furcht, Angst oder Panik suchen. Sie verfolgen einen bestimmten Zweck und ein bestimmtes Ziel. Und höchst wahrscheinlich haben

Sie alles getan und tun weiterhin alles, was Sie können, um diese Kräfte zu verstehen und mit ihnen zurechtzukommen oder sie sogar aus Ihrem Leben zu verbannen. Vielleicht hat Ihnen jemand geraten, meditieren zu lernen, um sich von Angst oder Panik zu befreien. All das ist in Ordnung und verständlich.

Das Paradox der Meditation

Der Haken daran ist, dass es nicht funktioniert, wenn Sie versuchen, Achtsamkeit anzuwenden, um etwas los zu werden. Achtsamkeit urteilt nicht, strebt nichts an und leugnet nichts. Bei der Achtsamkeitspraxis geht es darum, einen Bezug zu dem herzustellen, was da ist, und sich dessen freundlich und mitfühlend bewusst zu sein. Das schließt die Erfahrungen von Furcht, Angst und Panik mit ein.

Wenn Sie also einen geheimen „Plan" haben, Achtsamkeit gegen Angst oder Panik benutzen zu wollen, dann erinnern Sie sich daran, dass Achtsamkeit auch heißt, zu akzeptieren, was da ist. Der Plan, sich von etwas befreien oder etwas verändern zu wollen, ist eine verbreitete Quelle der Frustration bei der Meditationspraxis. Veränderung und Transformation geschehen zwar durchaus aufgrund von Meditation, aber nur wenn Sie lernen, dass Ihre Aufmerksamkeit und Bewusstheit beunruhigende, unangenehme Zustände wie Angst und Panik mit einschließen.

Auf dem Gebiet der Meditation ist die Praxis des Seins entscheidend und nicht die des Tuns. Um an das Leid in Ihrem Leben – auch an die Furcht, die Angst und die Panik – geschickt mit Meditation heranzugehen, ist es hilfreich, wenn Sie sich an ein paar grundlegende Dinge erinnern:

- Alles spielt sich im gegenwärtigen Moment ab.
- Furcht, Angst und Panik sind nur Erfahrungen, die in den gegenwärtigen Moment ein- und wieder aus ihm heraus-treten.
- Meditation kann als ein Prozess innerer Wandlung verstanden werden, zu dem es gehört, dass man ruhige, konzentrierte Auf-

merksamkeit aufbringt, Bewusstheit kultiviert, Verständnis und Weisheit entwickelt und Güte und Mitgefühl aktiviert.
- Wenn man in Bezug auf Furcht, Angst und Panik Achtsamkeit richtig übt, entwickelt man ein klares Verständnis von der Lektion, die sie einem erteilen wollen, und beginnt zu erkennen, wie man handeln muss.

Hier haben wir wieder das Paradox: Um Veränderung durch Meditation herbeizuführen, muss man damit aufhören, etwas verändern zu wollen! Präsent zu sein ist genug! Es ist eine starke Praxis, dem gegenwärtigen Moment – *so wie er ist* – volle Aufmerksamkeit zu schenken. Wenn man das tut, kommt man tatsächlich mit dem Mysterium und der Schönheit des Lebens in Berührung und ist mit ihnen im Einklang. Aus dieser Begegnung und aus dieser Bewusstheit ergeben sich Veränderung und Wandlung.

Beunruhigende Erfahrungen akzeptieren

Furcht, Angst und Panik sind anspruchsvolle Besucher. Sie können das eigene Innenleben auf den Kopf stellen. Aufgrund ihrer intensiven, beunruhigenden Natur ist es schwierig, sie zuzulassen und zu akzeptieren. Gibt es in der Meditation praktische Methoden für den Umgang mit solch beunruhigenden Erlebnissen?

Die Antwort auf diese Frage kommt von Ihrer eigenen direkten Erfahrung, wenn Sie die Meditation zu einem Teil Ihres Lebens machen. Sie werden auf verschiedene Weisen Achtsamkeit als formale tägliche Meditation üben müssen, ohne den Versuch, irgendetwas anderes zu erreichen oder zu verwirklichen, als achtsamer zu werden. Sie werden Achtsamkeit auch durch eine formlose Praxis hervorbringen müssen, indem Sie daran denken, Aufmerksamkeit und Bewusstheit im Alltag zu entwickeln und walten zu lassen.

Wenn Sie lernen, der Unruhe und dem Aufruhr Raum zu geben, wird Ihnen das sehr helfen. Die wesentlichen Eigenschaften der Achtsamkeit – Güte und Mitgefühl – entwickeln und in ihnen verweilen wird Sie erfreuen, Sie unterstützen und festigen. Und wenn Sie Ihre inneren Potentiale der Sicherheit, Ruhe und Stille entdecken, werden Sie fähiger sein, auch mit den schwierigsten Situationen umzugehen.

Auf dieser Grundlage von Achtsamkeit in Ihrem Leben werden Sie das Werkzeug haben, um mit Furcht, Angst oder Panik, wann immer sie aufkommen, umgehen zu können. Nur durch Ihre eigene Erfahrung bei der Anwendung von Achtsamkeit im Umgang mit diesen mächtigen Kräften werden Sie herausfinden, was Ihnen am meisten hilft.

Achtsam mit Furcht umgehen

Ihr Vater liegt auf der Intensivstation, an ein Beatmungsgerät angeschlossen, irgendwo zwischen Leben und Tod. Sie besuchen ihn und fühlen sich überwältigt. Sie haben Angst.

Soeben haben Sie erfahren, dass die Untersuchungsergebnisse Ihrer Darmspiegelung zeigen, dass Sie Krebs haben. Sie sind schockiert und haben Angst.

Sie kommen gerade von einer Besprechung mit Ihrem Supervisor. Ihre Stelle wird von der Firma aus „finanziellen Gründen" gestrichen. Sie sind wütend und verwirrt und haben Angst.

Sie fürchten sich vor dem Fliegen. Dennoch sind Sie gerade dabei, an Bord eines Flugzeuges zu gehen. Sie fliegen aufgrund eines Notfalles in der Familie. Sie haben Angst.

Die Liste an Beispielen ist endlos. Wenn Sie wirklich aufmerksam sind, scheint Angst überall im modernen Leben präsent zu sein. In den meisten Fällen wissen Sie zwar ganz genau, warum Sie Angst haben, aber dennoch müssen Sie mit ihrer Angst zurechtkommen.

Wie können Sie Achtsamkeit und Mitgefühl für den Umgang mit der Angst in Ihrem Leben nutzen? Im Rest dieses Kapitels werden wir darüber nachdenken, wie man mit Furcht, Angst und

Panik praktizieren kann. Es gibt keine einfachen Antworten. Viele Meditationspraktiken erfordern Geduld und die Bereitschaft, Leid und Unbehagen zu ertragen. Bei der Praxis geht es darum, den Ort im eigenen Innern zu finden, an dem Leichtigkeit und Ruhe inmitten von Aufruhr vorhanden sind. Die folgenden Überlegungen beruhen auf den Erfahrungen vieler Menschen, die Achtsamkeit in dieser Weise praktiziert haben.

Erinnern Sie sich daran, dass Achtsamkeit genau das widerspiegelt, was da ist. Sich selbst zu sagen: „Das ist Furcht" ist ein Anfang. „Furcht ist so", „so ist es jetzt". Anzuerkennen, was da ist, führt zu Präsenz und benennt das, was da ist. Diese Anerkennung unterbricht die Gewohnheit, unbewusst auf die angsterregende Situation zu reagieren. Wenn Sie fortfahren, auf diese Weise Dinge wahrzunehmen, werden Sie auch feststellen, wann sich die Furcht verändert oder weg ist. Furcht ist nichts Dauerhaftes. Die Furcht ist nicht Sie selbst. Auch diese Wahrheiten werden offensichtlich werden, wenn Sie zur Kenntnis nehmen, was da ist.

Entwickeln Sie ruhige, konzentrierte Aufmerksamkeit, und erhalten Sie sie aufrecht. Es gibt viele Möglichkeiten, die Achtsamkeit auf den gegenwärtigen Moment zu lenken. In diesem Buch habe ich die Verwendung des Atems betont. Richten Sie die Aufmerksamkeit auf Ihren Atem, so wie in der Meditationsübung der Bewusstheit des Atmens, die Sie in Kapitel 9 gelernt haben. Das heißt, mit der sich zeigenden Erfahrung zu atmen und nicht zu versuchen, zum Atem hin zu flüchten oder sich dort zu verstecken. Üben Sie, bewusst mit dem Angsterleben ein- und auszuatmen. Auch bei der Bodyscan-Meditation atmet man mit dem Erleben mit, und bei der Bewusstheitspraxis ohne ein bestimmtes Objekt ist der Atem der Anker.

Die anderen Kernprinzipien der Meditation – Bewusstheit, Einsicht und Mitgefühl – können gedeihen, wenn man ruhige, konzentrierte Aufmerksamkeit entwickelt hat und sie aufrechterhält. In der Tat ist bei der Arbeit mit der Angst und mit angsteinflößenden Situationen das Aufrechterhalten von Verbundenheit und Aufmerksamkeit gewöhnlich die schwierigste Aufgabe.

Wenn Sie bei der Begegnung mit Schlangen, Ratten oder Spinnen Angst haben, versuchen Sie, bewusst zu atmen und mit Ihrer Aufmerksamkeit beim Geschehen zu bleiben (selbst während Sie darauf achten, sich in Sicherheit zu bringen).

Wenn Sie Menschenansammlungen, offene oder geschlossene Plätze fürchten, sich aber dort befinden, machen Sie sich bewusst, was passiert. Stellen Sie eine Verbindung zum Atem oder zum Körper her. Atmen Sie, wie Sie es geübt haben, bewusst in die Situation hinein und wieder aus ihr heraus, und richten Sie Ihre ruhige, gesammelte Aufmerksamkeit auf das, was abläuft.

Versuchen Sie es mit achtsamer Bewegung. Gehmeditation, achtsamer Yoga, Tai Chi, Chi Gong und achtsame Gymnastik sind Beispiele dafür. Sie werden experimentieren müssen, um herauszufinden, was Ihnen am meisten dabei hilft, präsent zu bleiben. Je entschlossener und je zuversichtlicher Sie in Ihrer Bewegungspraxis sind, umso mehr wird sie Ihnen helfen. Aus diesem Grunde ist die Festigung einer täglichen Praxis als Lebensweise die effektivste Art zu üben, damit Ihnen die Praxis in Zeiten größter Dringlichkeit helfen kann.

Seien Sie gewillt durchzuhalten. Es ist möglich, dass Sie Ihr bewusstes Atmen oder Ihre achtsamen Bewegungsübungen eine ganze Weile durchführen müssen, wenn Sie sich mit der Angstreaktion auseinandersetzen. Doch wenn Sie in dieser Weise bei der Situation bleiben, so stärkt das Ihre Konzentration und Achtsamkeit.

Erinnern Sie sich daran, Raum zu schaffen und in Ihrer natürlichen Weite und Stille zu ruhen. Erkennen Sie die Ungeduld und die Wünsche nach Dingen als gänzlich andersgeartet. Benennen Sie „Zweifel“. Erkennen Sie jegliche Verzweiflung, die Sie empfinden. Sie werden sehen, dass es sich lohnt und auszahlt, auf diese Weisen mit Furcht und jeglicher Unruhe umzugehen.

Das erfordert natürlich Geduld und Durchhaltevermögen. Bleiben Sie dennoch dabei. Manchmal muss man einfach ausdauernd sein. Es wird Ihre Meditationspraxis stärken. Im Laufe der Zeit werden Sie feststellen, dass Sie besser präsent bleiben können.

Kultivieren Sie zulassende, nicht-urteilende Bewusstheit. Wenn Sie Aufmerksamkeit hergestellt haben, kann die zulassende, nicht-urteilende Bewusstheit auf allen in der Angstsituation vorhandenen Elementen ruhen und sie einbeziehen. Achtsamkeit schließt alles Vorhandene ein. Es ist besonders wichtig, dass Sie sich des ablaufenden körperlichen Erlebens, der Gedanken und der Geschichten im Geist bewusst werden. Gleichgültig, wie intensiv oder beunruhigend sie auch sein mögen, Sie sollten sie einfach als weitere in diesem Moment vorhandene Bedingungen behandeln. Hier können Sie sich leicht wieder in den Angsterlebnissen verlieren oder von Ihnen vereinnahmt werden. Wenn Sie in sie hineinatmen und sie in der Wiege des Atems halten, wird Ihnen das helfen, die Sammlung und die Verbindung aufrechtzuerhalten und die Wahrheit zu erkennen, dass diese Erfahrungen nicht Sie selbst und nicht von Dauer sind.

Erinnern Sie sich daran, dass Achtsamkeit weit und licht ist. Achtsamkeit hält an nichts fest. Man kann sich leicht von einer angsteinjagenden Reaktion gefangen nehmen lassen. Es ist leicht, sich mit der Angst zu identifizieren und darauf zu reagieren. Wenn Sie das Gefühl haben, in der Angst festzustecken, versuchen Sie, Ihr Bewusstsein für den Raum um das Gefühl herum zu öffnen. Versuchen Sie, die Aufmerksamkeit so auszuweiten, dass sie Geräusche oder andere Wahrnehmungen mit umfasst. Das gleicht der Praxis des Bodyscans, bei dem man die Bewusstheit über einen bestimmten Körperbereich hinaus auf den ganzen Körper ausweitet.

Versuchen Sie alternativ dazu, sich schärfer auf die verschiedenen Elemente des Erlebens zu konzentrieren: wo im Körper das Gefühl genau stattfindet, wann genau der angst- einjagende Gedanke oder der negative Kommentar anfängt oder wann genau jede Empfindung, jeder Gedanke und jedes andere Element aufhört.

Wenn Sie Ihre Bewusstheit so weit öffnen, dass sie auch das Angsterleben mit einschließt, lösen Sie Ihre Identifikation damit auf. In ähnlicher Weise können Sie Ihre Identifikation mit dem Furchterlebnis durchbrechen, wenn Sie Ihre Aufmerksamkeit auf einen kleineren Teil des Erlebens einengen.

Heißen Sie das Verständnis und die Weisheit willkommen, die sich aus einer klaren Sicht ergeben. Unabhängig davon, was Ihre Angst verursacht, kommt die effektivste Reaktion darauf von einer klaren Einsicht in die Situation und all Ihre Wahlmöglichkeiten. Wenn Sie präsent bleiben und die Tendenzen, gegen Ihre Furcht anzukämpfen oder vor ihr zu fliehen, in den Griff bekommen, werden Sie sich für mehr Wahlmöglichkeiten im Handeln öffnen. Das wird Sie effektiver handeln lassen und zuversichtlicher machen, dass Sie mit schwierigen, angsteinjagenden Situationen zurechtkommen werden.

Seien Sie sich selbst und Ihrer Furcht gegenüber freundlich und mitfühlend. Wenn Sie die Meditation der liebenden Güte genug geübt haben, um sich einigermaßen sicher darin zu fühlen, kann sie eine große Hilfe sein in Zeiten der Furcht.

> Möge ich glücklich sein.
> Möge ich gesund sein.
> Möge ich von Frieden und Leichtigkeit erfüllt sein.
> Möge ich sicher sein.

Wenn Sie durch diese oder andere Sätze Gefühle von Freundlichkeit und Mitgefühl in sich wecken, fördern Sie Ihre Präsenz und Bewusstheit. Wenn Sie sich überwältigt und unglücklich fühlen, ist es sehr erdend und beruhigend, wenn Sie sich freundlich und mitfühlend sanft um sich selbst kümmern. Sie werden fühlen, wie sich etwas in Ihnen entspannt und weicher wird, wenn Sie freundlich sind. Es wird Ihnen leichter fallen, sich zu entspannen und präsent zu bleiben. Es wird auch leichter für Sie werden, das ablaufende Erlebnis zu beobachten und ihm achtsam zuzuhören.

Achtsam mit Angst und Bekümmerung arbeiten

Sie haben eine Arbeitsstelle und einen netten Freundeskreis, dennoch werden Sie häufig von vagen Furcht- und Angstgefühlen geplagt. Diese Gefühle wühlen Sie auf, und Sie fürchten, dass Sie an öffentlichen Orten die Kontrolle über sich selbst verlieren könnten. Sie haben aufgrund dieser Angst, die Kontrolle zu verlieren, bereits einige Einladungen und Verabredungen abgelehnt. Jetzt sind Sie voller Sorge in Bezug auf das, was passieren könnte und was Sie eventuell nicht tun können.

Sie haben Angst vor Gruppen. Vor Gruppen zu sprechen erscheint Ihnen schrecklich. Sie befürchten, sich selbst bloßzustellen oder zu blamieren. Sie erkennen, dass kein Grund dafür besteht, so viel Angst zu haben, aber sie ist da. Sie vermeiden bestimmte Situationen – und auch berufliche Chancen –, bei denen Sie vor vielen Menschen sprechen müssten. Sie werden wütend auf sich selbst und noch ängstlicher.

Seit über sechs Monaten sind Sie die meiste Zeit schon ängstlich und besorgt. Sie machen sich die längste Zeit des Tages Sorgen über die belastenden Aspekte Ihres Lebens. In den letzten sechs Monaten gehörten auch Ihre Gesundheit, Ihre Ehe, Ihre Arbeitsstelle und die Fürsorge für Ihre alte Mutter dazu. Sie sind oft nervös, ermüden schnell und haben seit Wochen nicht mehr gut geschlafen. Sie haben Angst vor dem, was passieren könnte, und können nicht aufhören, sich Sorgen über Dinge zu machen, die nicht passiert sind und wahrscheinlich auch nicht passieren werden.

Angst und Sorgen sind sehr verbreitet und sehr beunruhigend. Sie erfordern Aufmerksamkeit, unabhängig davon, wie sie sich in Ihrem Leben ausdrücken. Wie können Sie durch Achtsamkeit und Mitgefühl geschickt mit Angst und Sorgen umgehen?

Ein Fundament schaffen

Den größten Erfolg werden Sie erzielen, wenn Sie Ihre Achtsamkeitspraxis auf ein solides Fundament stellen. Insbesondere dann, wenn Angst und Sorgen für Sie im Mittelpunkt stehen, ist eine sorgfältige Untersuchung der Ursachen, der Behandlungsmöglichkeiten und der Rolle Ihrer eigenen Lebensweise entscheidend.

Behandlung

Es gibt viele effektive Behandlungsmethoden von Angst. Lassen Sie unbedingt medizinische und psychologische Untersuchungen durchführen, wenn die Angst in Ihrem Leben übermäßig stark ist. Die Meditation ist eine starke Verbündete, aber kein Ersatz für eine gute Behandlung.

Lebensumstände

Schenken Sie jedem Aspekt Ihrer Lebensumstände sorgfältige Beachtung. Trägt irgendetwas in Ihrem Privatleben, in Ihren Beziehungen oder in Ihrem Arbeitsleben zu Ihrer Angst bei? Können Sie das verändern? Wie? Ziehen Sie es in Betracht, mit Ihrer Ehepartnerin, Ihrem Ehepartner oder einem Freund, dem Sie vertrauen, darüber zu sprechen, und bitten Sie diese Person um ihr Feedback.

Lebensgewohnheiten

Vergessen Sie Ihre persönlichen Lebensgewohnheiten nicht. Dazu gehört auch, was Sie essen, trinken oder in anderer Form zu sich nehmen. Der Konsum von Alkohol, Drogen oder Medikamenten gehört unbedingt dazu. Schließen Sie auch das mit ein, was Sie aus den Massenmedien und anderen Unterhaltungsquellen aufnehmen. Beginnen Sie einfach, ohne irgendetwas zu verurteilen, darauf zu achten, was Sie tun und aufnehmen und wie Sie sich dadurch fühlen. Wenn Sie bestimmte Quellen Ihrer Angst identifiziert haben, sind Sie bereit, die Dinge zum Besseren zu verändern.

Tägliche Achtsamkeitspraxis

Nachdem Sie diese Basisarbeit erledigt haben, besitzen Sie die besten Voraussetzungen dafür, dass Ihnen Ihre tägliche Meditationspraxis helfen wird. Und wenn Sie Ihre tägliche Achtsamkeitspraxis durchführen, sei sie nun formal oder formlos, wird sie Ihnen helfen, sich zu entspannen, klar zu sehen und effektive Veränderungen durchzuführen.

Achtsamkeit ist keine Methode, sondern eine Lebensweise. Das bedeutet, dass Achtsamkeit Ihnen am meisten helfen wird, wenn Sie eine tägliche Meditationspraxis zur Grundlage für die Entwicklung von Achtsamkeit in Ihrem Leben machen.

Das Ziel Ihrer Praxis besteht einfach nur darin, dass Sie sich dem gegenüber, was da ist, mit immer mehr Sensibilität und Klarheit öffnen. Der Meditationslehrer Joseph Goldstein formulierte das folgendermaßen:

> „Unser Fortschritt in der Meditation hängt nicht vom Ausmaß der Freude oder des Schmerzes in unserem Erleben ab. Die Qualität unserer Praxis hängt viel mehr davon ab, wie offen wir dem gegenüber sind, was da ist. Was wir in der Vergangenheit erlebt haben, ist vorbei. Achten Sie darauf, dass Sie nicht an einer vergangenen Erfahrung festhalten und versuchen, Sie wieder zu beleben. Das ist keine korrekte Praxis. Es ist eine sichere Ursache für Leiden. Seien Sie einfach nur offen, weich und achtsam auf alles, was sich zeigt."

Die Achtsamkeitsmethoden, die Sie bei der täglichen Praxis benutzen, werden sich verändern – und ebenso Ihr Schwerpunkt. Die Kernaktivität verändert sich aber nicht. Mit der Achtsamkeit begeben Sie sich auf einen Weg des Erwachens und der Transformation. Sie gehen weg vom Autopiloten und umarmen das Leben bewusst.

Aus Angst und Sorgen lernen

Furcht, Angst und Panik enthalten Informationen über Sie selbst und darüber, wie Sie dem Leben begegnen. Was können Sie lernen? Seien Sie neugierig. Neugierde und Forschergeist vermitteln Ihnen die Kraft, die Lektionen zu entdecken, die Joan Halifax die „fruchtbare Dunkelheit" nennt. Das sind die Lektionen, die Furcht, Angst und Panik Ihnen über das Leben erteilen können.

Bei der Meditationspraxis gehen Sie mit Sorgen und Angst –Letztere hat bekanntlich keine klar identifizierbare Ursache – genauso um wie mit Furcht, die eine identifizierbare Ursache besitzt. Machen Sie bei Ihrer Praxis die Bekümmerung und die Angst zum direkten Objekt Ihrer Aufmerksamkeit. Halten Sie lockeren Kontakt, ohne sich von der Geschichte oder dem Gefühl aufsaugen zu lassen. Nutzen Sie das achtsame Ein- und Ausatmen im Zusammenhang mit dem Erleben, um verbunden zu bleiben.

Ebenso wie bei der Furcht vor etwas Bestimmtem ist auch bei der Angst vor nichts Bestimmtem und bei Bekümmerung das Herstellen und Aufrechterhalten des bewussten Kontaktes mit dem Erleben oft der schwierigste Teil. Man wird aufgrund der unangenehmen, beunruhigenden Natur des Erlebens leicht dazu hingerissen, zu reagieren und sich zu identifizieren oder sich vom Erleben zu dissoziieren.

Meditation ist sowohl eine Kunst als auch eine Fertigkeit, ein Können. Es ist eine Kunst, wie Sie Aufmerksamkeit mit Zuneigung, Liebe und Feingefühl entwickeln und aufrechterhalten; wie Sie umgehen mit der Bewusstheit und den Erkenntnissen, die durch die Aufmerksamkeit entstehen. Und es ist eine Kunst, angesichts von Schwierigkeiten das Herz offen und weit zu halten.

Alles, was Sie lernen durch Ihre Begegnung und den Umgang mit Furcht, Angst und Panik, ist die Frucht der Meditation. Mit dem inneren Raum und der Stille experimentieren, mit den Schwierigkeiten atmen, die Ja-Meditation üben oder all Ihre Aufmerksamkeit und Energie auf einen Wunsch der liebenden

Güte konzentrieren: All dies können Sie tun mit Geschick, Anmut und Würde. Lassen Sie sich in Ihrer Kunst der Meditation leiten und unterstützen durch Offenheit, Neugier und Liebe zum Lernen.

Die Grundlage für Ihre Praxis wählen

Die Leute fragen oft, welche Arten von Praxis man am besten mit bestimmten Arten der Angst verbindet. Braucht beispielsweise jemand, der Angst „im Kopf" (als Sorgen und exzessives Denken) erlebt, eine andere Art von Entspannungsübung oder Meditationspraxis als jemand, der Angst am meisten „im Körper" (als Gefühle von Unruhe und anderem Unbehagen) empfindet?

Obwohl man sich in einigen Untersuchungen mit dieser Frage beschäftigt hat, sind die Ergebnisse nicht eindeutig und in manchen Fällen sogar widersprüchlich. Von Wert für Achtsamkeitspraktizierende ist aber ein Bericht, der von Kabat-Zinn und Kollegen 1997 in der Zeitschrift *Mind/Body Medicine* veröffentlicht wurde. In einer Studie von 74 Patienten mit vermehrter Angst zogen diejenigen mit „hohen kognitiven und niedrigen somatischen" Punktzahlen (diejenigen also, die Angst vorwiegend im Kopf empfanden) somatische (körperorientierte) Achtsamkeitspraktiken vor. Die Gruppe mit „hohen somatischen und niedrigen kognitiven" Punktzahlen (diejenigen, die Angst vorwiegend im Körper empfanden) zeigte die gegenteilige Reaktion: Sie zog die Sitzmeditation vor. Beide Gruppen bevorzugten den Bodyscan, der sowohl kognitive als auch somatische Eigenschaften in mittlerem Maße besitzt. Es wäre unklug, sich aufgrund dieser Studie eine rigide Meinung zu bilden. Die Ergebnisse beinhalten aber dennoch Interessantes.

Achtsamkeitspraxis ist am effektivsten, wenn sie das mentale *und* das physische Erleben mit einschließt. Deshalb sollten Sie in Ihrer täglichen Praxis Meditationsübungen haben, die beides betonen. Die Methoden sind nicht so wichtig wie die Qualität der Achtsamkeit, die man konsequent auf Geist und Körper richtet.

Wenn Sie Angst überwiegend im Kopf erleben (d. h., wenn Sie ein sorgenvoller Mensch sind), möchten Sie vielleicht mit Bewegungspraktiken als Achtsamkeitsgrundlage experimentieren. Alternativ dazu könnten Sie vielleicht jede formale Meditation mit etwas Bewegung beginnen, bevor Sie eine Sitzmeditation ausüben. An Bewegungsübungen können Sie machen, was Ihnen gefällt oder möglich ist: Gehmeditation, achtsame Gymnastik, Yoga, Tai Chi, Chi Gong oder etwas anderes.

Auch die Entwicklung der Fähigkeit, durch den Bodyscan Kontakt zu Ihrem Körper herzustellen, wird Ihnen wahrscheinlich sehr helfen. Ganz allgemein ist die Wiederherstellung des Aufmerksamkeitsgleichgewichtes, indem man sich öfter aus dem Kopf in den Körper begibt, sehr wichtig und hilfreich.

Wenn Sie mehr vom körperlichen Ausdruck der Angst geplagt werden, profitieren Sie vielleicht davon, die Sitzpraxis zu betonen. Die Meditationen der Bewusstheit des Atems und der Bewusstheit ohne ein bestimmtes Objekt sind gute Ausgangspunkte. Außerdem sollte Ihre Sitzmeditation immer die Körpererfahrung mit einschließen. Beim Bodyscan und auch bei der Praxis der Bewusstheit ohne bestimmtes Objekt, bei der Sie ja die körperlichen Empfindungen mit einschließen, richten Sie Ihre Achtsamkeit auf den Körper.

Gleichgültig, ob Sie Angst überwiegend im Kopf erleben oder im Körper: Sie werden ganz sicher auch aus der Meditation der liebenden Güte und Mitgefühl Nutzen ziehen. Sie beruhigt und entspannt Ihren Geist und Ihren Körper durch die Konzentration der Aufmerksamkeit auf die Wiederholung von Sätzen und kann Sie zu einer umfassenderen Verbundenheit mit dem Leben wecken. Diese Perspektive eines größeren Zusammenhangs ist ein guter Ausgleich zu der Beschäftigung mit sich selbst und der Absorption, die mit so viel Angst und Bekümmerung einhergehen.

Achtsamkeit bei Panikattacken und intensiver Furcht

Die Intensität, die Panikattacken begleitet, ist geradezu unbeschreiblich. Wenn Sie unter diesen Attacken leiden, beginnen Sie mit der grundlegenden Vorgehensweise: eine gute Behandlung suchen, die eigene Lebenssituation analysieren, eine tägliche Meditationspraxis entwickeln und die Panikerfahrung selbst zum Objekt der Achtsamkeit machen.

Dann können Sie mit Folgendem experimentieren:

Erinnern Sie sich daran, dass in intensiven Situationen das Entwickeln und Aufrechterhalten des bewussten Kontaktes mit dem vor sich gehenden Erleben gewöhnlich die schwierigste Aufgabe ist. Man neigt dazu, von der Erfahrung überwältigt und von Reaktionen auf die unangenehmen Gefühle weggeschwemmt zu werden. Dies kann mit körperlichen Empfindungen, Gedanken und im Verhalten passieren.

Ihre Praxis besteht darin, das tatsächliche Erleben der Attacke zum Objekt achtsamer Aufmerksamkeit zu machen. Sehen Sie es sich an, und stellen Sie einen Kontakt dazu her. Erhalten Sie ihn aufrecht, ohne sich mit der Attacke zu identifizieren oder sich davon absorbieren zu lassen.

Festigen und erden Sie sich, indem Sie feststellen, was passiert. Benennen Sie die Panik.

Zentrieren Sie Ihre Aufmerksamkeit, indem Sie achtsam atmen, und konzentrieren Sie sie, während Sie dem körperlichen Erleben gestatten, sich zu entfalten, und dabei in das Erleben hineinatmen.

Hören Sie Ihren furchterregenden Gedanken achtsam zu. Erkennen Sie, dass es einfach nur weitere Gedanken sind. Atmen Sie mit ihnen. Lassen Sie sie zu, ohne ihnen zu glauben oder mit ihnen zu streiten. Wenn sie zu intensiv und zu laut sind, versuchen Sie, mit ihnen zu atmen und die Konzentration auf den Atem zu verstärken. Oder versuchen Sie, die Aufmerksamkeit auf den Körper zu verlagern oder auf Geräusche in der Umgebung.

Üben Sie Freundlichkeit und Mitgefühl mit sich selbst und mit den Elementen der Panik, ob sie nun in Ihrem Körper stattfinden oder in Ihrem Geist. Erinnern Sie sich: „Möge ich von Frieden und Wohlbehagen erfüllt sein. Möge ich sicher sein."

Sie haben vielleicht bereits Methoden wie Affirmationen (ermutigende Kommentare für sich selbst) entwickelt. Benutzen Sie diese, um sich zu festigen. Bleiben Sie in Kontakt. Schauen Sie sich das Panikerlebnis an, aber achten Sie darauf, nicht hineingesogen zu werden. Sie werden mit den Methoden der Aufmerksamkeit, der Bewusstheit und der Güte üben müssen, um zu lernen, wie Sie diese Fähigkeiten beim direkten Erleben der Panik am effektivsten anwenden können.

Denken Sie daran

Sie *haben* bereits alles Notwendige. Sie *können* die innere Ruhe und den inneren Frieden finden, die Sie brauchen. Sie *können* Dinge verändern, indem Sie aufmerksam sind.

Das Paradoxe ist, dass Sie ohne Ziel meditieren müssen, um ihr Ziel zu erreichen, nämlich Angst, Furcht und Panik in den Griff zu bekommen.

Indem Sie den Erfahrungen von Furcht, Angst und Panik freundliche, mitfühlende Aufmerksamkeit schenken, machen Sie sie zu Objekten der Achtsamkeit. Diesen Erlebnissen mit nicht-urteilender, neugieriger Aufmerksamkeit zu begegnen, ist alles, was Sie tun müssen, um die Kraft der Achtsamkeit zu erfahren.

17

Eine umfassendere Sicht einnehmen

Die störenden, schmerzhaften Erfahrungen von Furcht, Angst und Panik bewirken, dass man sich selbst immer kleiner und den eigenen Stellenwert in der Welt als immer geringer erachtet. Dies gilt in der Tat für jede Art von Schmerz oder Schwierigkeit, die auf dem eigenen Weg behindert, und fordert, dass man ihr vor allem anderen Beachtung schenkt.

Wenn diese Anforderungen anhalten, intensiv und chronisch werden, fühlen Sie sich allmählich wie in einem Gefängnis. Das Leben selbst scheint in kleine Schubläden hineinzuschrumpfen. *Was ich machen kann* und *wo ich hingehen kann,* wird immer weniger, immer eingeschränkter. Diese Gedanken und Gefühle der Einschränkung und „Furcht vor der Angst" können sogar noch mächtiger werden als das intensive Erleben der Furcht im eigenen Körper.

Die Tendenz, sich mit der Furcht oder der Angst zu identifizieren, nimmt zu, je stärker die Gefühle selbst werden. „Ich bin besorgt" oder „ich habe Angst" wird nicht nur zu einer Beschreibung von sich selbst, sondern zu einer Identität. Reagieren auf den Schmerz wird die alles durchdringende Erfahrung im Leben. So sind Furcht, Angst und Panik zu einem Gefängnis geworden. Und der Gefangene fühlt sich irgendwie immer weniger kompetent, weniger fähig und weniger lebendig als zuvor.

Die Botschaft dieses Buches ist, dass Sie freikommen können aus dem Gefängnis von Furcht, Angst und Panik. Der Schlüssel zur Freiheit liegt in Ihnen selbst. Sie müssen lernen, dem Leben volle Aufmerksamkeit zu schenken.

Aus der Perspektive der Achtsamkeit geschieht alles im gegenwärtigen Moment. Die Erlebnisse des Lebens fließen durch den gegenwärtigen Moment hindurch, ebenso die mächtigen inneren Erfahrungen von Furcht, Angst und Panik. Diese Erfahrungen sind nicht von Dauer und nicht Sie selbst. Ihre Verbindung zum Leben hat nicht aufgehört. Sie sind nicht so isoliert, wie es den Anschein hat.

Das Gefühl der Verbundenheit mit dem Leben wiedergewinnen

Heilen ist ein Prozess des Ganzmachens. Damit dies geschehen kann, müssen all die getrennten, isolierten oder verleugneten Teile wieder ins Bewusstsein gerückt und einbezogen werden. Dies gilt für die Heilung von Individuen ebenso wie für die Heilung größerer Körper wie etwa Gemeinden oder Nationen.

Die Psychotherapeuten sind schon seit Langem der Ansicht, dass dieser Heilungsprozess erfordert, die eigene dunkle Seite zu erleben, sie zu akzeptieren und für sie Verantwortung zu übernehmen. Zur Schattenseite gehören alle beängstigenden, furchterregenden, peinlichen, beschämenden Dinge u. Ä., kurz gesagt, all das, was man von sich selbst nicht wissen will und energisch ablehnt. Dazu gehören auch jene inneren Energien und Kräfte, denen gegenüber man sich machtlos fühlt. Der Heilungsprozess macht die Erforschung dieses dunklen Tales äußerst wichtig. Die meisten Menschen nehmen diese Erforschung aber nicht freiwillig vor.

John Tarrant ist ein bekannter Zen-Lehrer und Jungscher Psychotherapeut. In *The Light inside the Dark (Das Licht im Innern,* 1998) spricht er von diesem Hinabsteigen in die Dunkelheit:

> „Die Reise in ein Leben der Bewusstheit beginnt für die meisten von uns in einem Moment der Hilflosigkeit. Wenn unser Leben gut verläuft, empfinden wir keine Notwendigkeit, es zu verändern oder uns selbst zu verändern. Wir

sind nicht beunruhigt und schlafen halb. Dann kommt eine Krise. beraubt uns all dessen, was wir für gleichbleibend gehalten haben. Dennoch ist dieser unerwartete Fall auch ein Geschenk, das man nicht ablehnen sollte. Wir erkennen, dass wir keine Wahl haben: Bevor wir uns erheben können, müssen wir hinab- und hindurchgehen."

Die Erlebnisse von Furcht, Angst oder Panik können sehr wohl die Krise gewesen sein, die Sie in die Dunkelheit getrieben hat. Sie bergen aber auch das Versprechen, Sie zu einem Leben größerer Bewusstheit zu erwecken, wenn Sie mit ihnen umgehen und von ihnen lernen können. Der Schmerz, den Sie mit ihnen verbinden, kann die Verbindung zu einem tieferen Selbstverständnis sein und zu einer umfassenderen Verbundenheit mit dem Leben um Sie herum.

Joan Halifax, eine anerkannte buddhistische Lehrerin und Anthropologin, sagt in *The Fruitful Darkness (Die fruchtbare Dunkelheit)* über die Verbundenheit des Lebens durch schmerzliches Erleben:

„Mein Leiden ist nicht einzigartig, sondern erhebt sich aus dem Grunde meiner Kultur. Es erhebt sich ebenfalls aus der weltweiten Kultur und der Umwelt. Ich bin Teil des Körpers der Welt. Wenn ein Teil dieses Körpers leidet, leidet die Welt.

Wenn wir die Wunde der Welt erkennen, so führt uns das auch weg von dem Gefühl, dass es nur uns so geht. Jeder von uns ist oder war von Leiden betroffen. Dieses Leiden ist persönlich. Aber wo enden wir und wo fängt der Rest der Schöpfung an?"

Zu erkennen, dass der Schmerz, den ich in mir fühle, der gleiche Schmerz ist, den du in dir fühlst, bedeutet im Herzen von Mitgefühl und Güte anzukommen. Zu verstehen, dass es bei dem Schmerz im Innern nicht so sehr in einer ichbezogenen Weise um uns selbst geht als vielmehr um einen Ruf, auf einen größeren Lebenszusammenhang zu antworten und darauf Bezug zu nehmen, bedeutet, dass man allmählich erwacht. Das sind Botschaften, die mehr Sinn ergeben, je mehr man sich durch Achtsamkeit mit den Augenblicken des eigenen Lebens verbindet.

Richtig praktizierte Meditation hat keinen anderen Zweck als uns zu transformieren und aufzuwecken. Wenn wir uns in diesem Moment mit der Ganzheit der Erfahrung verbinden, können wir das entdecken, was am wichtigsten ist. Wir erleben das Geheimnis und die Schönheit des Lebens unmittelbar. Diesem direkten Erfahren folgen Verstehen und Weisheit.

So schwierig es auch erscheinen mag, Sie können eine andere Beziehung zum Aufruhr von Furcht, Angst und Panik entwickeln. Den Kampf dagegen können Sie beenden! Sie können ihren Platz neben allen anderen Erfahrungen des Lebens einnehmen, und sie können ihre eigene Botschaft des Erwachens offenbaren.

Niemand kann uns sagen, welchen Sinn das Leben hat. Auch Meditation sagt uns nicht, welchen Sinn das Leben hat. Sie ermöglicht uns aber, den Sinn selbst zu entdecken. Der Sinn muss entdeckt werden, indem man in jedem Moment mit immer größerer Wahrnehmungsfähigkeit zuhört und verbunden ist. Er ergibt sich aus der Frage: „Was lehrt mich dieses Erlebnis? Können Sie beginnen, sich diese Frage in Bezug auf die Furcht, Angst oder Panik in Ihrem Leben zu stellen?“

Viktor Frankl hat Nazi-Konzentrationslager überlebt, einschließlich Auschwitz. Seine Erlebnisse dort führten ihn zur Entwicklung einer Form von Psychotherapie, die er *Logotherapie* nannte. Der Name ist vom griechischen Wort *Logos* abgeleitet, welches „Sinn“ bedeutet. Die Logotherapie konzentriert sich auf den Sinn der menschlichen Existenz und auf die Suche eines jeden Menschen nach Sinn als einer primären Motivation im Leben. Dieser Ansatz stellt den Menschen über die enge, egogetriebene Sichtweise der Welt hinaus unmittelbar in einen größeren Zusammenhang. Wie Frankl in *Man's Search for Meaning (Die Sinnsuche des Menschen)schrieb*: „Der Mensch sollte nicht fragen, was der Sinn seines Lebens sei, sondern stattdessen erkennen, dass *er* danach gefragt ist. Mit anderen Worten: Jeder Mensch wird vom Leben gefragt; und er kann dem Leben nur antworten, indem er für sein eigenes Leben antwortet. Dem Leben kann er nur antworten, indem er Verantwortung übernimmt."

Können Sie die Vorstellung von Furcht, Angst und Panik als Eindringlinge oder Feinde überwinden? Können Sie die Lektionen der Transformation entdecken, die sie beinhalten? Können Sie durch das Leid von Angst und Panik Ihre Verbundenheit mit anderen entdecken? Können Sie einen tieferen Sinn und Zweck finden, indem Sie Frankls Ansatz übernehmen und darüber nachdenken, welche Frage Ihnen das Leben durch die Furcht, die Angst oder die Panik stellt?

Wenn Sie lernen, zu den Momenten Ihres Lebens eine Verbindung herzustellen und in ihnen präsent zu bleiben, werden sich Ihnen die Lektionen, die Transformationen, die Fragen und die Antworten zu enthüllen beginnen.

Komm her, Angst

Furcht, Angst oder Panik mit Güte und Mitgefühl zu begegnen ist etwas Machtvolles. Die Fähigkeit dazu kommt von dem Verständnis, dass diese nicht Sie sind, sondern nur Erfahrungen und Umstände, die in den gegenwärtigen Moment ein- und wieder aus ihm austreten. Der Schmerz und das Leiden, das sie mit sich bringen, sind nur eine momentane Erfahrung. Dennoch schreit dieser Schmerz auch nach Güte und Mitgefühl.

Die Dichterin Joy Harjo spricht in ihrem wunderschönen Gedicht *I give you back (Ich gebe dich zurück)* von dieser neuen Beziehung zur Furcht:

Ich gebe dich zurück

Ich hole mich zurück, Furcht.
Du bist nicht mehr mein Schatten.
Ich werde dich nicht in meinen Händen halten.
Du kannst nicht in meinen Augen, meinen Ohren,
meiner Stimme,
meinem Bauch oder in meinem Herzen meinem Herzen
meinem Herzen meinem Herzen leben
Aber komm her, Furcht
ich bin lebendig und du hast solche Angst vor dem Sterben.

Ich hoffe zutiefst, dass Sie dieses Buch dazu benutzen können, Ihre eigene Achtsamkeitspraxis zu entwickeln.

Möge sie zunehmen und sie tragen.
Mögen Sie dadurch Frieden und Ruhe finden.
Möge diese Praxis Ihr gütiges, mitfühlendes Herz erwecken.
Mögen an all Ihren Tagen Klarheit und Verständnis herrschen.
Mögen Achtsamkeit und Mitgefühl Sie von Angst,
Furcht und Panik befreien.

Autoren

Dr. med. Jeffrey Brantley ist beigeordneter Berater in der psychiatrischen Abteilung der Duke University und Begründer und Leiter des Stressbewältigungsprogramms durch Achtsamkeit am Zentrum für integrative Medizin der Duke University. Er hat auch mehrfach Interviews über das MBSR-Programm an der Duke University für den Rundfunk, das Fernsehen und für Printmedien gegeben.

Dr. phil. Jon Kabat-Zinn ist emeritierter Professor für Medizin an der medizinischen Fakultät der University of Massachusetts,

Gründer und ehemaliger Direktor der Stress Reduction Clinic sowie ehemaliger Direktor des Zentrums für Achtsamkeit in Medizin, Gesundheitsvorsorge und Gesellschaft. Er ist international bekannt für seine Arbeit, Achtsamkeitspraxis in die medizinische Betreuung zu integrieren.

Danksagung

Beim Schreiben dieses Buches empfinde ich wieder einmal große Ehrfurcht vor der erstaunlichen Verwobenheit des Lebens. Den nachfolgenden Personen möchte ich meinen Dank und meine Anerkennung ausdrücken. Ohne sie wäre dieses Buch nicht möglich gewesen.

Meinen Eltern, Garland und Irene Brantley, dafür, dass sie mir dieses Leben und ihre Liebe und Unterstützung geschenkt haben.

Meiner Schwiegermutter, Mary Principe, deren Liebe und Großzügigkeit so vieles möglich gemacht haben.

Meiner Schwester Carolyn, allen meinen anderen Verwandten und den Verwandten meiner Frau, die über Jahre hinweg für mich da gewesen sind.

Allen Freunden und Kollegen, deren Unterstützung und Beispiel mich inspiriert und gestärkt haben.

Meinen Patienten und ihren Familien, deren Bürden und Mut mich viel gelehrt und bereichert haben.

Meinen spirituellen Führern und Meditationslehrern:

Dr. med. Roger Walsh, der mir zeigte, wie Achtsamkeit ein Teil der akademischen Medizin und ein Teil der medizinischen Ausbildung sein kann.

Dr. phil. Joan Halifax, die mir viele Jahre lang eine liebe Freundin und Führerin gewesen ist und mir immer den nächsten Horizont gezeigt hat.

Den Mönchen und Nonnen des buddhistischen Klosters Amaravati, insbesondere Ajahn Sucitto und Ajahn Sundara, für ihr Beispiel und ihre inspirierenden Belehrungen.

Den Lehrern und Mitarbeitern der Insight Meditation Society in Barre, Massachusetts, dafür, dass sie einen – sowohl sichtbaren als auch unsichtbaren – Ort zur Verfügung stellen, der das Erwachen unterstützt.

All den wunderbaren Menschen, die an der Duke University und an anderen Orten in der ganzheitlichen Medizin arbeiten, die Wert legen auf Achtsamkeit und ihren Platz im Gesundungsprozess.

Dr. med. Marty Sullivan, dessen Vision, Mut und Anstrengungen die Stressbewältigung durch Achtsamkeit an der Duke University ermöglicht haben.

Meinen Lehrerkollegen und unseren Mitarbeitern beim Programm der Stressbewältigung durch Achtsamkeit: Danke für alles, was Sie tun! Durch Sie werden unser Programm und meine eigene Praxis ungemein bereichert.

Jedem bei New Harbinger und besonders den Herausgebern der ersten Ausgabe Jueli Gastwirth und Jess Beebe: Danke für all Ihre Weisheit und Ihr Können, die dieses Buches entstehen ließen. Dank den Herausgebern der zweiten Ausgabe Melissa Kirk und Gail Saari, ebenso Michele Waters.

Besondere Anerkennung Jon Kabat-Zinn: Vielen Dank für Ihre Führung bei der Förderung der Achtsamkeit all diese Jahre hindurch, und insbesondere für die Freundschaft und die Unterstützung, die Sie mir gewährt haben.

Ganz besonderen Dank meiner Frau Mary Mathews-Brantley. Ohne deine Liebe, deine Weisheit und deine Unterstützung wäre dieses Buch nicht zustande gekommen. Vielen Dank!

Tracy Gaudet, Sam Moon, Sylver Quevedo, Ruth Wolever und Linda Smith für unendliche Hilfe, Freundschaft und Inspiration.

John Tarrant für seine Poesie, Freude, Weisheit und Freundschaft.

Allen, die die erste Ausgabe gelesen haben, herzlichen Dank für Ihre Fragen, Ihren Mut und dafür, meine Lehrer zu sein.

Weitere Bücher zum Thema

Jon Kabat-Zinn

Zur Besinnung kommen

Die Weisheit der Sinne und der Sinn der Achtsamkeit in einer aus den Fugen geratenen Welt

Unsere Gesundheit und unser Wohlergehen stehen auf dem Spiel, wenn es uns nicht gelingt, in dieser aus den Fugen geratenen Welt wieder zur Besinnung zu kommen, als Individuen und als menschliche Gemeinschaft. Dies ist die zentrale These des bekannten Verhaltensmediziners und Meditationslehrers Prof. Dr. Jon Kabat-Zinn, dessen Programm der „Stressbewältigung durch die Praxis der Achtsamkeit" (MBSR) weltweit in immer mehr Universitätskliniken, Krankenhäusern, Gesundheitszentren, aber auch in wirtschaftlichen und politischen Institutionen erfolgreich praktiziert wird.

Wir haben weitgehend den Kontakt verloren zur wahren Wirklichkeit dessen, was wir in unserer Tiefe und in allen unseren Möglichkeiten sind; ebenso zu unserem Körper und zu den „Körperschaften" unserer gesellschaftlichen und politischen Institutionen. Diese Entfremdung von dem, was wirklich ist, macht uns und unsere Gesellschaft auf die Dauer krank. Das Tor, durch das wir erneuten Zugang zu unserem inneren Potential, zu unserem Körper, unseren Gefühlen, unseren Mitmenschen und unseren Organisationen gewinnen können, ist das unserer Sinne – und zu denen zählt der Autor aus buddhistischer Sicht auch den denkenden Geist.

Der Königsweg zu dieser Belebung der Weisheit der Sinne ist die Achtsamkeit. Ihre heilsame Kraft ist in der buddhistischen Meditationspraxis seit zweieinhalb Jahrtausenden erforscht, erprobt und angewendet worden. Dieses Buch zeigt, wie wir mit Hilfe dieser Praxis wieder zur Besinnung kommen und mit allen Sinnen zu einem gesunden und erfüllten Leben in der Gemeinschaft finden können.

ISBN 978-3-936855-17-3

Saki Santorelli

Zerbrochen und doch ganz

Die heilende Kraft der Achtsamkeit

Mit diesem Buch stellt Saki Santorelli die Essenz der an seiner Klinik entwickelten achtwöchigen Kurse zur Praxis der Achtsamkeit im Gesundheitswesen vor.
Saki Santorelli zeigt auf, wie es auch bei schweren Krankheiten möglich ist, mit dem Teil in sich in Berührung zu kommen, der unverletzbar, heil und ganz ist, und wie es Menschen so gelingen kann, ihrem Leben eine vollkommen neue Dimension zu geben. Anhand zahlreicher Beispiele, Übungen und geleiteter Meditationen bietet er Einsichten und effektive Methoden an, um Achtsamkeit im täglichen Leben zu fördern. Saki Santorelli erinnert uns an eine Art von innerer Heilung, die in der westlichen Medizin beinahe vergessen ist. In Prosa und Poesie sowie in ergreifenden Fallbeispielen ruft Saki Santorelli für uns die Gegenseitigkeit der heilenden Beziehung wach. „Zerbrochen und doch ganz" ist ein klarer Spiegel, in dem wir jene Freiheit finden können, die im Herzen jeder authentischen Heilung zu finden ist. Ein wunderbares Buch über die heilende Kraft der Achtsamkeit, das in keiner Gesundheitsbibliothek fehlen sollte.
Mit einem Vorwort von Jon Kabat-Zinn

„Einfach ein sehr schönes Buch! Ein vollständiger Körper-Geist-Herzkontakt zwischen dem, was innen heilt, und dem, was noch weiter innen jene Heilung fördert.
Ein äußerst notwendiges Buch für jeden Medizinstudenten und jede Bibliothek mit Werken über das Heilen."

Stephen Levine

Dr. Saki F. Santorelli ist Leiter der Stress Reduction Clinic der Universität von Massachusetts. Dr. Santorelli leitet zudem die klinischen und pädagogischen Dienste im Zentrum für Achtsamkeit in Medizin, Gesundheitsvorsorge und Gesellschaft.

ISBN 978-3-936855-96-8

Jon Kabat-Zinn & Ulrike Kesper-Grossman:
Die heilende Kraft der Achtsamkeit

Stärkung der Gesundheit mit Hilfe einer alten buddhistischen Praxis

Das Meditationsprogramm, das durch den Alltag begleitet. Die auf den CDs praxisnah und leicht umsetzbar vorbereiteten Meditationen haben bereits vielen Menschen geholfen. Zehntausende von Patienten mit Herzbeschwerden, chronischen Schmerzen, Krebs oder anderen schweren, oft unheilbaren Krankheiten profitieren bereits von der heilenden Kraft der Achtsamkeit.

Halbleinen-Buch mit Doppel-CD, ISBN 978-3-924195-77-9

Jon Kabat-Zinn & Ulrike Kesper-Grossman:
Stressbewältigung durch die Praxis der Achtsamkeit

Diese CD mit Begleitbuch enthält eine Anleitung zur Achtsamkeitsmeditation und zum Body-Scan, wie sie von Dr. Jon Kabat-Zinn in der Stress-Reduction-Clinic entwickelt wurden. Den deutschen Text spricht Ulrike Kesper-Grossman.

Halbleinen-Buch mit CD, ISBN 978-3-924195-57-1

„Die Schönheit der meditativen Arbeit liegt darin, dass wir auf die Praxis selbst vertrauen können, um uns aus dem Schlamassel zu führen. Sie hält uns auf dem Pfad, selbst in den dunkelsten Momenten; sie stellt sich selbst unseren fürchterlichsten Geisteszuständen und äußerlichen Bedingungen. Sie erinnert uns an unsere Möglichkeiten."

Jon Kabat-Zinn

Frank Jude Boccio

Achtsamkeits-Yoga

Das Praxisbuch zur Yogapraxis im MBSR-Kontext.

Ein Yogabuch, dem die Integration von Yoga und Meditation auf einzigartig neue Art gelingt – in einfach zu folgende Sequenzen, mit über 100 begleitenden Fotos, die die einzigartige Verbindung von Yoga und Meditation illustrieren.
Achtsamkeits-Yoga betont dabei die spirituelle Seite der Yogapraxis, eine Dimension, die zu oft übersehen wird. Yoga und Meditation werden hier *zu einer einzigen Praxis* – die den Körper belebt, den Geist befreit und Mitgefühl, Gleichmut und Freude weckt. Ein Buch für Anfänger wie Fortgeschrittene, dass geeignet ist, Sie in Ihrer täglichen Yogapraxis zu begleiten.

384 Seiten, ISBN 978-3-924195-94-6

Rachel Naomi Remen

Aus Liebe zum Leben

Geschichten, die der Seele gut tun

Was auch immer Rachel Naomi Remen am „Küchentisch des Lebens“ ausbreitet, es gebietet uns, innezuhalten, nachzudenken und zu staunen. Es sind die alltäglichen, oftmals sogar unbemerkten Segnungen, um die sich Remens Erzählungen ranken – jene Wohltaten, die in einer Geste, einem Wort oder einer unvermuteten Tat ins Leben treten können. Remen erinnert uns daran, daß hinter allen Geschichten eine Geschichte steht. Diese eine große Geschichte handelt von unserer wahren Identität, davon, wer wir sind, warum wir hier sind und was uns trägt. So ist jede Geschichte ein überzeugendes Plädoyer für das Leben. Durch ihre vitale, heilende Kraft offenbaren uns die Geschichten von „Aus Liebe zum Leben“ Rachel Naomi Remen nicht nur als eine der großen Geschichtenerzählerinnen unserer Zeit, sondern vor allem als eine Heilerin des Herzens.

384 Seiten, ISBN 978-936855-94-4

Gerne informieren wir Sie über unsere weiteren Veröffentlichungen. Schreiben Sie uns oder besuchen Sie uns im Internet unter:

www.arbor-verlag.de

Hier finden Sie umfangreiche Leseproben, aktuelle Informationen zu unseren Büchern und Veranstaltungen, Links und unseren Buchshop.